사례별로 풀어보는 그림해설 꿈풀이집
●
꿈풀이 대백과

사례별로 풀어보는 그림해설 꿈풀이집
•
꿈풀이 대백과

도서출판
동반인

꿈풀이 대백과

1995년 2월 3일 1판 1쇄 발행
2011년 11월 25일 1판 42쇄 발행

지은이 유덕선
펴낸이 박준기
펴낸곳 도서출판 맑은소리
주소 서울시 금천구 가산동 550-1 롯데 IT캐슬 2동 1206호
전화 02-857-1488
팩스 02-867-1484
출판등록 제10-618호(1991. 9. 18.)

ISBN 978-89-7952-160-3 03140

- 저자와의 협약에 의해 인지 부착을 생략합니다.
- 잘못된 책은 구입한 곳에서 바꾸어 드립니다.
- 책값은 뒤표지에 있습니다.

머 리 말

꿈은 본시 네가지 유형(類型)의 큰 기본틀이 있다고 한다.

첫째는, 영몽(靈夢)이라 하여 꿈속에 보이던 물체나 행동이 생시에 다시 선명하게 반복되어 나타나는 것이다.

둘째는, 현몽(顯夢)이라 하여 신령이나 조상·성위인 등 누군가의 계시나 훈도로 일깨움을 받는 경우이다.

셋째는, 전생몽(前生夢)이라 하여 일반인이 꾸는 사례는 지극히 희소하나 자신의 과거생(過去生)으로 되돌아가 전세(前世)를 보는 경우를 말한다.

넷째는, 잡몽(雜夢)이라 하여 어수선한 내용에 줄거리도 잘 기억이 되지 않는 허황·산란한 이른바 개꿈이라 일컫는 종류를 말한다.

잠을 자면서 전혀 꿈을 꾸지않는 사람은 있을 수 없다. 사람이면 누구나 자면서 꿈을 꾸는 것이 보편상식에 속하는 일이니 만큼 꿈속에 나타나는 행동이나 현상에 대해 자기 인생행로의 길흉과 맞물린 추리를 자연스런 일로 여기게 되었다.

이로 인해 꿈을 일종의 불가사의한 신령적(神靈的) 본의가 투영된 것이라고 믿는 사람들이 대부분을 차지하게 되었을 것이다.

잠을 자고 있는 사람의 육신은 외부사물에 대한 동요나 감각이 전혀 없는 상태이지만, 정신이 깨어 있을 때 느끼지 못하는 기이한 현상을 곧잘 체험하게 된다.
　이때 일어나는 온갖 현상은 동서고금의 모든 인류가 공통적으로 느끼는 커다란 의문 중의 하나로 많은 사람들이 연구의 대상으로 삼고 있다.
　어떤 정신 의학자는 '꿈을 꾸는 사람' 자신의 평소 생각이 신체의 감각기관과 감응하여 특이한 현상을 드러내는 것이라 하고, 또 어떤 사람은 귀신이나 혼백의 기(氣)가 인간의 정신에 스며들어 환상을 만드는 것이라고 하였다. 어쨌든 꿈을 꿀 때에는 자신의 정신상태가 보통때와 특별히 다른 것임을 부정할 수 없다.
　이러한 꿈에 얽힌 비밀을 탐구하던 오랜 경험과 노력이 쌓여져 오늘날 같은 꿈해몽의 구체적인 기본 골격이 확립되었으리라 여긴다.
　이 책은 오랜 옛날부터 전해오는 우리 조상들의 진기한 꿈에 얽힌 설화들과 명백한 근거가 존재하는 실제사례들을 곁들여 소개하였다. 그리고 대성공자가 평생토록 사모추앙하였다는 주공(周公)의 해몽법에 기초하여 남녀노

소 누구나 쉽게 볼 수 있도록 재미있게 구성하였고 편리한 실용이 가능하도록 편찬하였다.

  또한 우연한 기회에 알게 되어 교분을 나누던 진동일 화백(畵伯)께서 일천여 컷이 넘는 방대한 그림을 정성껏 그려주신 덕으로 일목요연하면서도 전혀 지루하지 않은 배열이 가능해졌고, 독자들은 재미와 함께 한층 더 정확하고 명쾌한 해몽의 분별을 기할 수 있게 되었다.

  끝으로 그동안 어려운 여건에도 불구하고 이 책의 출간을 위해 애써주신 도서출판 동반인 이석범 사장님과 진동일 선생, 그리고 직원 여러분들의 노고에 다시한번 충심으로 깊은 감사를 드린다.

이 책을 보기 전에

본서는 독자 여러분의 이해와 정확한 꿈풀이를 돕기 위해 자세하고도 치밀한 「차례」를 짰을 뿐 아니라, 책 뒤에 별도로 「색인표」를 달았습니다.

우선 「차례」를 보시면서 자신이 찾고자 하는 꿈을 대조해 보시고 그래도 미진하다 싶으시면 뒤에 「색인표」를 참고하시기 바랍니다.

「색인표」는 꿈에 대한 단어를 사전식으로 배열하여 누구나 자신의 꿈에 대한 용어를 쉽게 찾을 수 있도록 하였습니다.

예를 들어 「차례」에는 '마른 천둥'이 나오지 않으나 「색인표」에는 '마른 천둥'이 나옵니다. 많은 참고와 이해가 있으시길 바랍니다.

예) 맑은 날씨인데 마른 천둥 소리가 울리는 꿈은? (본문 48p. 中)
 ⇒ 색인에서 마른 천둥을 찾는다. (색인 636 페이지 참조)

차 례

이 책을 보기 전에 8
제1장 자연현상에 관한 꿈 15
하늘/태양/해/햇빛/달/달빛/석양/별/별빛/보름달/북두칠성/불꽃/유성/
구름/먹구름/은하수/무지개/쌍무지개/노을/바람/바람소리/폭풍/
회오리/안개/눈/함박눈/진눈개비/된서리/우박/싸라기눈/
눈보라/비/우산 쓰는 것/이슬/
천둥/벼락/번갯불

제2장 길·건물에 관한 꿈 51
땅/진흙/흙덩이/논/허수아비/텃밭/잔듸밭/들판/도굴/길/모랫길/다리/
외나무다리/개천/육교/지하도/터널/시가지/네온싸인/장식/
거리/광장/인파/상점거리/백화점/시장/괴물

제3장 집·주거지·문·나무에 관한 꿈 77

산/바위/돌덩어리/고개/산길/산봉우리/등산/산비탈/화산/용암/절벽/돌/조약돌/
수석/새싹/꽃/목재/가로수/느티나무/정원수/묘목/수목/잡초/가시나무/덩쿨/
나뭇잎/잎사귀/정자나무/나무그늘/산림/벌목/대들보/잣나무/소나무/
대나무/과일나무/화수목(花樹木)/집/건물/출입문/통로/창문/
다락방/골방(곁방)/청소/토지/주택/헌집/집수리/이사/살림/
사택/궁성/창고/곡간/곡식 가마니/곡식/그릇/지붕/천정/
추녀/기와/고층건물/옥상/대문/담벼락/빗장/칸막이/
미닫이/문종이/문설주/기둥/지하실/굴뚝/공장/
빌딩/담장/기계/건립/폭발/연기/불꽃/
여관/호텔/객실/투숙/행랑/복도/방

제4장 범죄·군대·전쟁·무기에 관한 꿈 127

유치장/형무소/감옥/칼/쇠사슬/사형/법정/법관/경찰/사법관리/강도/
악한/도둑/살해/구타/싸움/소란/군부대/군인/병사/지휘관/
입대/전쟁/승리/패배/전사/사망/부상/살상/총/활/
칼/칼싸움/도끼/깃발/폭탄(폭발물)/양산

제5장 관리 · 귀인 · 귀신 · 의식에 관한 꿈 169

관리/지위/관인/명패/관공서/궁성/단상/누각/통치권자/귀인/성벽/
성문/정문/신령/불보살/성현/승려/성직자/불상/사찰/교회/
법당/경전/설교/신선/선녀/천사/귀신/유령/마귀/
악마/도깨비/시체/관/죽은사람/장례/
초상/상여/영구차/묘지/무덤

제6장 의복 · 의류 등 생활용품에 관한 꿈 205

의복/흰색의복/베옷/무명옷/검정옷/황색의복/누더기 옷/고급의복/
예복/제복/관복/관대/명패/관모/신발/장화/슬리퍼/오색종이/
경전/책/붓/글씨/시/노래/벼루/서신/소포물/책상/병풍/
문갑/장롱/찬장/쇼파/테이블/냉장고/에어콘/선풍기/
전화/팩스/전등/램프/시계/거울/금은보석/반지/
비녀/귀걸이/목걸이/머리빗/지갑/가방/
핸드백/화장품/칫솔/치약/이쑤시개/
치아/입/키스/바늘/가위/솥/
항아리/화덕/가스렌지/
냄비/국그릇

제7장 물·불·동물·인테리어·소품에 관한 꿈 273

물/불/화염/수도꼭지/홍수/제방/흙탕물/소용돌이/수영/탁류/봇둑/강물/계곡/
샘물/성냥/라이타/화기도구/불길/화덕/아궁이/난로/촛불/전등/등불/
불바다/화재/화상/허공/불덩어리/부엌/주방/가스통/잿더미/
종/종소리/북/북소리/상/장막/커텐/장판/방바닥/방석/
담요/모포/이부자리/잠/견직물/실타래/뜨개질/
수예/삼베/솜/수갑/족쇄/포승/노끈/
새끼줄/채찍/끈/그물

제8장 신체·음식·악기·연예인에 관한 꿈 323

얼굴/코/몸/몸속/어깨/앞가슴/등/머리카락/머리/수염/눈썹/목/머리/이마/귀/팔/
손가락/손목/손/발/손톱/다리/무릎/목욕/면도/모자/관모/술/음식물/요리/
하녀/기생/쌀밥/연회장/잔칫집/떡/손님접대/국수/라면/우동/짜장면/
날고기/음식/생쌀/음료수/커피/우유/달걀/젖/병/수저/젓가락/
다리미/꽃병/쇠그릇/세숫대야/방망이/송곳/망치/경기장/
운동/우승기념패/도박/경마/추첨/절구통/삽/다듬이돌/
톱연장/저울/빗자루/수건/손수건/피리/퉁소/
피아노/악기/현악기/달력/써커스/
가수/연예인/연극/무용/영화

제9장 부엌·화장실·교통수단·병·결혼식에 관한 꿈 383

우물/수도/부엌/화장실(변소)/똥오줌/배/자전거/오토바이/마차/
수레/기차역/정거장/기차/버스/열차/소방차/가마/환자/
병/병원/약/마루/대청/거실/부부/연인/성행위/결혼

제10장 죽음·제사·돈에 관한 꿈 443

부모/조상/형제/자매/처자식/친구/친척/어린아이/계집아이/여행/울음/
슬픔/행동/지시/고용/만남/구토/복수/점/사주/관상/칭찬/절/인사/
포옹/나무람/용서/사과/쫓김/도망/지게/멜빵/지도/빈곤/살림/
거지/걸식/동냥/웃음/선녀/사진(초상화)/횡단보도(건널목)/
책상/의자/교실/강당/칠판/교단/학교/요식업소/다과점/
식당/술집/홀/여관/벽/축조/목수일/말뚝/기둥박기/
톱질/위패/영정/신주/고사/제사/담배/동굴/터널/
돌층계/계단/사다리/함정/낚시/톱/사막/벌판/
장사/아르바이트/엘리베이터/에스컬레이터/
모임/초대/막대기/지팡이/목발/정신병자/
벙어리/놀이/유원지/공원/맹인/
임산부/문둥이/재물/금전/지폐

제11장 곡식·야채·나무·과일·꽃에 관한 꿈 497

곡식/벼/보리/콩/좁쌀/수수/찹쌀/국수/떡/냉면/모밀가루/술밥/누룩/갈대/삼/
오이줄거리/부추/마늘/고추/가지/나물/피나물/덤불/뽕나무/감/복숭아/
참외/대나무 죽순/앵두/대추/호도/배/사과/꽃/꽃잎/연꽃/난초/
잡채/꿀/엿/만두/기름/간장/메주/조미료

제12장 동물·가축에 관한 꿈 523

가축/백정/소/말/코끼리/당나귀/노새/돼지/개/닭/염소/양/거위/
쥐/사자/원숭이/노루/사슴/토끼/낙타/표범/곰/
늑대/이리/여우/호랑이/고양이

제13장 새·어패류·곤충·벌레에 관한 꿈 561

꿩/제비/까마귀/앵무새/원앙새/참새/물새종류/공작새/올빼미/봉황/학/
용/뱀/거북이/물고기/잉어/개구리/게/방게/조개/소라/우렁/
나비/벌/노래기/바퀴벌레/잠자리/귀뚜라미/베짱이/
모기/파리/개미/반딧불/지네/두꺼비/도마뱀/
지렁이/달팽이/구더기/거머리/누에

부록·꿈 해몽의 기본 이론 597
색인표 633

제 1 장
자연현상에 관한 꿈

사례 동국여지승람(東國輿地勝覽, 卷 三十三)에 나오는 이야기다.
　대학자요, 현재상이었던 이규보(李奎報)가 적은 자기 꿈에 대한 증험의 기록이다.
　「내가 일찍이 완산(현재의 전주)의 기록을 관장할 때의 일이다.
　평소에는 성황당 같은 데를 참배하는 예가 없었으나 어느 날 밤 꿈에 내가 사당에 이르러 당하(堂下)에서 절을 하며 둘러보니 흡사 조정에서 법을 집행하는 상황과 비슷하였다.
　왕명에 따라 기록을 담당하는 자가 계단을 올라오기에 나는 대청마루에 올라가 두 번 절하였다. 왕은 모시로 짠 모자에 검은 무명으로 지은 유의(襦衣)를 입고 남쪽을 향해 앉았다가 일어나 답례하며 나를 앞으로 이끌어 당겼다.
　잠시 뒤에 어떤 사람이 맑은 술을 가져와 따랐는데 술잔과 쟁반의 안주가 조촐하였다. 함께 한동안 술을 마시고 나서 내게 묻기를,
　"근자에 목관(牧官)이 새로 십이국사(十二國史)를 인쇄하였다는데 그러한 일이 있었느냐?"
　하기에 내가 그렇다고 말하니,

"어찌 짐에게는 주지 않는가? 짐에게는 아이들이 여럿 있어서 그 책을 읽히려하니 몇 권 볼 수 있도록 해 달라."
하여 내가 그러마 하였다.
  또 왕이 말하기를,
"아전 중 우두머리인 아무개의 사람됨이 쓸만하니 이를 잘 보호해 달라."
하므로 내가 그러겠다고 대답하였다.
  내가 다시,
"내 화복(禍福)관계는 어떠하겠사옵니까?"
하고 물었더니, 왕이 길 위를 달리다가 축이 부러진 수레를 가리키며
"그대는 저 수레와 같은데 금년을 넘기지 못하고 이곳을 떠나게 될 것이라."
라고 하면서 자기가 가졌던 혁대 두 개를 주며 계속 말하기를,
"그대는 마땅히 귀히 될 것인즉 이것을 노자에 보태 쓰라."
고 하던 중에 꿈을 깨고 나니, 전신에 땀이 흘러 축축하였다.
  이 무렵 안렴사 낭장 노공이 목관을 시켜 새로 십이국사를 인쇄케 하였으며, 아전 아무개가 마땅치 않아 그를 내치려 했으나 꿈에서의 부탁도 있어서 다음날 아전에게 국사 두 권을 바치게 한 뒤 그 죄를 불문에 부쳤다. 그리고 그 해에 과연 동료의 참소를 받고 파직을 당하게 될 때에 비로소 수레의 축이 부러진 의미를 깨달을 수 있었다.
  그런 뒤로 한가한 세월이 7년이나 흐르도록 벼슬 자리를 얻지 못해 궁벽과 장애가 막심하여 다시는 그 꿈을 믿지 않았다. 그런데 여러 요직을 거치며 상품의 지위에 오를 때까지도 깊이 신용치 않았으나, 오늘날 재상의 자리에 오른 연후에야 큰 믿음을 가지게 되었으니, 귀하게 되리라는 말이 현실과 부합되어 어긋나지 않았음이라.
  아, 신령의 도가 어두움과 응감하는 가운데 때에 따라서는 믿을 만한 경우가 있으니 어찌 모두 허황한 것이라고만 할 수 있으리요?」
라 하였다.

제1장/자연현상에 관한 꿈 17

사례 삼국유사(三國遺事, 卷 十)에 나오는 이야기다.
고구려 산상왕(山上王) 7년 3월에 왕이 후사가 없어 산천에 기도를 올리더니, 꿈에 천신이 나타나,
"소후(小后)로 하여금 아들을 낳게 할 터인즉 근심치 말라."
하였다.
그러나 왕은 소후가 없던 터라 단념하고 말았다. 후에 재위 12년 겨울 교시(郊豕 : 희생용 돼지)가 주통촌(酒桶村)에까지 달아나는 일이 발생했는데, 책임관리가 잡지 못하고 뒤쫓아 다니기만 할 때 묘령의 여인이 앞질러 돼지를 포획하였다.
이 사실을 전해들은 왕은 그 여인의 집을 몰래 찾아가 마음을 달래어 잠자리에 들었다.
다음해 3월 왕후는 왕이 주통촌의 여자와 상관한 것을 알고 투기하여 몰래 자객을 보내 여자를 죽이려 하였다. 그러자 여자가,
"지금 내 뱃속에는 아이가 들어 있은즉 이는 다름아닌 임금의 유체이다. 나를 죽이는 것은 가할지 모르나 어찌 왕자까지도 함부로 죽일 수 있단 말이냐?"
라고 꾸짖으니, 자객이 감히 그녀를 죽이지 못하고 돌아와 그대로 고하였다. 그러나 왕후는 질시하여 어떻게든 죽이려 하였으나 결국 뜻을 이루지 못하였다.
그녀가 임신했다는 소식을 들은 왕이 여인의 집에 가서 확인한 뒤 그녀에게 후한 은전을 베풀고 돌아와, 왕후에게 고하니 왕후도 마침내 감히 해치지 못하였다.
9월에 주통촌의 여인이 사내 아이를 낳자 왕은 크게 기뻐하며,
"하늘이 나에게 후사를 이을 자식을 주심이라."
하였고, 당초에 교시로 하여 그 어머니와 상관케 되었는지라 아이의 이름을 교체라 짓고, 그 어머니를 소후라 하였다.
소후의 모친이 그녀를 해산하기 전에 무꾸리의 점괘가,
"반드시 왕후를 낳으리라."

하였는데 딸을 낳자 후녀(后女)라 이름하였다. 뒷날 그 후녀가 왕자를 낳으므로 과연 왕후가 되었던 것이다.

●하늘 나라의 큰 대문이 열려지는 꿈을 꾸면?
귀인의 추천이나 실력자의 이끌어줌을 얻을 징조.

●하늘이 갑자기 캄캄해지는 꿈은?
돌발사고나 말썽 또는 손재·실패 등 액화가 발생될 징조.

●하늘에 걸쳐진 사다리를 타고 올라가는 꿈은?
실행하는 업무에 어려운 고비와 장해를 많이 겪게 되나 끈질긴 분발과 노력으로 보다 나은 성취와 발전을 획득할 수 있을 징조.

●하늘의 대문이 붉은빛에 휩싸이거나 핏빛으로 물드는 꿈은?

집안에 커다란 불상사나 풍파, 소실 또는 혁명 등의 전란(戰亂)이나 대규모 사상 및 국가적 비상사태가 발생될 징조.

●하늘 나라의 사자(使者)가 내려오는 꿈을 꾸면?

크게 입신·성공하여 명성을 날리거나 큰 귀인 내지 존장의 도움을 입고 부귀를 획득하게 될 징조.

●하늘 나라에 올라가 배필을 구하는 꿈은?

자기 짝을 찾으면 부인에게 영화롭고, 자식의 짝을 구하면 자녀가 귀한 신분이 될 징조.

●하늘에 오르는 꿈은?

지위와 명성이 높아질 징조로서, 자신이 오르면 스스로가 귀히 되고 남이 오르는 것을 보면 그 주인공이 잘 된다.

●어린아이를 안고 하늘 나라에 오르는 꿈은?
마귀의 뒤를 따라 천당가는 형국이어서 매우 불길한 액화나 사고 및 실패, 좌절 등에 부딪치게 될 흉험의 징조.

●하늘 나라에 올라가 옥황상제나 여러 천왕 및 신장(神將) 등을 만나보는 꿈은?
신이 내리거나 무당이 된다든지 신령의 계시 및 가호에 의한 영험이 있을 징조.

●하늘 나라에 올라가 꽃이 만발하게 피어 있는 것을 보는 꿈을 꾸면?
재물이나 이권 등 금전과 관련된 유혹이나 속임수로 피해를 겪게 될 징조.

●하늘을 날아가는 새나 짐승을 쳐다보는 꿈은?
멀리서 소식이 온다든지 이동을 맞이하게 될 징조.

●비행기나 풍향기구를 타고 하늘을 날으는 꿈은?
권리나 이익을 남보다 많이 차지할 좋은 기회 및 여건이 형성될 수 있지만, 승패의 갈림길에 놓여져 갈등을 겪든지 도중에 허망한 실패의 위험성에 부딪칠 가능성이 높을 징조.

●하늘로 날아 올라가면서 땅 위를 관람하는 꿈은?

직장(벼슬)에 관련된 영화 출세와 부귀가 따를 징조.
(하늘에 날아오른 뒤 이리저리 정처없이 떠돌아 다니는 꿈은 심각한 중병을 앓거나 실패·좌절의 고난을 겪을 흉몽이다.)

●하늘 나라에 올라가 어떤 물건을 가지게 되는 꿈은?

고관으로 출세하거나 대중의 지도자가 될 징조.
(천상의 꽃이나 과일을 얻으면 귀한 자녀를 두게 될 징조이다.)

●하늘에서 밝은빛이 자기 몸을 비추면?

남자는 명망과 직위가 높아지며, 여자는 귀히 될 자식을 두게 될 징조이고 우환 및 질병이 물러가고 건강해진다.

●하늘이 무너져 내리는 것을 보는 꿈은?

가정에 경제적인 어려움을 겪거나, 가장(호주)에게 불행한 사고나 실패, 좌절 등으로 집안이 큰 혼란과 피해를 겪게 될 징조.

●동이 트며 새벽하늘이 밝아오는 꿈은?

사업의 성공과 번성을 획득하며 병이 낫고 장수하게 될 징조.

● 하늘이 분열되어 깨어지는 것을 보는 꿈은?
국가적 혼란이나 위험이 생길 징조.
(신분 및 가업의 극심한 좌절이나 패망을 면키 어렵다.)

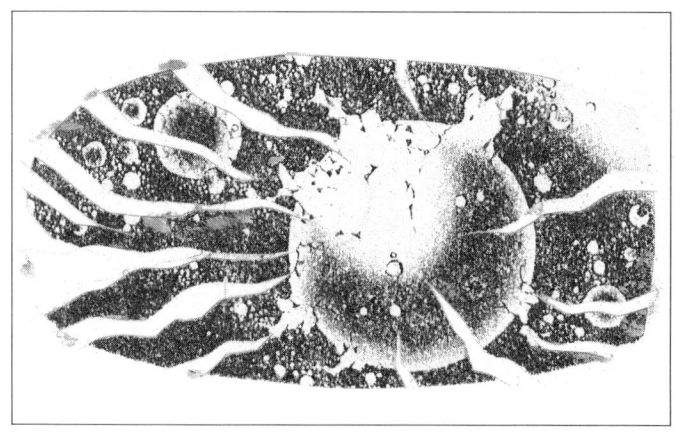

● 하늘에는 해가 떴는데 비가 내리는 꿈은?
곤란과 장해에 부딪쳐 갈등과 방황을 겪게 되며, 부부 또는 연인 사이에 애정의 풍파나 말썽이 생길 징조.

● 하늘에 드리웠던 어둠이 흩어지고 먹구름이 말끔히 개이는 꿈은?
우환과 근심이 점차 사라지고 소망을 성취할 징조.

●하늘에 드리웠던 먹구름이나 암흑이 점차 사라지고 청명한 하늘이 보이는 꿈은?
고민이나 말썽이 원만하게 해결되고 소망이 성취되는 행운과 평안이 얻어질 징조.

●하늘에서 떨어지는 지폐나 종이조각이라든지 어수선하게 흩날리는 꽃잎 등을 보는 꿈은?
재산의 손실이나 금전상의 피해를 보게 될 징조.
(하늘에서 지폐나 동전이 우박처럼 무수히 쏟아져 내리면 큰 재물이나 이권이 생기는 등 최고의 행운과 복록을 얻게 되나, 반대로 금액이 작은 경우는 근심과 피해가 발생될 징조이다.)

●하늘과 땅이 서로 이어지거나 들어붙는 꿈은?
노인은 수명이 늘어나고 젊은이는 바라는 소망을 이루게 될 발전·영화의 징조.

●하늘에서 신이 계시하는 거룩한 음성이 들리는 꿈을 꾸면?
뜻하는 일이 소망대로 성취되며 많은 재물이나 높은 명예·지위를 얻는 입신양명이 따르게 될 징조.

●하늘로 날아 올라가다가 다시 추락해 버린다든지 땅 위에 내동댕이쳐지는 꿈은?
실패·좌절·좌천·해임 등 불명예나 큰 낭패에 부딪치게 되고, 남들에게 경멸·모욕이 동반되는 수치를 겪게 될 징조.

●하늘에 해와 달이 동시에 떠오르는 꿈은?
명예가 상승하고 사업이 번창할 징조.
(둘 중 어느 한쪽만 밝고 한쪽이 어두우면 우환이나 부정 내지 사기·실패 등이 발생할 징조이고, 이미 중천에 떠올라 있는 해와 달은 남의 꼬임에 빠지거나 유혹에 의한 손실이 발생할 징조이다.)

●태양과 마주앉거나 태양을 향해 서 있는 꿈을 꾸면?

사업에 안정과 융성이 따르고 구하는 소망과 계획이 순조롭게 달성되며 귀한 자녀를 잉태하게 될 징조.

●태양 옆에 앉거나 나란히 서는 꿈은?

천생의 인연을 상봉하는 기쁨이 생기고 이성교제 및 혼사 등에 원만한 목적달성을 이루는 기쁨이 따르고, 부녀자일 경우는 귀히 될 자녀를 임신할 태몽의 징조.

●해와 달이 겹쳐 보이거나 달과 별이 겹쳐 보이는 것은?
부정이나 사기에 연루되거나 배신당하게 될 징조.

●스산한 달밤의 우중충하고 침울한 환경을 본 꿈은?
슬프거나 고통스러운 일 또는 방황·고민 등의 장해가 생길 징조.

●해의 장엄한 광채가 자기 몸을 비추는 꿈은?
중요한 지위로 영전·승진이나 사업의 성공 및 일신의 출세를 얻게 될 징조.

●달빛이 자기 몸을 비추는 꿈은?
자녀를 낳아 많은 혜택과 도움을 입게 되고, 독신녀는 남성의 협조를 얻어 행운과 안정을 누리게 될 징조.

●햇빛이 눈부시게 환히 빛나고 있는 꿈은?
앞길을 가로막는 장해와 곤란이 생기고 주색을 경계해야 되며 그로 연관된 노름방 말썽으로 손실이 발생한다.

●해나 달이 광채를 내며 막 떠오르기 시작하는 꿈은?
가업이 번창하고 부귀를 누리게 되며 출세길과 복운이 열려 좋은일이 많아 질 징조.

●석양이 지는 황혼녘의 하늘을 보는 꿈은?
매사가 꼬이고 운수가 막힐 징조. 구하는 목적은 성취되기 힘들고 사업가는 도산·실패의 타격, 환자의 병은 날로 악화되어 중태에 빠진다.

●해나 달의 광채가 자기 집 안으로 비춰지는 꿈은?
높은 명성이나 벼슬길이 열리게 될 징조.
(해나 달, 별이 광채를 발하며 떠오르거나 사람이나 집을 비추는 것은 주로 경사·번창·출세·부귀 등의 발전과 영화를 누리게 될 길몽이다.)

●해나 달, 별 등을 삼키는 꿈은?
천우신조하여 지위와 재물, 사업 등이 순조롭게 발전하여 성공하고 입신·출세하며 귀하게 될 자녀를 잉태할 대길몽이다.
(별이 점점 늘어나 해처럼 커지면, 작은 사업이 점차 크게 번성하고 낮은 지위나 명예가 차차 높아져 출세·부귀해질 징조.)

●하늘에 떠 있던 해와 달, 별 등이 갑자기 떨어지거나 사라져 버리는 꿈은?
큰 불상사나 사업의 실패·좌절 등 액화에 부딪치게 될 징조.
(해는 가장·부친, 달은 부인·아들, 별은 형제를 의미하고, 해당 주인공에게 실패나 죽을 고비 등 불행이 닥치며, 시꺼먼 먹구름이 몰려들거나 갑자기 광채가 시들어 퇴색해 버리는 꿈은 큰 불상사나 손실, 파탄 등이 발생되며, 검은 먹구름이 자기 머리 위에 떠 있으면 자기 신상에 흉험이 생기고, 자기 집이나 사업장에 떠 있을 경우에는 집안에 재난이 발생하게 된다.)

●달 가운데서 토끼가 떡방아를 찧는 꿈은?

집안이 안정·번성하고 미혼자는 혼사의 성취나 귀인을 상봉하게 되며 기혼자는 귀여운 자녀를 잉태하게 될 징조이다.

●하늘에 올라가 크고 밝은 별을 만져보는 꿈은?

고관이 되는 출세나 큰 명성을 날리게 될 징조.
(하늘에 올라 별을 따서 가지는 꿈도 크게 부귀해질 징조이다.)

●자기 발치에 많은 별들이 줄지어 늘어서 있거나 밤하늘의 별들이 줄지어 빛나며 떠 있는 꿈은?

큰 성공을 이루어 많은 사람의 존경과 여러 아랫사람을 거느리며 부귀 출세를 누리게 될 징조. 미혼녀의 경우는 장차 훌륭한 인물이 될 사람과 인연을 맺게 될 징조이다.

●해나 달을 껴안거나 받쳐드는 꿈은?

큰 인물이 될 자식을 두게 될 태몽이거나, 경영사업이 번창하고 지위가 높아지며 성공·부귀하며, 예술가는 널리 명성을 떨치게 될 징조이다.
(해나 달이 갑자기 사라지는 꿈은 부모에게 흉험한 일이 닥칠 징조이다.)

●해 또는 달, 별 등을 품에 안거나 등에 짊어지는 꿈은?

커다란 권리나 영예로움을 얻게 되며, 많은 사람들의 추앙 내지 존경을 받는다든지 훌륭한 배우자를 상봉하게 될 징조.

●해나 달, 별 등을 향해 절을 올린다든지 향을 사르거나 고사를 지내는 꿈은?

실행하는 일이나 계획하는 목표가 순탄하게 진행되고, 신이나 조상 또는 부모 형제를 위한 기도나 노력을 하면 재물이 모이고 좋은일이 생기며, 남성은 여성의 원조로 큰 성취를 이루고 여성은 연하의 남성으로부터 사랑이나 구애를 받게 될 징조.

●해나 달, 별 등이 방이나 거실에서 빛나는 꿈은?
귀인이나 행운이 도래하게 될 부귀의 징조.

●머리 위나 몸 주위에 북두칠성이나 남극성이 떠 있는 꿈은?
귀인이나 존장의 도움과 인도를 받아 출세와 성공의 영화를 누리게 되며 앞길이 밝게 트일 징조.

●해나 달을 산이나 어떤 장벽이 가로막는 꿈을 꾸면?
손아랫사람이나 고용인·부하 등이 윗사람을 속이고 피해 및 액화를 끼치게 될 징조.

●산 끝에 떠오르는 달을 보는 꿈은?
예술성이나 유행성을 띤 일에 종사하는 사람은 명성과 영화 등 기쁨을 얻게 될 징조.

●불꽃이 해나 달을 태우는 꿈은?
유력자의 후원이나 고귀한 사람의 도움을 얻게 될 징조.

●동녘하늘에 환하게 솟아오르는 보름달을 보는 꿈은?
남성은 재물과 명예가 풍성해지고 미혼여성은 훌륭한 남편감이 나타나며 기혼여성은 크게 출세·부귀할 자식을 잉태할 징조.

●해나 달이 어둠이나 구름 사이를 뚫고 드러나면서 광채를 발하는 꿈은?

앞을 가로막던 장해와 말썽이 타개되고, 재물과 권위가 안정되며 묵은 근심과 질병이 흩어질 징조.

●달빛이 창문을 통해 방으로 비쳐드는 꿈은?

달콤한 이성교제가 성립되거나 독신여성은 좋은 인연을 맺게 되고, 총명한 아들이 생길 태몽의 징조이다.

●별이 떨어지는 꿈은?

가정의 불화나 말썽, 부부간의 애정풍파 및 연인들간에 다툼이나 결별 등 궂은일이 생길 징조.

● 하늘에서 별이 떨어져 추락하는 꿈을 꾸면?
질병이나 재물의 손실 및 관재, 구설에 얽힐 징조이다.
(수많은 잔별 무리가 마구 쏟아져 내리는 꿈은 유행병이 돌 징조이다.)

● 하늘을 가로질러 날아가는 유성을 보는 꿈은?
집이나 직장을 옮기거나 자리 변동이 생길 징조이다.

● 별빛이 수면 위에 비쳐 보이는 꿈은?
내면의 갈등이나 근심을 의미하며, 별빛이 사방으로 분산되거나 깜빡거리며 흩어지는 것은 주위 여건이나 상황이 장애와 곤란에 부딪치게 될 징조.

● 구름이 하늘 사방에서 상서로히 일어나는 꿈은?
영예로운 희소식이 있게 되며 행운·발전·승리성취 등을 획득하고, 사업이나 거래관계에 따른 유익 및 안정을 얻게 될 징조.

● 시커먼 먹구름이 땅으로 떨어져내리는 꿈은?
유행병이 돌 징조이다. 먹구름이 시커멓게 몰려 들어 하늘을 가리는 꿈도 질병이나 우환의 손실 또는 피해가 발생할 징조.

● 갑자기 나타난 구름이 해나 하늘을 덮어씌워 가리우는 꿈은?
난처한 비밀이나 사기 또는 부정스러운 일이 생길 징조.

●**구름 사이로 햇살이 자기를 밝게 비추는 꿈은?**
힘들던 장해나 말썽에 해결의 실마리가 트이고 한시름을 놓게 될 징조.
(계속해서 구름사이가 넓어지면 더욱 이롭고 길하다.)

●**구름이 하늘 높이 기둥처럼 치솟아오르는 꿈은?**
타인의 훼방이나 협박 또는 위협으로 애로나 곤란을 감수해야 될 장애에 부딪칠 징조.

●**바람이 불어서 구름이 걷히는 꿈은?**
장해와 근심 및 제반 말썽과 궂은일이 흩어질 징조.

●**구름을 밟고 허공 위를 불안하게 걸어다니는 꿈은?**
실행하는 일이나 구하는 소망사가 순탄치 못하고 손실이나 장해에 부딪치게 될 징조.
(구름의 빛깔이 검은색이면 타인 때문에 고통과 시달림을 겪으며 재물과 명예의 피해를 입게 된다.)

●**올라타고 있던 구름 위에서 떨어지는 꿈은?**
뜻밖의 사고나 말썽이 생기고 실패나 좌절의 위험에 부딪치게 될 징조.

●**하늘을 날아서 은하수를 건너는 꿈은?**
뜻한 바대로 일이 성취되거나 영예로움이 얻어질 징조.

●하늘에 놓인 다리라든지 은하수가 끊어져 있는 꿈은?
중도 실패나 좌절될 흉몽이다.

●구름을 타고 하늘을 마음대로 날아다니든지 자유롭게 걸어다니는 꿈을 꾸면?
매사 원만한 성취와 발전을 거두어 부귀와 안정을 누리게 되며 입신·출세하는 영화를 획득할 징조.
(구름을 타고 하늘을 날아다니는 꿈은 대체로 길몽이지만 중도에 위험이나 난관이 도사리고 있는 점을 경계해야 하며 매사에 신중해야 된다.)

●하늘 나라에 올라가서 개천이나 강물을 건너가는 꿈은?
중병이나 사망 등 큰 불상사를 치르게 되거나 사업의 실패 및 좌절이 발생될 징조.

●구름이나 무지개의 중간이 끊어졌다가 다시 이어져 보이는 꿈은?
중도에 좌절이나 실패 등 장애가 발생할 징조.

●오색의 무지개나 구름 및 안개가 펼쳐진 것을 보는 꿈은?
직장 내지 사업에 발전·번성이 따르고 일이 계획대로 순조롭게 풀리며, 귀인이나 배필을 만나는 등 행복과 유익이 얻어질 징조.
(꿈에서의 붉은색(赤)과 흰색(白)은 길조의 빛깔이고, 주로 푸른색(靑)과 검은색(黑)은 흉조의 빛깔이다.)

● 쌍무지개가 뜬 것을 보는 꿈은?
부부간이나 자식과의 갈등과 충돌이 생기거나 이성과의 삼각관계 내지 부정한 교제나 접촉이 발생될 징조.

● 하늘에 아름다운 노을이나 무지개 또는 밝은 빛이 퍼지는 것을 본 꿈은?
장차 크게 발전·부귀하고 실행하는 목표나 소망의 순조로운 달성과 귀인의 협조를 얻게 될 징조.

● 노을이나 광채, 무지개 등이 펼쳐져 빛나는 꿈은?
번영과 안정의 영화로움을 획득하게 될 징조.

● 바람이 불어 사람의 옷자락이 나부끼는 꿈은?
옷이 휘날리던 주인공의 결점이나 비밀, 부정 등이 누출·공개될 위험에 처하든지 질병 또는 구설수에 오르게 될 징조.

● 바람 소리만 울려오는 꿈은?
외부에서 기별이나 소식이 오게 될 징조.
(세찬 바람이 불어 오는 쪽을 향해서 걸어가는 꿈은 훼방·질투·경쟁·난관 등 어려움을 치르게 될 징조이며, 바람을 등지고 걸어가고 있는 꿈은 매사 순탄·발전하여 안정과 번성을 누리게 될 징조이다.)

●바람에 모자가 벗겨져 날아가는 꿈은?

감투가 날아가 버리는 형국이라서 직장 및 지위·명예·체면의 손상 내지 구설과 수치를 겪는 피해가 생기고, 심한 모욕·징계·축출 등 낭패를 겪게 될 징조.

●폭풍이나 회오리에 휘말려 사람이나 물건 등이 날아가는 꿈은?

구설이나 모함·손재·말썽·투쟁 등의 피해가 발생될 징조.

●자욱한 안개가 침울하게 깔려서 앞을 분간하기 어려운 꿈은?

직장·사업·건강관계의 애로나 장해를 치르게 되고, 우환이나 피해가 발생되어 곤경에 처하는 등 근심과 손실에 부딪칠 징조.

●내리깔려 있던 안개가 걷히기 시작하는 것을 보는 꿈은?
제반 어려움이나 근심, 장해 등이 멀지 않아 순조롭게 타개되는 기쁨을 얻을 징조.

●눈 속에서 아이들이 뛰놀고 있는 것을 보는 꿈은?
실행하는 일이나 추진하는 사업의 계획 등의 중도에 차질이나 좌절과 실패가 발생하고, 집안에 우환·질병이 발생될 징조.
(눈을 뭉쳐서 큰 덩어리를 만들면 재물과 이권이 생기고, 일단 뭉친 눈을 내던져서 깨뜨려버리면 금전상의 피해와 곤란한 장해가 발생될 징조이다.)

●지붕 위에 눈이 하얗게 쌓인 것을 보는 꿈은?
집안에 우환·질병 및 재물의 손실이 생기며 한동안 곤궁과 시달림을 겪게 될 징조.

●눈이 녹는 것을 보는 꿈은?
재물의 낭비와 표적 없는 손실 등 피해가 생길 징조.

●쌓였던 눈이 거의 다 녹고 초목이나 산천에 잔설(殘雪)만 남은 것을 보는 꿈을 꾸면?
결정적으로 핵심사항의 끝마무리가 지지부진하여 애를 먹든지 손실 및 곤란을 치르게 될 징조.

●눈 속에 꽃이 피어나고 있는 것을 보는 꿈은?

귀인을 만나고 남에게 축하를 받거나 이성교제 내지 남녀관계에 원만한 결합과 성취를 이끌어 낼 수 있으며, 재물과 명예 등 자기의 권리가 풍족해질 징조.
(눈 위에 찍힌 발자국을 보는 꿈은 도적·분실의 징조이다.)

●눈이 내리는 것을 보거나 눈을 수북하게 맞은 사람을 보는 꿈은?

초상 치를 일이나 상갓집에 출입할 일이 생기며, 꿈 속에 눈을 맞은 주인공이 상제가 되거나 불상사를 겪게 될 징조.

●큰 눈·비 때문에 갈 길이 막히거나 움직일 수가 없는 꿈은?
뜻밖의 재난 또는 피해가 발생하거나 형제·자매간에 불화가 생길 징조.

●눈이나 진눈개비가 신체에 달라붙어서 잘 떨어지지 않는 꿈을 꾸면?
상복을 입는 불상사나 큰 사고·실패·좌절 등 재난이 발생될 징조.

●된서리나 진눈개비가 내리는 꿈은?
하는 일이 막히고 장애와 곤란을 만나게 될 징조.

●집 안뜰이나 마당에만 눈이 내리는 꿈은?
사람이 사망하는 불상사 내지 상복을 입는 슬픈일이 발생될 징조.

●함박눈이 논밭이나 산야에 내리는 꿈은?

원하는 소망을 성취하고 재물과 이권이 풍부해지며 사업에 순탄한 번창과 발전이 따를 징조.
(제철에 내리는 눈비를 보는 꿈은 큰 흉험이 아니지만 눈은 상복과 죽음의 의미를 지니고 있음을 주의해야 한다.)

●우박이나 싸라기눈이 내리는 것을 보는 꿈은?

말썽이나 분쟁이 생겨서 손실과 피해가 발생되며, 사소한 문제가 심각한 장해로 확대되어 낭패를 치르게 될 징조.

●눈보라가 세차게 휘날리고 앞이 침침한 꿈은?

불상사가 발생하거나 궂은일에 부딪치게 될 징조.

●논이나 밭에 비가 쏟아져 축축해지는 꿈은?

재물과 명예, 사업 등에 번성과 안정을 얻고 자녀들과 연관된 기쁨과 영화로움이 따르게 될 징조.

●비가 내린 뒤에 강이나 하천 등에 맑은 물이 불어나 넘실거리며 흐르는 꿈은?

재물과 이권이 풍부해지고 좋은 기회와 여건이 생겨서 안정과 번창을 누리게 될 징조.
(흙탕물일 경우에는 근심과 손실이 발생되어 곤란을 치르게 된다.)

● 얼었던 물이 녹는 것을 보는 꿈을 꾸면?

잘 풀리지 않던 장애와 곤란이 차차 순조롭게 해소되고, 원하는 소망이나 기다리던 소식이 오는 기쁨이 얻어질 징조.

● 비를 흠뻑 맞거나 비가 시원스럽게 내리는 꿈은?

술이나 음식연회에 연관된 일이 생기거나 매사에 활기를 띠고 물자의 원활한 회전 및 호전·승진·영전에 따른 기쁨과 안정과 번창을 획득하게 될 성취의 징조이다.
(우중충하니 음산하게 내리는 부슬비는 좋지 못한 궂은일이나 낭패, 손실이 발생될 흉조이다.)

●큰 비가 쏟아지면서 광풍이 사납게 몰아치는 꿈은?
사람이 죽거나 다치는 사고나 흉험이 발생할 징조.

●쏟아지는 빗속에서 누군가와 만나는 꿈을 꾸면?
꿈속에서 만났던 사람과 이별을 하거나 남 때문에 마음에 상처를 입는다든지 피해나 손실을 겪게 되는 등 심란한 일이나 말썽이 빚어질 징조.
(비는 눈물과 슬픔을 상징한다는 점을 유념해야 된다.)

●비가 와서 우산을 쓰거나 건물 안으로 피하는 꿈은?

주위에서 활발하게 좋은일이 생겨 자기에게 간접적인 혜택과 이익이 얻어지게 될 발전의 징조.

●비가 새서 흐르는 것을 그릇에 받아담는 꿈은?

빗물이 맑고 깨끗하면 재수가 있고 흐리고 지저분하면 근심과 손실 등 장해에 부딪치게 되고 청탁의 농도에 따라 길흉의 정도가 달라진다.

●이슬을 받아마시는 꿈을 꾸면?

행운과 복록이 따르고 부귀와 발전을 누리게 되며 장수건강할 징조.
(기혼자는 총명한 자식을 잉태하고, 미혼자일 경우는 훌륭한 배우자를 만나게 될 징조.)

●이슬방울이 총총히 맺힌 것을 보는 꿈은?

천우신조가 있어서 소망을 순탄하게 달성하고 귀여운 자녀를 두거나 종교나 신앙과 관계된 이로움 또는 즐거움이 얻어질 징조.

● 천둥이 울리거나 굉음소리가 들리는 꿈은?
위치를 옮기거나 자리를 이동하게 될 징조.
(천둥 소리만 울리고 번갯불이 번쩍거리지 않는 경우는 헛소문이나 실속없는 명성만 떠돌게 될 징조.)

● 맑은 날씨인데 마른 천둥 소리가 울리는 꿈은?
감당키 어려운 애로 및 장해에 부딪치거나 손실과 근심이 발생될 징조.

● 벼락이 떨어져서 나무나 전봇대, 건물 등이 쓰러지는 꿈을 꾸면?
집안에 불길한 일이 생기고 가족들 중에 사고나 질병으로 말썽 내지 손재를 치르는 사람이 발생될 징조.

●간발의 차이로 벼락을 피하거나 벼락이 땅이나 건물에 부딪쳐 작렬하는 꿈은?

재물과 이권이 풍부해지는 발전과 영화를 획득하게 되며 직장(벼슬·사업)운이 밝게 트여질 징조.

●몸에 벼락을 맞는 꿈은?

불상사나 실패, 손재 등 좋지 못한 액화가 발생할 징조.
(벼락이 내리쳐 큰 나무가 쓰러지든지 부러지면 가족 중에 누군가가 재난을 겪게 된다.)

●번갯불이 신체를 환히 비추거나 지상이나 수목에 떨어지든지 직접 몸에 번개를 맞는 꿈은?

명성을 떨치고 재물이 번성하며 일신과 집안에 부귀·출세의 길운이 트일 징조.

●번개를 맞아 화상을 입고 괴로움을 겪든지 사망하는 꿈은?

불행한 사고나 손재 등 액운이 닥치며, 번갯불을 맞는 태몽을 꾸면 정신이상의 아이를 출산한다는 속설이 있다.

제 2 장
길·건물·논밭에 관한 꿈

[사례] 삼국유사(三國遺事, 卷 三)에 나오는 이야기다.
　신라 시절 지금 흥교사(興敎寺)의 땅이 명주날이군(溟州捺李郡)에 있어서 본사에서는 중 조신(調信)을 그곳 관리원으로 파견하였다.
　조신이 명주에 당도한 지 얼마 안 되어 태수 김석공(金昕公)의 딸을 보고 반하여 홀로 심한 짝사랑에 빠졌다. 그는 때때로 낙산사(洛山寺) 관음보살 앞에 나아가 그 처녀와 살 수 있게 해 달라고 빌기를 몇 해 동안이나 거듭하였는데, 그 사이에 그 처녀에게 배필이 생겼다.
　그러자 조신은 또 불당에 가서 관음보살에게 자기의 소원을 들어주지 않음을 원망하며 날이 저물 때까지 슬피 울다가 지쳐서 선잠이 들었다.
　꿈속에 홀연히 김씨 낭자가 살며시 웃으면서 문을 열고 들어와 말하였다.
　"저는 스님을 잠깐 뵈온 이후로 잠시도 사랑하는 마음을 잊어본 적이 없었으나, 부모님의 명령 때문에 억지로 다른 사람한테 시집을 가게 되었습니다. 그러나 지금 스님과 함께 부부가 되어 한집에 살고자 하여 이렇게 찾아왔으니 물리치지 마십시오."

이 말에 조신은 뛸 듯이 기뻐하여 그 낭자와 함께 고향으로 돌아갔다.

사십여 년을 그녀와 함께 살면서 다섯 명의 자녀를 두었는데, 집이 래야 겨우 사방에 흙벽을 둘렀을 따름이요, 거치른 음식도 없어 마침내는 식구들을 이끌고 사방으로 흘러다니며 구걸로 연명하며 살았다.

이렇게 십여 년을 초야(草野)로 떠돌다보니 의복도 걸레조각처럼 찢어져 몸조차 가릴 수가 없었다.

명주 해현령(蟹縣嶺)을 지날 때는 열다섯 살 난 큰 아이가 갑자기 굶어죽어 통곡하면서 길가에 묻기도 했다.

남은 네 자식과 그들 부부는 겨우 우곡현(羽曲縣)에 와서 길가에 띠집을 엮고 살았다. 늙고 병든 데다 굶주려 일어나기조차 못하는 지경에 이른 그들 부부는 열살 난 계집아이가 빌어다 주는 밥으로 입에 풀칠을 하였다.

어느 날 어린 것이 동냥을 나갔다가 마을의 개한테 물리고 돌아와서는 아픔을 호소하며 드러누워 우는지라 부모 또한 목이 메어 하염없는 눈물을 뿌렸다.

부인이 눈물을 훔치면서 갑자기 말하였다.

"내가 당신과 처음 만났을 때는 그래도 젊고 아름다웠고 깨끗한 의복을 입었었으며, 한 가지 음식이라도 맛있게 나누어 먹고, 옷가지 하나라도 나누어 입었습니다. 그리고 집을 나와 오십여 년 동안 정은 굳게 맺어지고 사랑으로 깊게 얽혀졌으니 가히 두터운 인연이 아닐 수 없습니다.

그러나 근래에는 쇠약과 질병이 해마다 더욱 심해지고 굶주림과 추위도 날로 혹독해지고 있습니다. 남의 문간방 살림이나 하찮은 음식조차 빌어먹기가 어렵게 되었고, 수많은 문전을 돌며 구걸할 때마다 그 부끄러움이 산더미보다도 무거우며, 자식들이 추위와 배고픔에 떨어도 돌볼 길이 없으니, 어느 겨를에 부부간의 사랑을 즐길 새가 있겠습니까?

예쁜 얼굴과 아릿따운 미소도 풀잎끝의 이슬이요, 저 지초와 난초 같은 언약도 바람에 나부끼는 버들가지와 같습니다.

오늘날 당신께는 내가 있는 것이 짐이 되고, 나는 당신 때문에 근심을 놓지 못합니다. 돌이켜 즐겁던 옛시절을 생각해 보면 그것이 바로 근심의 시작이었던 것 같습니다.

당신과 내가 어찌하여 이 지경이 되었을까요? 뭇 새가 함께 굶어죽기보다는 차라리 짝 잃은 난새(鸞鳥)가 거울 속의 제 모습을 보고 짝을 부르는 편이 나을 것입니다.

추우면 버리고 더우면 친하는 것이 차마 인정상 못할 일이지만, 그래도 행해지거나 멈춰지는 것이 사람의 힘으로 어찌할 수 없는 일이며, 헤어지고 만나는 것도 한정이 있는 것이니, 청컨대 우리 내 말대로 헤어지기로 하십시다."
라고 말하였다.

부인의 말을 듣고 조신이 떠나려하니 부인이 말했다.
"내가 고향으로 갈 테니 당신은 남쪽으로 내려가십시오."

이리하여 서로 작별하고 갈라서는데 꿈이 깨었다. 법당에는 타던 등잔불이 깜박거리고 밤이 지나 막 동이 트는 중이었다.

날이 밝아진 뒤에 보니 자신의 수염과 머리털이 모두 백발이 되어 있었다. 그는 망연히 세상사에 뜻이 없어졌고 괴롭게 아둥바둥 사는 것이 싫어졌으며, 마치 한평생의 고생을 다 겪고 난 뒤와 같이 온갖 탐심과 집착이 눈 녹듯이 사그러들었다. 더 이상 관음보살상을 대하기가 부끄러워지고 잘못을 뉘우치는 간절한 마음을 참지 못하였다.

조신이 돌아가는 길에 꿈속에 어린애를 묻었던 자리를 파헤쳐보니 하나의 돌부처가 나왔다. 그래서 그는 그 돌부처를 물로 깨끗이 씻어 근처의 절에 모신 뒤 도성으로 들어가 맡았던 책임을 내놓고, 사재를 털어서 정토사(淨土寺)라는 절을 세워 부지런히 선행을 베풀며 살았는데 그가 그후 어디에서 일생을 마쳤는지는 알 수 없다고 전한다.

사례 송와잡설(松窩雜說)에 나오는 이야기다.

만력 병술년(丙戌年) 겨울철에 여강(驪江)가에 사는 어부가 얼음을 깨고 낚시질을 하다가 수 척이나 되는 커다란 잉어 한 마리를 잡아서 등에 짊어지고 집으로 돌아왔다.

그런데 한밤중 꿈에 그 고기가 나타나,

"나를 놓아주면 해로움을 끼치지 않겠노라."

하고 말하는 것이었다. 꿈에서 깨어난 어부는 이를 이상히 여겨 나머지 잉어를 삶아먹지 않고 이웃에 팔아버렸다.

이웃사람 역시 이와 비슷한 꿈을 꾸었지만, 그는 그 잉어를 놓아주지 않고 토막을 쳐서 삶아먹어 버렸다.

그런데 그 잉어 국물을 한 숟가락이라도 맛 본 사람은 모두 아파서 드러눕지 않은 자가 없었는데, 육칠 일 뒤에가서야 비로소 일어나 움직일 수가 있었다.

어찌 고기의 신이 어부의 꿈에 나타나 위급을 능히 알릴 수 있으면서도, 얼음 아래에 있는 낚시바늘과 칼날을 피하지 못하고, 능히 고기를 먹은 사람들에게 병을 일으키게 할 수 있으면서도, 먹기를 탐하는 자의 손에서 삶아짐을 면할 수 없었더란 말인가! 무궁한 신의 힘에도 궁한 바가 있고 지혜로움도 미치지 못할 것이 있으니 슬픈 일이로다.

●땅이 갈라지거나 컴컴한 수렁이 깊이 패인 것을 보고 놀라는 꿈은?
질병이나 사고 등 좋지 못한 일이 발생할 징조.

●맨땅 위에 그대로 누운 꿈은?
재난·근심이 생길 흉몽이다.

●땅 속에서 불꽃이나 폭발, 화염이 치솟아오르는 꿈은?
집안에 손재나 질병·우환·말썽 등 좋지 못한 궂은일이 발생할 징조.
(땅 속으로부터 검은 기운이 피어오르는 꿈도 역시 비슷한 불길한 징조이다.)

● 땅이 울퉁불퉁 평탄치가 못한 것을 보거나 힘들게 통과하는 꿈을 꾸면?
우환이나 질병을 치르거나 행하는 일에 장애와 난관을 겪는 등 앞길이 순조롭지 못할 징조.

● 땅을 쓸거나 청소하는 꿈은?
재물과 이권에 유익이 얻어질 징조이다.

● 땅이 흔들리고 건물·수목 등이 요동하는 지진이 발생하는 꿈은?
좋은 자리로 영전하거나 주택이나 사업장을 이동하게 될 징조.

● 사람의 몸이 웅덩이나 깊숙한 땅 속으로 자꾸 빨려들어가는 꿈을 꾸면?
번거로운 고민거리 또는 말썽 및 장해를 겪는 피해가 발생되고, 건강의 이상이나 수명에 관련된 궂은일에 부딪칠 징조.

● 평평하던 땅이 갑자기 허물어지는 꿈을 꾸면?
모친이나 부인에게 질병이나 근심, 액화가 발생할 징조.

● 땅을 파거나 거기에 자기가 묻히는 꿈은?
금전관계나 애정문제로 인한 치욕과 낭패가 생길 징조이다.

● 진흙에 튀기거나 흙덩이에 맞아 몸을 더럽히는 꿈은?
수치나 모욕을 겪는 난처한 상황에 놓여지게 될 징조이다.

●흙덩이를 다른 사람에게 내던지는 것을 보는 꿈은?
자기가 남에게 손해나 곤란을 끼치든지 타인에게 손실이나 장해 등 말썽을 치르게 할 징조.

●땅을 파서 일구거나 흙을 집 안으로 운반해 들여오는 꿈은?
부동산이나 목돈 및 재산권과 연관된 이권이 늘어나고 가업의 풍요와 안정을 얻게 될 징조.

●논에 물이 흥건히 고였거나 축축이 젖어 있는 것을 보는 꿈은?
주위의 기반 환경이나 여건 등에 만족할 만한 안정이 얻어질 징조.

●논밭에 허수아비가 서 있는 것을 본 꿈은?

도둑·분실·사기·속임수 등을 경계해야 될 징조.
(논밭의 곡식을 타인이 가져가면 손재와 곤란 등 장해가 닥치고 도둑이나 손재를 보게 된다.)

●산야(山野)나 땅에 있던 논밭이 흔적없이 없어지는 꿈은?

심각한 재물의 손실이나 사업부진·말썽 또는 피해·장애가 발생할 징조.

●텃밭에 풀이 무성하게 자라난 꿈을 꾸면?

재물이 풍족해지거나 부귀·번창의 기회를 얻게 될 징조.

●논밭을 갈거나 전답을 일구다가 집에 돌아오는 꿈은?

새로운 분야를 개척하거나 신규사업 및 품목의 개발에 많은 유익이 따르고 장차 많은 재물을 얻게 되며 가업이 번창할 징조.
(논이나 밭·토지 등은 사업의 기반, 자기 세력의 판도 및 여건이나 능력, 기본환경 같은 주위 상황을 상징한다.)

●직접 자기가 논밭에 씨를 뿌리는 꿈은?

사업이 순탄하게 발전하고 성공·출세의 발판이나 기회가 마련되어 외국이나 타지로 나가든지 명예의 상승 및 재물·이권이 늘어날 징조.
(다른 사람을 시켜서 논밭에 곡식을 파종하는 꿈도 부귀해질 징조이다.)

●논밭에 파종한 곡식의 씨앗을 밟는 꿈은?

타인과 연관되어 상당한 피해나 손실이 발생될 징조.
(자기가 남의 전답을 밟았을 경우는 그 땅 임자에게 말썽이나 궂은일이 생긴다.)

●야채를 심은 밭농사가 매우 잘 되어서 채소가 무성하게 자라고 있는 꿈은?

재물과 이권이 풍부해지고 크게 번창·발전할 기회를 얻어 안정을 누리게 될 징조.

●논밭에다 곡식종자를 대규모로 뿌리는 꿈은?

큰 이로움을 얻거나 재물 및 명예의 획득과 소망의 순조로운 달성 및 발전·번영이 따르게 될 징조

●큰 농사를 짓는 꿈은?

정체되었던 일들이 호전되어 의도하는 대로 목표를 달성하고, 많은 재물이나 큰 이권이 생겨서 집안과 일신에 풍족하고 평안한 번성을 획득하게 될 징조이다.

●전답이 황폐해져서 곡식이 자라지 못하게 되어버린 것을 보는 꿈은?

여건이 호전되고 전도가 밝게 트여져서 풍요와 안정을 누리게 될 징조이나, 야채를 심을 채소밭일 경우에는 가정불화나 집안에 근심과 말썽 등이 발생한다.

●다른 사람의 논밭을 사들이거나 양도받는 꿈은?

재물이 늘어나거나 신분 또는 명예가 높아질 징조.

●논밭을 남에게 팔거나 빼앗기는 꿈은?

실패·좌절 등 액화와 손실이 발생될 징조이며 곡식이 성장하고 있는 도중이면 더욱 좋지 못하다.

●농사짓는 방법이나 기계다루는 방법 등을 남에게 가르쳐주는 꿈은?
타인과 연관된 말썽 또는 손실·비방의 피해를 겪게 되거나 먼 곳에 가봐야 될 일이나 이동수가 발생할 징조.

●직장에서 자기의 업무를 끝마치고 일터를 나서는 꿈은?
장차 안정과 행운 및 발전의 영화가 깃들게 될 징조.
(논밭에서 농삿일을 보고 집으로 귀가하는 것도 역시 길몽이다.)

●얼마 안 되는 면적의 양지바른 잔듸밭 위에 활개를 펴고 드러눕는 꿈은?
질병·우환이나 손재 또는 의외의 불상사가 발생될 징조이다.

●넓고 황량한 들판에 사람이 보이지 않는 꿈은?
멀찍이 떨어진 곳으로 이동하거나 변화가 생길 징조.

●곡식이 무르익은 들판 가운데를 오가거나 곡식을 보살피는 꿈은?
재산이 늘어나고 직장이나 경영사의 번성·발전을 획득하게 될 징조.

●검은 기운이 들판 가운데서 하늘로 치솟아오르는 꿈은?
장차 부귀·번성하는 영화로움과 크게 입신·출세하는 성취를 거두게 될 징조이다.

● 쓸쓸한 들길을 혼자서 걸어가는 꿈을 꾸면?
심리적 방황과 갈등을 겪게 되고 부부나 연인 사이에도 트러블 내지 분산·결별의 말썽이 발생되며 고독과 방황의 징조이다.

● 들판 한가운데에 큰 나무나 정자가 우뚝 서 있는 꿈은?
주위 사람이나 경쟁자의 훼방 및 구설·말썽·우환·손실 등 피해가 발생할 징조.

● 푸른 잔디가 깔려 있는 넓은 운동장이나 들판을 달리거나 즐겁게 뛰노는 꿈은?
점차 사업과 지위 및 재물이 번창하고 질병·우환 등 제반 장해가 해소될 징조.

● 푸른 초원이나 들판을 거닐거나 한가로이 드러누어 잠을 자는 꿈은?
순조롭게 소망을 이루고 재물이 늘어나게 될 징조.

● 사방으로 통한 대도로를 보거나 큰 길을 거침없이 걸어가는 꿈을 꾸면?
명예와 신분이 높아지고 경영하는 사업이 순탄하게 번성·발전하여 행운과 부귀를 얻게 될 징조.

● 넓고 깨끗하게 포장된 길을 걸어가는 꿈은?
지위와 명예가 높아지고 하는 일이 순탄하게 성취되며 안정과 영화가 따를 징조.
(넓고 반듯한 길을 가면 행운과 안정이 찾아오고, 비좁고 꾸불거리거나 험준한 길을 애쓰며 가면 손재 및 사업의 실패와 고난 등 액화가 따르게 된다.)

● 길을 잃고 방황하는 꿈을 꾸면?
실행하는 일이 의도와 달리 어긋나서 곤란을 겪고, 가까이 지내던 주위 사람과 좋지 못한 일이 발생될 징조.

● 앞길이 도중에 끊어져버리는 꿈은?
고난과 장해가 닥치고 하던 일을 그만 두거나 살림(사업)을 정리해야 될 상황에 부딪치게 될 징조.

●모래로 뒤덮힌 길을 걸어가는 꿈은?

여러 가지로 장해와 고난이 닥치고 집안에 말썽 내지 불화가 생기는 등 손실이 발생될 징조.

●길거리에 많은 사람들이 모였거나 웅성거리는 꿈은?

재물이나 이권이 생기는 등 기쁨을 얻게 되며, 인적이 없고 길거리가 조용하고 적막할 경우는 금전의 손실이나 피해가 발생된다.

●길을 가다보니 높다란 언덕 위에 올라가 있는 꿈을 꾸면?

질병이나 근심·손실·장해 등의 액운이 해소될 징조.

●앞길을 큰 성벽이나 드높은 담장이 가로막아 나갈 수가 없는 꿈은??

예상보다 큰 피해나 말썽에 부딪쳐 어려움을 치르게 되고, 장애와 손실이 빚어지는 등 실패와 좌절이 발생될 징조.

●질퍽거리는 진흙길이나 가시덤풀에 부딪치는 꿈은?

매사에 장애나 손실이 많고 소망의 성취가 어려울 징조.

●큰 행길에서 패물이나 금전을 얻는 꿈을 꾸면?

멀지 않아 이권 또는 재물이 생기고 경영하는 일이나 소망사의 순탄한 발전이 따를 징조.

●쓸쓸하게 혼자서 길을 걷고 있는 꿈을 꾸면?

우환이나 근심이 발생되어 곤란과 피해를 겪게 될 징조.

●다리나 도로가 수레나 차량으로 가로막혀진 꿈은?

매사가 이롭지 못하고 실행하는 일이 중도에 장애와 실패 등 액운에 부딪칠 징조.

●도로공사나 구조물 등의 작업 때문에 앞길이 막혀지는 꿈은?

타인의 꼬임이나 유혹에 이끌려 손실과 낭패가 발생되고 장해와 파탄 등 액화를 겪게 된다.

●큰 길이나 다리가 무너져 내려앉는 꿈은?
큰 재물에 피해가 발생하거나 사업의 좌절 내지 실직의 장해가 따르게 될 징조.

●이미 부서져 내려 앉았거나 끊어진 도로라든지 다리를 본 꿈은?
관재구설·말썽·투쟁 등이 발생하거나 손재나 좌절이 따를 징조.

●다리 위에서 어떤 사람이 이름을 부르는 꿈을 꾸면?
대개 관공서와 관련된 사항·소송·말썽 등에 결정·판결 내지 경쟁의 일이 생기고, 만일 자기의 이름을 불렀을 경우는 상대방을 물리쳐서 이기게 될 징조.

●무너진 도로를 여러 사람들이 함께 보수하거나 새로 다리를 놓는 꿈을 꾸면?

제반 실행사와 목적이 순조롭게 이루어지며 부귀와 안정을 누리게 될 징조. (그러나 사기나 유혹에 의한 낭패의 발생을 경계해야 된다.)

●다리를 건너 반대쪽으로 이동해 가는 꿈은?

뜻밖의 불상사가 발생하거나 사고·질병·소송 및 관재구설 등 말썽과 피해를 치르게 될 징조.

●개천의 다리를 건너는 꿈은?

저승길에 접어드는 불길한 징조이며, 다 건너기 직전에 꿈을 깨든지 건넜다가 다시 되돌아오면 우환이 발생되어도 고비를 넘기고 회복된다.

●외나무 다리를 건너다가 다리가 허물어지거나 부러져 추락하는 꿈은?

뜻하지 않은 사고나 손재, 직장 및 사업상의 좌절, 구하는 소망사의 실패와 좌절 등 불행한 사태가 발생될 징조.

●다리 위에 잡풀이 무성하게 자라서 어수선한 꿈을 꾸면?

이권 및 재물의 손실 또는 경영사의 장애나 실패 등 액화가 발생될 징조.

●넓은 다리 한복판에 편히 앉아 있는 꿈을 꾸면?

재물과 연관된 기쁨이나 이득이 생기고 경영하는 일이 번창하며 명예가 높아질 징조.

● 다리 위에서 큰 소리로 시끄럽게 떠들어대는 꿈은?
물질이나 금전의 거래에 소득이 큰 폭으로 증가하고 많은 유익과 성취를 얻게 될 징조.

● 다리의 기둥이나 난간이 부서지는 것을 보는 꿈은?
구하는 소망의 좌절 및 경영사의 실패 또는 가족들에게 어떤 불상사나 위험 및 낭패가 발생될 징조.
(다리의 난간이 부서지면 남편에게 흉험이 닿고, 다리기둥은 부인에게 흉험이 발생된다.)

● 아내의 손을 잡고 다리 위로 걸어가는 꿈은?
부인이 아기를 임신할 태몽의 징조.

● 육교를 통과해 걷는 꿈을 꾸면?
직장이나 금전·지위 등에 연관된 애로가 원만하게 해결되고 새로운 분야나 신규사업, 미지의 개척 등 변화와 유통의 일이 생길 징조.

● 다리를 부수거나 철거하는 꿈은?
다툼과 말썽·소송·시비 등 궂은일에 휘말려 손실과 고난을 치르게 될 징조.

● 다리가 한쪽으로 비스듬히 위태롭게 기울어지는 꿈은?
재물 및 사업의 파탄과 지위 및 일신상에 불행이 발생될 징조이다.

● 다리 위에서 맑은 하천이나 강물이 흐르는 것을 내려다보는 꿈은?

순조로운 발전과 성취를 거두어 안정과 풍요를 획득하게 되고, 여성은 좋은 혼처가 생기고 남성은 귀인·친구를 얻게 되는 기쁨이 생길 징조.
(다리 위에서 내려다 본 물이 흐리고 혼탁하면 손실과 말썽이 빚어지고, 물이 흐르지 않고 멈춰 정체해 있을 경우는 남에게 훼방이나 타격을 받는 장해를 치루게 된다.)

● 지하도나 터널에 들어가는 꿈은?

일이 지지부진하고 뜻대로 순탄하게 풀리지 않거나, 마음이 복잡하여 피곤한 심신의 휴식을 요하게 되고 누군가에게 의지하여 도움을 받고 싶어하는 불안 및 갈등이 빚어질 징조.

●길을 가다가 삼거리나 사거리 또는 교차로를 만나는 꿈은?
재물이나 인간관계 또는 직장·사업 등에 명확한 판단이나 결정을 내리지 못하고 고민과 갈등이 동반되는 상황에 놓여질 징조.
(이성관계나 애정문제에 관련된 심적 부담이나 방황·혼란 등을 겪게 된다.)

●번화한 시가지나 네온사인 또는 실내외 장식 등이 찬란한 것을 보는 꿈은?
사업이 번창하고 명예와 지위가 높아지며 순조로운 안정과 융성을 누리게 될 징조.

●거리 및 광장을 거닐거나 출입하는 꿈은?
도심지의 광장에 들어가 서성거리면 감춰진 지배욕이나 출세욕 또는 남보다 우월해 지고 싶은 고민이나 갈등을 겪게 될 징조.

●인파와 물건이 흥청대는 상점거리를 걷는 꿈은?
사업의 지위 및 재물과 인간관계가 모두 호전·향상되어 번성과 발전이 따르게 되고, 상품과 인파가 한산하고 쓸쓸할 경우는 장애와 곤란 등 손실을 치르게 될 징조.

●백화점이나 시장에 필요한 물품을 구입하러 출입하는 꿈은?
심적인 부담과 갈등을 많이 느끼지만 열심히 애쓰면 순조로운 발전과 안정을 누릴 수 있는 기회나 여건이 조성되는 기쁨을 얻게 될 징조.
(상품과 인파가 붐비고 번화해야 재물과 권리도 따라서 상승한다.)

●자기 몸에다 진흙을 바르는 꿈을 꾸면?

남에게 치욕을 당하거나 어떤 부정·비밀 등과 연관된 문제나 곤경을 겪게 될 징조.
(진흙에 빠지는 꿈도 장애와 좌절, 소망불성의 징조이다.)

●흙먼지나 진흙을 뒤집어쓰는 꿈을 꾸면?

점차 궂은일과 장해·손실이 해소되고 질병·곤란·피해 등이 해소될 징조.

●진흙으로 옷자락이나 소매를 더럽히는 꿈은?

곤욕을 치르는 애로나 망신수가 따르게 될 징조.

●진흙으로 의복을 더럽히든가 진흙에 옷이 잠기는 꿈은?
자녀의 잉태나 분만에 장애를 겪을 징조이다.

●진흙 속으로 자꾸 빠져들거나 헤어나려고 허우적거리는 꿈은?
신병이 생기거나 재물의 실패 또는 말썽·손재 등의 악화가 발생될 징조.

●괴물과 함께 어떤 일로 슬퍼하며 같이 우는 꿈은?
가까운 친척이나 가족 중에 불상사나 궂은일이 발생하여 손실과 장해를 치르게 될 징조.

●괴물과 싸워 이기는 꿈을 꾸면?
커다란 이익과 성취를 얻게 되고 명성을 떨치며 안정을 누리게 될 징조.
(괴물을 때려눕히거나 쫓아버리든지 죽여 없애면 제반 경쟁·거래·승부·이해·소송 등에서 유리한 고지를 점령하는 기쁨을 획득하며, 만일 괴물에게 자기가 패할 경우는 남에게 승기나 이익을 빼앗기고 박해나 손실을 입으며 질병 또는 우환·근심을 치르게 된다.)

●자기의 몸이 어떤 괴물로 흉칙하게 변하는 꿈은?
복잡한 난관이나 말썽·장애·피해를 극복하고 재물을 모아 안정과 풍요를 누리게 될 징조.

● 괴물이 자기 집 안으로 들어오는 꿈은?
타인의 모함이나 훼방으로 인한 장해와 손실이 생기고 가내에 우환과 불상사 등 궂은일이 발생될 징조.

제 3 장
집·거주지·문·나무에 관한 꿈

사례 삼국유사(三國遺事. 卷一)에 나오는 이야기다.

신라의 명재상 김유신의 막내동생 문희(文姬)가 그 언니 보희(寶姬)의 꿈을 사서 뒷날 문명왕후가 된 고사(故事)이다.

하루는 문희의 언니인 보희가 서악(西岳)에 올라가 오줌을 누었더니 삽시간에 물바다를 이루어 온 도성이 거기에 빠지는 꿈을 꾸었다.

다음 날 보희가 동생 문희에게 꿈 얘기를 하니 자기가 그 꿈을 사겠다고 하였다. 그래서 무엇으로 값을 치뤄 사겠느냐고 하니 그 대가로 비단치마를 주겠다는 것이었다.

보희는 이를 승락하였다. 문희가 언니 보희에게 비단치마를 주며 치마 앞섶을 펼치고 꿈을 받는 자세를 취하였다. 그러자 언니 보희가,

"어젯밤 꿈을 네게 주겠다"

고 말했다.

그런 뒤로 한 열흘쯤 지나 정월 오기일(午忌日)에 오빠 김유신이 춘추공(春秋公)과 함께 집 앞에서 공차기를 하고 놀다가 슬며시 춘추공의 옷을 밟아 옷고름이 떨어지도록 만들었다. 그러고는,

"우리 집에 들어가 옷고름을 달도록 하자."

고 하였다.

　이 춘추공을 데리고 들어온 김유신은 보희에게 그의 옷을 꿰메드리라 하였다. 그러자 보희는 어떻게 그런 사소한 일로 귀공자를 가까이 하겠느냐며 꿰메기를 사양하는 것이었다.

　이에 김유신이 다시 문희에게 하명하니 문희는 이를 순순히 따랐다.

　김유신의 깊은 의중을 헤아린 춘추공은 드디어 문희와 은밀한 관계를 맺게 되었고 급기야는 문희가 임신을 하게 되었다. 그래서 춘추공과 문희는 오빠 김유신의 묘책에 힘입어 왕의 윤허를 얻어서 정식으로 혼례를 올리었다.

　그리고 진덕왕이 죽고 나서 당고종 영휘 5년 갑인(甲寅)에 춘추공이 왕위에 등극하자 문희는 문명(文明)왕후에 봉해졌던 것이다.

사례 조선 금석총람(朝鮮金石總覽, 卷下)에 나오는 이야기다.

이태왕 2년 을축(乙丑)에 세워진 경성 양왕자 기적비(鏡城兩王子紀蹟碑)에 선조 임진년의 일이 적혀 있다.

각설하고, 이때 회령 땅에서 반적의 무리인 경세(景世) 등이 고함을 지르며 몰려드는 난동이 있었다.

이들은 어둠을 틈타 느닷없이 쳐들어와 두 왕자와 함께 그들을 따르던 신하 넷을 결박하여 길주(吉州)에 있는 왜장 가등청정에게 보내어 재물을 얻고자 하였다. 그런데 그들이 가는 지름길에는 경성의 용성사(龍城寺)라는 절이 있었고, 본사에는 처사(處士) 박공(朴公) 혼자뿐이었다.

그는 매우 강직하고 충의로운 선비로서 적군의 기세가 치열하고 나라의 형세가 장차 위태함을 밤낮으로 탄식하던 터였다.

그날 밤 그는 꿈을 꾸었는데 홀연히 서쪽 산기슭에 두 마리의 용이 내려왔다가 해충과 살모사로부터 곤경을 당하고 있었다. 꿈에서 그는 기이함을 느끼고 급히 달려가 보았다. 그곳에는 과연 토적(土賊) 떼들이 모여 있었고 두 왕자와 배종하던 신하 넷이 오라줄에 묶여 있었다.

격분한 그는 자기의 몸을 돌보지 않고 창칼 속으로 뛰어들어갔다. 그리고는 충성의 눈물을 쏟으면서 인의에 비유하여 저들에게 깨닫기를 고하니 도적들이 곧 그 정성에 감동하여 흩어졌다.

사례 용제총화(慵齋總叢話, 卷六)에 나오는 이야기다.

전자에 유생(儒生) 세 사람이 과거에 응시하기 위해 함께 길을 떠나게 되었다.

도중에 세 사람은 각기 꿈을 꾸었는데, 한 사람은 거울이 땅에 떨어지는 꿈을 꾸었고, 한 사람은 문 위에 쑥대묶음이 걸려 있는 꿈을 꾸었으며, 한 사람은 바람이 불어 꽃이 떨어지는 꿈을 꾸었다.

이들 셋은 해몽가의 집을 찾아갔다. 그런데 해몽가는 집에 없고 그 아들이 홀로 집을 지키고 있었다.

세 사람이 해몽을 청하였더니 그 아들이 점쳐 말하기를, '땅에 떨어지는 거울'이나 '문 위에 걸린 쑥대묶음'이나 '바람에 떨어지는 꽃'은 다 상서롭지 아니한 물건인즉 소원을 이루지 못할 것이라 하였다.

그때 마침 밖에 나갔던 해몽가가 돌아와 아들을 꾸짖으며 시를 지어 주었다.

"대저 좋은 쑥대(액막이로 방문 위쪽에 걸어두는 쑥묶음)는 누구나 희망하는 것이고, 거울이 떨어지니 어찌 소리가 없을 것이며, 꽃이 떨어지면 거기에 호응하는 결실이 있게 마련인즉, 세 분 모두는 공명을 성취할 것입니다."

그 해몽가의 말대로 과연 그들 세 사람은 함께 과거에 급제하였다 한다.

●산 정상에 올라갔다가 평지로 굴러떨어지는 꿈은?

매우 난감하거나 복잡한 상황에 처하게 되며 명예가 실추되거나 직장(벼슬) 등을 잃게 된다든지 실패·말썽·배신 등 액화에 부딪칠 징조.
(산 위에서 누구에게 떠밀려 추락하거나 미끌어져 내동댕이쳐진다든지 하는 꿈도 역시 실패·좌절·파탄의 흉험이 생길 징조.)

●산 위에 올라갔는데 갑자기 산이 무너져내리는 꿈은?

커다란 재산파탄이 생기거나 직장(벼슬)을 잃게 되든지 경영사의 실패 및 좌절에 부딪치는 등 궂은일을 치르게 될 징조.

●붕괴되는 산을 보고 놀라 도망치는 꿈은?

재산파탄이나 질병·우환 및 사업의 실패가 따를 징조.

●산 위로부터 자기를 향해 큰 바위나 돌덩어리가 굴러떨어지는 꿈은?

가업 또는 재산(직업)의 파탄 내지 돌연한 불상사 등 액화가 발생하게 될 징조.

●산 위에 있다가 아래로 내려오는 꿈을 꾸면?

산 밑을 향해서 내려오는 꿈은 제반 사업이나 직장·명예·재물 등에 장애와 손실을 겪게 될 피해가 발생할 징조.
(순식간에 내려오는 경우 빠른 속도로 파탄이 진행되어 힘들게 쌓아올린 기반과 재물·권리·명예 등이 흩어지게 된다.)

●산 위에서 밑으로 내려오다가 어떤 위험이나 싫어하는 동물 내지 장애물을 만나 도중에 멈추는 꿈은?

손실이나 말썽 또는 피해가 발생되어 진행되던 도중에 곤란 및 파탄이 더 이상 확대되지는 않고 타개될 징조.

●산 위로 거침없이 뛰어오르는 꿈은?

액운과 말썽이 해소되며 환자는 건강을 되찾아 장수하게 될 징조.

●산의 정상을 향해서 계속 올라가는 꿈은?

가로놓인 장해와 난관을 극복하고 사업(직장)과 명예(지위·신분)의 발전과 안정을 이루어 많은 사람들을 이끌거나 지도력을 발휘하게 될 징조.

●거듭해서 여러 개의 산과 고개를 넘는 꿈은?

점차 할일이 많아지고 명예나 지위가 높아지는 등 분주함 가운데 이익과 발전이 따를 징조.

●산중의 전답에서 농사를 짓는 꿈은?

서서히 하는 일과 집안이 번창하고 원만한 성취와 발전을 거두게 되나, 엉뚱한 일이나 요행수 또는 유혹에 이끌려 결과적으로는 피해 내지 손해를 격는 수가 많다.

●호젓한 산길을 혼자 걸어가는 꿈은?

재물이 생기거나 소망이 이루어지는 등 점차로 좋은일이 늘어날 징조.
(산 속에서 한적하게 사는 꿈은 가업의 안정과 좋은 기회 및 지위 향상 등 평안의 징조.)

●모르는 사람의 손에 이끌려 자꾸 산 속으로 걸어들어가는 꿈은?

예기치 못한 큰 위험이나 중병 등 궂은일에 부딪쳐서 우환과 손재를 겪게 될 징조.
(자기를 이끌고가는 사람이 이미 죽은 사람일 경우는 더욱 불길·흉험하다.)

●산에 가서 보물을 발견하거나 목을 치켜들고 까마득하게 드높은 산봉우리를 쳐다보는 꿈은?

장차 부귀와 명예가 풍성해지고 사업이나 직분의 발전과 평안이 성취될 징조.

●산을 어깨에 둘러메거나 번쩍 공중으로 들어올리는 꿈은?

장차 큰 권세와 성공을 얻고 재물과 명예가 따르는 부귀와 번창을 누리게 될 징조.

●짐을 지고서 산꼭대기를 향해 올라가는 꿈은?

근심과 장해를 짊어지고 난관에 부딪치는 형국이어서 무리한 일의 착수 내지 불안정한 승부를 거는 등 손실 및 낭패와 연관될 위험의 징조.

●산중에서 방황하다 인가의 불빛을 보고 반가워 하는 꿈은?

차츰 곤란한 장해가 해소되고 순조롭고 안정된 향상·발전이 따르게 될 징조이다.

제3장/집·거주지·문·나무에 관한 꿈   85

● 낮에 산 속에서 집을 발견하는 꿈은?

묘지를 보는 형국이므로 죽을 고비나 불행한 사태에 부딪쳐 큰 환란이나 실패, 손실 등 장애를 치를 징조.

● 산 속에서 길을 잃고 헤메거나 끝없이 꼬불꼬불한 산길을 힘들여 걷는 꿈을 꾸면?

뜻하는 바와 달리 난관 및 실패에 부딪쳐 허망해진다든지 부득불 장해나 손실 등 말썽을 겪게 될 징조.

● 산에 올라가서 자리를 펼쳐깔거나 빨래를 너는 꿈을 꾸면?

하는 일과 명예와 신분이 향상되고 앞길이 밝게 트여져서 장차 부귀·번창하게 될 징조.
(산꼭대기에 올라가는 꿈은 주로 발전과 안정 및 성취를 거두게 될 징조이나 도중에 어떤 장애에 부딪쳐 정지하게 될 경우는 손실과 낭패 등 불이익을 치르게 되고, 산이 험하면 험할수록 곤란의 강도가 높고 어려움을 타개하느라 각종 노력과 애를 많이 써야 한다.)

● 등산할 차비를 갖추어 산으로 떠나는 꿈은?

재물이 생기거나 이권이 늘어나고 경영하는 사업이나 벼슬(직장) 등과 연관된 좋은일이 생길 징조.

●산악의 험준한 곳을 돌파해서 무난히 안전지대로 빠져나오는 꿈은?

곤란이나 말썽 등 장해를 극복하여 재물의 이익과 명예(지위·직장)의 향상·발전을 획득하게 될 징조.

●산중에 벚꽃이 흐드러지게 피어 만발한 것을 보는 꿈은?

화려하고 번화한 곳의 출입왕래가 늘어나고 대인교제·인간관계로 인한 지출 또는 낭비가 늘어나게 될 징조.

●산비탈 양지바른 곳에 누워 있는 꿈은?

급작스러운 불상사나 질병·사고·우환 등 궂은일이 발생한다든지 커다란 번민이나 근심거리에 부딪치게 될 액운의 징조.

●화산이 폭발하거나 용암이 흘러내리는 꿈은?

직장이나 경영하는 사업에 장해 또는 손실 등 복잡한 말썽과 돌연한 불상사나 신병의 위험이 발생될 징조.

●절벽 위에나 큰 바위꼭대기를 향해 기어오르는 꿈은?

여러 가지 장해와 곤란 등 불안스런 상황에 부딪쳐 손실과 방황을 겪게 될 징조.
(바위나 절벽이 험하고 클수록 많은 위태로움이 따른다.)

●큰 바위나 절벽이 앞길을 가로막는 꿈은?

소망하는 일이나 계획하는 목표가 실패와 허망에 부딪치며 타인의 방해나 장애로 인해 곤란을 겪게 되고, 손실 또는 좌절 등 심각한 피해가 발생될 징조.
(주위의 좋은 경치를 즐기면서 걸어가다 절벽을 만나면 평온과 안정의 지속이 막바지에 도달하여 종말이 가까워졌음을 가리키는 징조.)

●큰 바위나 돌에다 심하게 머리를 부딪치는 꿈을 꾸면?

큰 재난이나 사고 및 불상사가 발생되어 말썽과 장해, 재물의 피해와 집안의 근심·손실 등 궂은일을 치르게 될 징조.

●바위에 올라가서 품에 돌을 끌어안은 꿈은?
직장 및 경영하는 사업에 주위 여건과 위치 등과 연관된 바뀜이 생길 징조.

●예쁜 조약돌이나 기이한 모양의 수석 등 관상용 돌을 습득하거나 가지고 노는 꿈을 꾸면?
총명한 자녀를 잉태하거나 재물 및 이권이 얻어지는 기쁨이 생길 징조.

●기인한 모양의 바위나 절벽 또는 아름다운 절경(絶景)의 암석을 보는 꿈은?
장차 풍부한 재물과 이권이 얻어지고 지위(직장)와 사업 및 원하는 목표의 순조로운 번창·발전을 획득하게 될 징조.

●험준한 절벽꼭대기에 서서 심한 공포를 느끼는 꿈은?

경영하는 일이나 사업상의 실패 내지 좌절 등 파탄과, 직장(지위) 또는 명예의 상실이 발생하는 액화에 부딪칠 징조.

●절벽 위에서 실족하거나 떠밀려 밑바닥으로 추락하는 꿈은?

비밀리로 진행되던 일이나 감춰진 문제들이 노출되거나 심리적 갈등과 방황 및 주위 여건의 말썽 내지 불안요소로 인해 실수나 피해를 보게 될 징조. (절벽에서 떨어지는 꿈은 주로 양심상의 가책이나 주위 상황에 대한 무력감으로 우울과 번민을 동반하는 경우가 흔하다.)

● 암석(岩石) 위에 편히 드러눕는 꿈을 꾸면?

직장과 신분이 안정되고 집안과 사업이 번성하며 제반 장애와 근심이 흩어질 징조.
(큰 바위에 올라가 앉는 꿈은 입신·출세나 부귀의 길몽이다.)

● 기암괴석이나 커다란 바위를 집 안으로 운반해 들여오는 꿈은?

경영하는 일이 순탄하게 번창·발전되며 재물이 불어나고 명예(지위)가 높아져서 부귀를 얻게 될 징조.

●돌멩이를 자꾸 집어내던지는 꿈은?
대인관계나 금전거래, 직업 또는 사업 등과 연관된 다툼 내지 말썽에 부딪치게 될 징조.
(우발적인 사고나 폭력사태가 빚어질 위험성도 있다.)

●나무 위에 올라갔는데 가지가 부러져서 땅으로 추락하는 꿈은?
예상치 못한 불상사나 실패 및 장해 등 손실에 부딪쳐 고난을 당하는 액화에 부딪칠 징조.

●나무에 올라가는데 가지가 부러지는 꿈을 꾸면?
집안에 흉험한 사고나 불행한 낭패 등 액화가 생길 징조.

●큰 나무꼭대기에 높이 올라가 있는 꿈을 꾸면?
지위나 명예가 높아지는 출세·번영과 사업이 번창하며 부귀·발전하는 등 순탄한 소망달성을 이루게 될 징조.

●새처럼 날아서 나무 위에 높이 올라가 앉는 꿈은?
재물과 이권 또는 좋은 기회나 여건이 생겨 하는 일이 원만하게 성취를 될 징조.

●큰 나무가 중간이 부러져 꺾이는 꿈을 꾸면?
사업이나 직장·재물 등에 연관된 실패 및 가정의 파탄 내지 좌절이 발생할 징조이다.

●숲 속을 헤치고 다니며 사냥을 하는 꿈은?
구하는 소망이나 경영하는 일의 목적달성이 힘들며, 여러 가지 장해가 앞을 가로막고 재물의 손실과 말썽을 겪게 될 징조.

●나무에 새싹이 트거나 꽃이 피는 꿈은?
지위나 사업 또는 집안과 자손에 기쁨이 생기고 재물과 명예가 흥왕하는 번창과 영화로움을 누리게 될 징조.

●숲 속에서 한 나무만 유별나게 큰 것을 보는 꿈은?
총명한 자식을 잉태하거나 자손에 영화로움이 따른다든지 금전과 이권의 기쁨이 얻어질 징조.

●만일 죽은 나무에서 꽃이 피어나는 꿈을 꾸면?
예상밖의 이득이나 영예 등 즐거움을 누리게 된다.

●거대한 나무나 좋은 목재가 자기 집으로 떨어지는 꿈은?
구하는 소망사의 목표달성 및 많은 이권이나 재물의 안정과 지위와 사업에 따른 발전과 영화를 얻게 될 징조.

●집 안에 높다랗게 쌓인 목재 더미가 있는 것을 보는 꿈은?
장차 가업의 번성과 일신의 출세 등 기쁨을 누리게 될 징조.

●큰 나무를 베어 자기 집으로 운반해 들여오는 꿈을 꾸면?

풍부한 재물 내지 권리가 얻어질 상황이 조성되고, 경영사나 직장관계에 따른 순조로운 번창과 발전을 획득하게 될 징조.
(땔깜이나 장작을 얻거나 구입하든지 집에다 저장하는 꿈도 이익과 명예의 증진 및 제반 하는 일의 원만한 성취를 얻게 될 징조.)

●짙푸른 가로수가 공원이나 큰 길가에 늘어서 있거나, 가지와 잎새가 무성하고 울창한 느티나무를 보는 꿈은?

가까운 주변 사람 내지 친구나 연인과의 사이에 갈등과 말썽이 발생되고 장해나 손실에 부딪치게 될 징조.

●마당에 정원수가 무성하게 자라고 있는 꿈은?

가업이 번창하고 일족이 화합하여 안정을 누리며 재물이 쌓이고 명예가 높아지는 즐거움이 얻어질 징조.

●정원수의 가지를 잘라내는 꿈을 꾸면?

도난과 분실 및 재물의 손실과 집안 식솔이나 아랫사람들로 연관된 피해 내지 손실, 말썽에 부딪치게 될 징조.

●묘목을 심는다든지 수목을 가꾸며 손질하는 꿈은?

서서히 경영하는 일이나 업무 등이 순조로히 성취되고 재물과 명예와 이권이 안정·번성할 징조.

● 집 안 정원 가득히 꽃이 만발하여 활짝 피어난 것을 보는 꿈은?

화재나 전기 등에 의한 사고의 발생을 의미하며 유혈(流血)의 불상사가 생긴다.

● 큰 나무를 심거나 옮기는 꿈은?

자식에게 불상사나 실패가 발생된다.

● 묘목을 키우거나 잡초를 제거하는 꿈은?

자손이나 재물에 연관된 번성과 발전을 획득하게 되고 조만간 안정과 풍요를 누릴 기회가 생기게 될 징조.

●여러 종류의 다양한 나무들이 무성하게 자라고 있는 꿈은?
번창과 평안을 누리게 될 징조.

●잡초를 제거하고 김을 매는 꿈은?
장해와 곤란을 타개할 징조.
(묘목이 메말랐을 경우는 자손 때문에 근심이나 손실을 당하게 된다.)

●가시나무나 잡초덩쿨이 뒤엉켜 앞이 막히거나 주택 또는 사람 주위를 갑갑하게 가로막아 둘러싸는 꿈은?
매우 힘든 장애와 곤란에 부딪치고 손실이나 불화 및 훼방·말썽 등이 발생할 징조.

●수목의 나뭇잎이 갑자기 시들어버리거나 잎사귀가 떨어져 앙상해지는 꿈을 꾸면?
재물의 파탄 또는 사업의 실패, 가정의 불안 등 궂은일이 발생하며 사고·다툼 및 부부(연인)·형제·친구 등 가까운 사람들과의 말썽과 분산, 손실의 재난을 치르게 될 징조.

●나무가 메말라 죽거나 뼈대만 앙상하게 남은 것을 보는 꿈은?
금전의 피해와 제반 경영사와 주변 상황의 장해 또는 말썽이 발생하여 어려움과 액화를 겪게 될 징조.

●커다란 정자나무나 웅장한 나무그늘 아래에서 휴식을 취하거나 놀이를 즐기는 꿈은?

귀인의 협력이나 유력자의 도움을 얻을 기회가 생기고, 계획하는 일이 순조로운 성취를 거두어 안정과 번창을 누리게 될 징조.

●동산의 나무숲이 울창하고 아늑한 것을 보는 꿈을 꾸면?

장차 가업이 번성·발전하고 명예가 높아지며 식솔이 늘어나고 재물과 권리가 풍부해지는 안정을 누리게 될 징조.

●숲그늘에서 편히 쉬거나 누워 즐기는 꿈을 꾸면?

질병과 우환 및 제반 장해와 말썽이 순조로히 해소될 징조.
(숲 속의 아늑하고 포근한 안식처 같은 공간에 들어가 있을 경우는 자기만의 비밀이나 남에게 드러낼 수 없는 어떤 문제와 연관될 징조.)

●산림을 벌목한다든지 큰 나무를 베거나 가지런하게 토막을 내는 꿈은?

많은 이권이 생기거나 재물이 늘어나게 될 징조.

●나무를 다듬거나 깎아서 무슨 물건을 제작하는 꿈은?

사업계획의 구상 등에 따른 발전·성취 내지 자녀와 관련된 일로 기쁨이 생길 징조.

제3장/집·거주지·문·나무에 관한 꿈 97

●나무가 지붕 위나 옥상 위에서 자라나는 꿈을 꾸면?

부모나 윗사람들에게 궂은일 내지 신병이 생길 징조.
(단, 단풍나무나 소나무가 지붕 위에 자라는 꿈은 크게 출세·부귀하는 영화를 누릴 징조.)

●큰 나무나 대들보의 재목 등을 등에 짊어지거나 어깨에 둘러메는 꿈은?

재물과 이권이 생길 좋은 기회나 여건이 얻어지고, 어떤 값진 선물을 받는다든지 중한 책임을 맡게 될 징조.

●자기 집 담 안이나 뜰 앞에 잣나무나 소나무 또는 대나무가 자라는 것을 보는 꿈은?

장차 재물이 풍족해지고 가업이 번성해지며 귀히 될 자손이 생기거나 입신·부귀하게 될 징조.

●집 안에 과일나무나 좋은 화수목(花樹木)이 울창하게 자라나고 있는 꿈은?

재물이나 자손을 얻고 사업·직장(벼슬) 등에 따른 발전과 번영 등 기쁜일이 겹쳐질 징조.

●집을 팔려고 하는데 값이 비싸거나 너무 낡아서 사겠다는 작자가 생기지 않는 꿈은?

재물의 손실과 낭비, 심신의 장해 및 실행하는 일이 잘 풀리지 않는 등 곤란과 근심이 누적되고 여러 가지로 말썽과 애로를 치르게 될 징조.

●집이나 건물이 무너지는 꿈을 꾸면?

위중한 병환이나 불상사의 발생 및 경영사의 실패, 지위의 상실 등 집안이 기울어 파탄을 치르게 될 좌절과 풍파, 재난의 징조.
(앞으로 기울어 허물어졌거나 이미 붕괴된 것을 보는 경우는 신속하게 패망의 액화가 닿고, 뒤쪽으로 기울어 쓰러질 경우는 한동안 장해와 고난을 겪다가 패망하게 된다.)

●집 안을 여기저기 헤매며 편히 쉴 자리를 찾지 못해 서성거리는 꿈은?

경영하는 사업이나 구하는 소망의 목표달성이 힘들어 장해를 겪고, 갈등과 방황 등 여러 가지로 정신이 분산되는 어려움을 치를 징조.

●빨간색 의복을 입고 집 안으로 들어가는 꿈은?
집안 식구들이나 자기에게 좋지 못한 일이 발생되며 화재나 유혈의 액화가 발생될 징조.
(집 안 내부나 벽을 빨간색으로 칠했거나 빨간꽃이 만발해 피었다든지 빨간 천이나 빨래가 잔뜩 펼쳐져 있는 것도 역시 화재의 위험과 유혈의 사고 등 궂은일에 부딪칠 징조.)

●자기 집에 많은 사람들이 모여들어 웅성대는 꿈을 꾸면?
타인과 연관된 말썽이나 재물 및 이권의 손실이 발생되고 속상하든지 귀찮은 일에 연관되어 피해를 입게 될 징조.

●집 안에 출입문이 없거나 막혀서 바깥으로 나갈 통로를 찾지 못하는 꿈은?
여러 가지로 성과나 결실이 지지부진하고 지출과 낭비가 늘어나서 근심과 갈등을 겪게 될 징조.
(이미 지위나 재산, 사업 등이 안정되어 있는 사람의 경우는 계속 재물과 권리가 풍부해지고 행복을 누릴 수 있음을 가리킨다.)

●창문을 열고 바깥을 내다보는 꿈을 꾸면?
앞이 훤히 트이고 하늘과 햇살이 청명하면 실행하는 일이나 원하는 소망의 순조로운 성취와 발전 등 안정을 누리게 될 징조.
반대로 큰 건물이나 어떤 장애물로 앞이 막히거나 차단되어 가려질 경우는 중도의 말썽이나 방해가 발생되어 실패와 손재 및 곤란을 겪게 된다.

● 다락이나 곁방(골방)에서 잠을 자거나 드러누워 있는 꿈은?

식구나 아랫사람들과 연관된 우환이나 손실이 발생되어 피해를 입거나 곤란을 겪을 징조.

● 집 안을 깨끗하게 정돈하거나 청소하는 꿈은?

외부에서 손님 또는 소식이 오거나 귀인을 상봉한다든지 집에 식구가 늘어나고, 영전·진급 및 당첨의 기쁨이 생기며, 제반 부실한 일의 정리·청산과 손실·우환이 흩어질 징조.
(단, 먼지나 쓰레기를 집 밖으로 쓸어낼 경우는 복운과 재운을 있는대로 모조리 내다버리는 형국이 된다.)

● 자기 집이 텅비어 사람이 보이지 않는 꿈은?
집안에 우환이나 질병 등 근심이 생길 징조.

● 집 안에다 높은 정자나 누각을 세우는 꿈은?
가업이 번성하고 널리 명성을 떨치는 등 재물과 부귀가 흥왕할 징조.
(집 위에 상서로운 안개나 구름이 떠 있거나 아름다운 광채가 빛나는 꿈도 부귀·번창하고 입신·성공하는 영화를 누릴 징조.

● 주택이나 건물의 일부분이 훼손되거나 내부 시설이 못쓰게 망가져버린 꿈을 꾸면?
신체 및 건강에 이상이나 불상사가 발생되어 재물의 손실 또는 크게 근심하고 놀라는 상황에 부딪치게 될 징조.
(집은 몸과 마음을 상징하고 내부 구조는 신체의 일부분을 뜻한다.)

● 집 주위에 잡풀이 무성하게 자라거나 집이 바람이나 지진에 흔들거리는 꿈은?
집안에 손재나 말썽·사고·부상 등 좋지 못한 일이 발생되어 곤란을 겪든지 거처를 옮기거나 머무르던 자리를 비우고 이동하게 될 징조.
(가옥이나 전답이 모조리 파괴되어 갑자기 폐허가 되어버리는 꿈은 장차 번성과 안정의 부귀를 누리게 될 징조.)

●땅이나 건물 등의 문제로 부부간에 다투는 꿈은?

재물이 생기고 경영사가 순탄하게 발전하여 구하는 목적을 순조로히 달성할 징조.

●자기 집이나 토지, 건물과 관련된 문제로 타인과 다투는 꿈을 꾸면?

하는 일이 뜻대로 성취되지 않아서 고민이나 방황을 한다든지 말썽·불이익 등의 장해를 치르게 될 징조.

●자기가 살려고 집을 새로 짓는 꿈을 꾸면?

새 집은 무덤을 상징하는 까닭에 심각한 불상사 내지 사고 및 우환이 발생하거나 중병이나 사망 등 흉험이 닥칠 징조.
(보통 주택을 새로 짓는 꿈은 주로 꿈속의 집주인에게 재난과 액화가 발생되는 수가 흔하며, 바느질해서 꿰매지 않은 옷감이나 천을 몸에 두르든지 깨끗한 의복을 입고 새 집에 들어가는 꿈은 매우 불행한 사태 또는 중병, 사망 등 액화가 생길 징조.)

●주택이나 건물 등을 팔고 사는 꿈을 꾸면?

자기의 집을 남에게 팔면 운수가 트여서 재물이 모이고 명예가 높아지며, 타인의 집을 자신이 사들이면 수명이 길어지고 새로운 귀인이나 협력자를 만나게 될 징조.

● 집이나 전답, 금전 등을 식구들간에 분배하여 나누거나 소유권을 결정하는 꿈은?

점차 집안 살림이 기울고 사업의 실패나 좌절 및 지위(직장)와 재물의 파탄과 좌절 등 난관에 부딪치게 되며, 친지들과의 불화·말썽 또는 식구들이 사방으로 흩어지게 될 징조.

● 자기의 주택이나 전답을 저당잡히는 법적절차를 문서로 이행하는 꿈은?

사업이나 명예에 관련된 기쁜일이 생기든지 안정·발전을 누리게 될 징조.

● 남에게 저당잡히고 있던 집을 할 수 없이 팔게 되거나 자기의 주택이나 건물을 남에게 양도·인계해주는 짧은 꿈은?

직장(벼슬)이나 사업의 실패, 좌절 및 재산의 낭패나 가정의 풍파 등 장해·액운이 발생될 징조.

● 사람이 살지 않는 폐가옥 또는 낡은 빈 집에 들어가 서성거리는 꿈은?

예기치 않은 불상사나 중병 또는 손재·허망 등 액화가 생기고 불안과 실패를 치르게 될 징조.
(빈 집에서 사람이 나오는 꿈도 흉험과 재난이 발생될 징조이며 혼백이 육신을 벗어나오는 형국으로 판단한다. 빈 집이나 을씨년스러운 집, 부서져 버려진 집 등은 애정관계의 부조화나 결핍, 불만 등을 의미하기도 한다는 점을 유념해야 한다.)

●헌 집을 고치거나 도색하는 등 산뜻하게 수리하고 개조하는 꿈은?

차츰 하는 일에 재수가 있고 살림이 풍부해지며 명예와 지위가 높아지는 안정을 누리게 될 징조.
(칠이 아닌 벽지로 실내를 도배하는 꿈은 질병이나 우환과 손재가 발생될 징조.)

●이사를 하려고 살림을 챙기든가 주거를 어딘가로 이동해 옮겨가는 꿈은?

주위의 상황이나 놓여진 입장·처지 등을 홀가분히 벗어던지거나 정리 내지 현실에서 탈출하고 싶은 방황 또는 고난을 격을 징조.
(이성관계의 부정이나 탈선을 경계해야 된다.)

●승려나 신부·수녀·무당이 사는 절이나 교회. 사당 등에 딸린 주택으로 이사해 들어가는 꿈은?
건강이 나빠져서 신병이나 우환을 겪거나 계획하는 일이 의도와는 달리 손실 및 장해가 초래될 징조.

●드넓은 논밭과 인접해 있는 집으로 이사가는 꿈은?
장차 가업이 번창하고 배우자에게 기쁜일이 생길 징조.

●새로 지은 남의 집에 자기가 이사해 들어가는 꿈은?
차츰 가업이 번성해지고 재물이 풍족해질 징조.
(어떤 왕후나 공주가 울면서 집으로 들어오는 꿈은 재산이 늘거나 뒷날 귀히 출세할 자녀를 잉태할 길몽이다.
이삿짐을 수레나 트럭으로 운반하면 앞길이 트이고 재수가 있어 발전·번성을 얻게 되지만, 배(선박)에다 실어나르거나 물을 건너 옮기면 손재와 말썽이 생기고 불행한 일이 빚어진다.)

●헌 집을 새로 단장하고 이사해 들어가는 꿈은?
새로운 식구들이나 고용인(거래선) 등이 늘어나고 아름다운 배우자가 생기거나 이성교제가 이루어질 징조.
(이사가는 집이 먼저 살던 집보다 넓고 좋으면 운수가 대통하여 부귀·번창하고, 반대로 먼저 살던 집보다 옹색하고 누추하면 살림살이가 줄어들고 재물이 흩어지는 등 불행이 닥친다.)

●으리으리한 궁성 같은 훌륭한 집을 소유하게 되거나 살러 들어가는 꿈은?

매사 순탄한 발전과 번창의 영화를 성취하여 부귀·안녕하고 출세·입신하는 성공을 누리게 될 징조.

●창고에 물건이나 곡식을 채우고 문을 걸어잠그는 꿈은?

재물과 이권이 풍성해지고 순탄한 발전과 안정을 거두어 입신·성공하고 부귀를 누리게 될 징조.
(창고 내부에 자기가 들어가 있을 경우에는 경영사 및 재물의 관리가 잘 이루어지고, 풍성한 이익과 호기회를 획득하여 물질적 안정 및 성공을 이루게 된다.)

●창고나 부속건물 등 바깥채를 축조하는 꿈을 꾸면?
지위와 재물이 늘어나고 사업과 구하는 목표의 순조로운 발전·성취를 거두게 될 징조.

●창고에 도둑이 들어 곡식이나 재물을 털어가는 꿈은?
경영사의 실패와 재산파탄 등 장해가 발생될 징조.

●곡간이나 창고에 곡식가마니가 가득히 쌓였거나 그릇마다 곡식이 수북이 담겨진 것을 보는 꿈은?
호경기와 좋은 여건·기회 등을 맞아 재물이 쌓이고 가업이 번창하며 순탄한 안정과 성공을 거두어 일가화락하고 부귀를 누리게 될 징조.
(많은 곡식을 창고에 쌓는 꿈도 융성·발전과 부귀·성공을 얻게 될 징조이나, 가마니나 그릇 속에 곡식이 확실히 들었는지 분명치 않을 경우는 굉장한 근심과 재난이 집안에 도사린 형국이 된다.)

●창고나 부속건물이 무너지거나 훼손되는 꿈은?
집안 살림이 기울어 흩어지고 자주 장애와 곤란에 휘말리며 사람이 다치는 사고나 중병을 앓게 되는 우환 등 재물손실과 경영사의 실패 및 좌절에 부딪치는 궂은일이 발생될 징조.
(창고나 곡간에서 물건을 밖으로 꺼내오는 꿈도 업무상의 과실이나 착오로 재물의 피해가 생긴다.)

● 창고의 문이 열리거나 구멍이 뚫려 훼손되는 꿈을 꾸면?

타인과 연관되어 재물의 손실 및 낭패가 발생되고, 손아랫사람이나 관리 경영인 때문에 피해와 곤란을 치르게 될 징조.

● 갑자기 건물 대들보가 부러지거나 천정이 무너져내리는 꿈을 꾸면?

가장이나 장손에게 좋지 못한 액화가 닥치든지 집안에 사고나 중병, 사업의 실패, 좌절 및 재산의 파탄 등 궂은일이 생기고 타인의 훼방, 손실 또는 지위나 사업체를 상실한다든지 사랑하는 사람을 잃게 될 징조.

● 지붕을 새로 만들어 얹거나 심하게 부서지든지 일그러지는 꿈은?

부모나 존장 또는 가장(家長)의 신변에 아주 좋지 못한 불상사가 발생하거나 재산의 파탄, 사업의 실패 등 액운을 치르게 될 징조.

● 지붕이 허물어져 부서지거나 위험하게 기울어지고 있는 것을 보는 꿈은?

집안 살림 및 사업의 파탄·부진·손실·실패와 좌절·곤경 등 극복하기 어려운 상황에 놓여질 징조.

● 지붕에서 한 쌍의 기와가 땅으로 떨어지는 꿈을 꾸면?

가정환경이 복잡해지거나 불화·풍파 등 난관에 부딪치게 되며 이별과 분산의 장해를 치르게 될 징조.

●남의 집 지붕 위에 자기가 올라가 있는 꿈은?
부모나 가장에게 흉험이 닿는다.

●지붕 위에 사람이 올라가 있는 것을 보는 꿈은?
집 주인한테 불상사나 흉험한 재난이 발생되어 장해와 손실을 겪게 될 징조. (지붕 위에 고양이나 원숭이·여우·삵괭이·호랑이 등 영물이 올라가 있어도 초상이 나거나 불행한 사고, 실패 등 파탄이 빚어진다.)

●자기가 지붕 위에 올라갔다가 지붕에서 떨어지든지 지붕이 부서져 무너지는 꿈은?
실패와 곤란 및 말썽에 처하게 될 액화의 징조.

●뾰족하게 치솟아오른 지붕이나 추녀가 높고 화려하게 장식된 지붕을 보면?

왕성한 건강과 정력적인 활동성에 힘입어 제반 사물의 원만한 성취와 안정을 누리게 될 징조.
(반면 낡고 허술한 지붕이나 쓰러져 황폐해진 지붕을 보는 꿈은 정신적 갈등과 방황 및 쓸쓸하고 불안정한 주변 상황을 의미한다.)

●열렸던 대문이 갑자기 닫혀지는 꿈은?

여러 가지 장해와 손실이 앞길을 가로막아 피해나 말썽에 부딪치고 구하는 소망을 성취하기 어려울 징조.

●하늘에서 불이나 벼락이 떨어져 문을 태워버리는 꿈은?
사고나 실패 및 재난과 손실을 치르게 된다.

●매우 높고 커다란 대문이 활짝 열려지는 꿈은?
장차 부귀를 누리는 영화로움과 사업에 번성·발전이 따를 징조.
(주택의 현관문이나 방문이 빼꼼히 열려진 것은 부부간에 드러내기 곤란한 근심이나 장애, 비밀이 생길 징조.)

●자기 집 대문이 아주 높고 커다랗게 보이는 꿈은?
장차 큰 재물을 모아 부자가 되거나 높은 지위나 명예를 차지하여 입신·출세하게 될 징조.

●대문이나 담벼락에 무슨 글씨를 쓰거나 그림을 그리는 꿈은?
여러 사람이 알게 될 일을 하거나 유명 인물과 교분을 가지게 된다든지 어떤 분야에서 두각을 나타낼 기회가 주어지게 될 징조.

●멀쩡한 대문이 갑자기 파괴되거나 못쓰게 훼손되는 꿈은?
타인의 구설·말썽·재물·이권의 불이익 및 손실과 장해에 부딪칠 징조.

●닫혀 있던 문이 저절로 부서져서 앞길이 훤히 트이는 꿈은?
점차 곤란과 액운이 해소되고 순조롭게 가업이 번성하며 재물과 명예가 융성해질 징조.

●문 앞에 끝없이 펼쳐진 바닷물이 출렁거리는 꿈은?

재물과 명예가 융성하고 사업이 번창·발전하며 입신·성공의 부귀를 누리게 될 징조.

●열려진 대문 안쪽에서 자기를 맞이할 사람이 대기하고 있는 꿈은?

큰 중병이나 불상사가 생기고 재물피해와 말썽이 빚어지며 장애와 곤경을 치르게 될 징조.

●대문을 돌[石材]로 만들거나 축조해 다는 꿈은?

수명이 길어지고 제반 우환과 장해가 해소될 징조.

●대문을 열고서 바깥을 살펴보는 꿈은?
기다리던 소식이나 기별이 들리든지 외부에서 손님이 오게 될 징조.

●폭풍에 의한 거센 파도나 홍수의 소용돌이가 대문을 향해서 덮쳐오는 꿈을 꾸면?
재난과 풍파가 발생되어 막대한 손실과 장해를 겪게 될 징조.

●대문 앞에 개천이나 도랑이 흐르는 꿈은?
구하는 소망의 목적달성이 어렵고 재물의 손실·우환·사고 등 질병과 재난이 발생될 징조.

● 문을 새로 달거나 고치고 단장하는 꿈은?

장차 명성을 널리 떨치게 될 총명한 자녀를 잉태하거나, 사업이 융성하고 명예와 지위가 높아지는 등 부귀와 풍요를 누리게 될 징조.

● 화재가 발생하여 출입문이 타는 꿈은?

멀지 않아 불상사나 궂은일이 생겨서 피해 내지 곤란을 치르게 되고 재물의 손실 및 집안에 재난이 생길 징조.

● 대문 앞의 개천이나 도랑을 건너가는 꿈을 꾸면?

몹시 흉험한 액화나 희생불능의 장해에 부딪치게 된다.

●빗장이나 자물통을 채워걸어서 아무도 못 들어가게 닫혀진 문을 열어제치고 안으로 들어가는 꿈은?

널리 이름을 떨치는 명예와 많은 재물 및 이권을 얻게 되며, 성공리에 큰 일을 성취하여 여러 사람의 축하나 칭찬을 받게 되고, 애정관계에 따른 소망달성의 기쁨이 얻어질 징조.

●칸막이나 미닫이 또는 훼손된 문종이 등을 고치는 꿈을 꾸면?

심적인 갈등과 주위 상황의 여건으로 방황하며 애정 및 이성관계의 불만·권태·초조 등으로 신경이 분산되어 장해가 발생될 징조.

●문을 지탱시키는 문설주나 기둥이 부러지든지 파괴되어 망가지는 꿈은?

가까운 손아랫사람 내지 가족과 연관된 말썽이나 장해가 생겨 피해를 입거나 곤란을 겪게 되고, 심각한 낭패나 파탄으로 도피 또는 관청에 묶이는 재난이 발생되기 쉬울 징조.

●남의 집 담장이나 지붕을 뛰어건너서 자기 집으로 귀가해 들어오는 꿈은?

좋지 못한 불상사나 실패 등 궂은일이 발생되어 피해나 말썽을 치르게 될 징조.

●담장을 따라서 걷거나 달리는 꿈은?
심중의 갈등·초조로 방황을 치르게 된다.

●담장에 구멍을 뚫거나 담을 파헤치든지 훼손하는 꿈은?
심리적 장애나 방황이 따르고 비밀·원망·애정풍파·재물손실 등 흉액이 닥칠 징조.
(담이나 울타리는 거의 비슷한 길흉작용을 한다.)

●담장이나 울타리를 개조 또는 교체하는 꿈은?
타인과 연관되어 손실이나 장해에 부딪칠 것을 모면하고, 전화위복의 기회나 길운이 트여서 풍성한 재물과 권리가 확보될 징조.

● 주택·빌딩·공장 등의 굴뚝으로부터 연기가 펑펑 솟구쳐나오는 꿈은?

절제된 주위 상황 및 억누르고 있던 감정의 기복이 풀리고 갈등과 방황을 해소시킬 수 있는 여건이 형성될 징조.
(반면에 굴뚝만 덩그랗고 연기나 불꽃이 나오지 않으면 매우 갑갑하고 혼란스러운 말썽이나 장해로 인해 손실 또는 근심을 치르게 된다.)

● 지하실 문을 열고 나오니 훤히 앞이 트인 대로이거나 높은 건물 옥상 위가 되는 꿈은?

곤란한 문제나 비밀스런 사항·근심·말썽 등을 최대한 터놓고 해결·수습하는 노력을 기울이는 것이 이로울 징조.

• 지하실에 들어가 자리를 잡거나 출입문을 잠그는 꿈은?

어떤 비밀이나 드러내기 곤란한 문제로 고민이나 방황이 생기고 순조로히 해결되지 않아서 손실 내지 말썽이 생기고 침구나 자리를 펴고 아예 드러누우면 큰 질병이나 재물의 파탄이 닥칠 징조.

• 공장의 정문으로 거침없이 걸어들어가는 꿈은?

재물과 이권이 늘어나고 사업이 번성하며 승진·영전의 기회가 생기고 실업자는 직장이 얻어질 징조.
(공장 안에서 정문 바깥으로 나오거나 내쫓기는 꿈은 사업의 도산·실패·좌천·퇴직·손재 등 액화가 닿는다.)

●공장에 사람들의 인기척이 없고 기계도 가동되지 않아 방치되어 있는 꿈은?
예기치 않았던 불상사나 파탄이 발생되며, 건강의 이상과 사고, 재물의 손실과 말썽 등 피해를 치르게 될 징조.

●공장의 더러운 폐수가 흐르거나 폐품의 악취가 심하게 풍기는 꿈은?
구설·비방·질병·우환 등으로 손실이 발생될 징조.

●공장의 기계가 활발하게 돌아가고 사람들이 분주하게 움직이는 꿈은?
사업과 재물이 융성하고 지위와 명예의 향상 등 발전과 안정이 따르며, 여러 사람들의 추대를 받아서 지도력을 발휘하게 될 징조.

●큰 공장이나 고층건물을 건립하는 꿈을 꾸면?

장차 큰 이권이나 재물이 생기고 구하는 목표와 계획이 성공하여 번창·부귀를 누리게 되며, 많은 금전을 거래하거나 큰 사업의 착수·수행에 연관된 희망적 발전을 얻게 될 징조.

●공장이 폭발하거나 화재가 발생하여 연기와 불꽃이 타오르는 꿈은?

큰 사업적 성취와 발전을 이룩하여 부귀를 얻게 되고, 재산과 명예의 융성 및 입신·출세의 성공을 획득하게 될 징조.
(타버린 잿더미와 검은 연기만 보이고 불꽃이나 화염이 없을 경우는 반대로 큰 파탄과 손실·말썽·불상사 등 흉험을 치르게 될 징조.)

● 공장에 비상사태나 위험을 알리는 사이렌이 울리는 꿈은?
사업이 번창하고 지위와 명예가 높아지며 인기와 명성을 떨치는 등 실적과 이익이 풍성해져서 부귀와 안정을 누리게 될 징조.

● 공장을 둘러보며 구경하는 꿈은?
공장의 상황 및 분위기에 따라서 길흉을 판단한다.

● 고층 빌딩이나 높은 건물의 옥상 위에 올라가 서성대는 꿈은?
사업의 실패, 직장의 실직·해임 또는 큰 재물의 손실 및 낭패가 발생될 징조이다.

● 높은 빌딩꼭대기를 향해서 계속 한층한층 걸어 올라가는 꿈은?
착실한 사업의 발전과 융성·영전·승진 등 출세·부귀를 성취하게 될 징조.

● 행랑·복도·방(房)에 대한 꿈은?
긴 복도를 서성거리며 찾아다녀도 들어갈 방이 보이지 않는 꿈은 근심과 방황의 불안정을 의미하고, 복도에 많은 아이들이 웅성거리는 것은 출산·임신 등 초조와 기쁨이 겹쳐질 징조이다.
(방이 깨끗하고 청결하면 심신이 건전하며, 지저분하거나 훼손되고 파괴되었을 경우는 성생활의 부조화 및 성병이나 성관계를 맺는데 장애가 따른다.)

●여관이나 호텔 안으로 들어가는 꿈은 꿈은?

계획하는 일이나 진행사업, 맡겨진 책임 등의 완수가 어렵고 장해 내지 난관이 생겨 도중에 좌절하게 될 징조.

●여관이나 호텔 등 투숙할 곳을 찾아도 마땅한 곳이 발견되지 않는 꿈은?

주변 여건의 제약 및 장해로 마음의 방황과 불안정을 겪게 되며, 애정 또는 이성관계의 문제로 손실을 치르게 될 징조.

●여관이나 호텔에서 바깥으로 나오는 꿈은?

곤란과 근심 및 장해가 타개되고 재물과 이권이 늘어나는 기쁜일이 생길 징조.

●호텔이나 여관 객실을 예약하거나 객실에 투숙하고 있는 꿈을 꾸면?
이성관계나 애정문제의 심리적 갈등과 유혹이 동반되고, 남녀간의 성적 충동이나 가까운 접촉이 생길 징조.
(투숙한 여관이나 호텔이 아늑하고 마음에 들며 매사 자신감을 가지고 적극적인 자세일 때 유리하고, 허름하고 어설픈 분위기일 경우는 씁쓸한 결과나 허망한 손실에 부딪치게 된다.)

제 4 장
범죄·군대·전쟁·무기에 관한 꿈

사례 비관잡기(稗官雜記.卷四)에 나오는 이야기이다.

당나라 때의 유명한 역리학자(易理學者)이자 대관상가였던 이허중(李虛中)이 등에 악성종기가 나서 사망하자 당대(當代)의 이름난 선비였던 한퇴지(韓退之)가 그의 묘지명(墓誌銘)을 지었다.

이허중은 생전에 병이 생길 즈음하여 그의 벗에게,

"내 꿈에 큰 산이 분열되어 갈라지면서 누런 금빛 물체가 흘러나왔다"

고 말한 적이 있었다.

이 얘기를 듣고 난 그의 친구는 이렇게 말했다.

"그것은 소위 하늘과 땅과 만물이 순환되는 대원칙의 표현으로써, 그대가 장차 죽음에 이를 징조 일세."

그리고 말하기를,

"내가 한번 그 꿈을 돌이켜 점을 쳐 보겠네. 산(山)이란 본시 간(艮)에 속한 것이고 간은 등(背)에 속한 터인데 등판이 갈라지면서 누런 물질이 흘러나왔으니 이는 악창의 형상이 아니던가? 그것은 위대한 순환이며 큰 돌아감을 뜻한다네. 이것을 미루어 살펴

볼 것 같으면 꿈 또한 아무런 징조가 없다 말할 수 있겠는가?

 이미 백 살이 넘은 임숭선(林嵩善)의 얘기를 들은 적이 있다. 그의 어릴 적 꿈에 어떤 신령이 나타나 '너는 자(字)를 괴마(槐馬)로 하거라.' 하기에 그는 뜻이 무엇인지 알 수 없었지만 괴이하게 여기어 스스로 괴마라는 호를 사용하였다. 오래토록 그는 그 신령과 자(字)의 의미를 깨닫지 못하고 지내오다가 가정병오년(嘉靖丙午年)에 사은정사(謝恩正使)로 책봉되어 우의정에 올라 중국으로 가게 되었다.
 그런데 그만 연경(燕京)에서 병을 얻고 말았다. 그때 임공이 이렇게 말하였다.
 '나는 아마도 다시 일어날 수 없을 것 같으이. 내가 정승의 직책을 가지고 또 말의 해[午年]을 맞았으니, 신인(神人)의 괴마(槐馬)란 지금 상황을 가리킨 것이 아니겠는가?' (주나라 때는 조정에 세 그루의 회나무를 심고 삼공(三公)의 좌석 표식을 삼았으므로 괴(槐)는 삼공의 배열에 올랐음을 뜻함).
 그러더니 그는 돌아오는 길에 영평부(永平府)에서 세상을 떠나고 말았다. 이러한 사실을 첨지 윤계(僉知尹溪)가 전해 듣고
 '장자가 말하기를 물 속에 불이 있어 큰 회나무를 태운다고 했는데, 대저 병정(丙丁)은 불이요, 병오정미는 천하수(天河水)라. 은하수 가운데 불이 있고 이미 의정(議政)의 정승 직위를 맡았음은, 즉 대괴(大槐)가 분명하니 괴마의 꿈은 그 영험이 확실한 것이라.'
고 말하였다 한다."

제4장/범죄·군대·전쟁·무기에 관한 꿈

사례 용제총화(慵齊叢話)에 나오는 이야기다.

무릇 꿈이란 생각에 따라 형성되는 것으로서 일일이 영험스럽지는 않으나, 나의 꿈에 기이하게 부합된 바가 있는 것이 네 가지가 된다.

내 나이 십칠팔 세쯤이 되던 때에 꾸었던 꿈 내용이다.

산골짜기에 들어갔더니 산은 수려하고 물은 맑았다. 골짜기 개천변을 따라 복숭아꽃이 만발하였고, 한쪽으로 푸른 송백나무 몇 그루가 서 있었는데, 그 그림자가 절집의 마당에까지 드리워져 있었다.

대청 위에 올라보니 황금 불상이 있고 늙은 중의 범패 소리가 계곡과 수림 속에 울려퍼지고 있었다. 별실에 물러가 앉으니 분화장을 예쁘게 한 기생 몇 명이 음악을 연주하고, 사모를 쓴 관리가 내게 술을 권하였다.

내가 취기를 못 이겨 도망치던 중 홀연 하품을 하면서 기지개를 켜다가 깨어 보니 꿈이었다.

몇 년 뒤에 나와 큰 형님이 대부인의 명을 받들어 해주에 가게 되었는데, 어느 날 우리는 그곳에 있는 신광사(神光寺)에 놀러 갔다. 그런데 그곳에 있는 바위며 실개천, 수풀, 불단 등 전날 내가 꿈에 본 모양과 똑같았다. 순찰사 한공(韓公)이 돌아가신 모친을 위해 정성껏 공양을 올리고 있는 것과 늙은 승려가 염불을 외우는 것 또한 꿈속의 정경과 일치하였다.

또 목사(牧使) 이공(李公)이 바깥채에서 나를 초청하였는데, 기생 몇 명이 음악을 연주하고 목사는 나에게 술을 권하였다.

세월이 흘러 기축년(己丑年)에는 대부인의 상(喪)을 당하게 되어 그래서 파주(坡州)에다 장례를 모셨다. 나는 그곳의 여막에 머물면서 야밤에 등을 밝히고 장자(莊子) 내편을 읽던 중 잠깐 책상에 기댄 채 잠이 들어 홀연히 선경(仙境)에 이르렀다.

그곳의 궁실은 장엄하고 화려하기가 사람들이 사는 세상에서 흔히 볼 수 있는 것이 아니었다. 어떤 사람 하나가 검정옷을 입고 전당 위에 앉아 있었는데 준수한 얼굴에 수염이 많았다. 나는 계단 아래 엎드려 그에게 절을 하였다.
 뒷날 내가 큰형을 따라 대궐에 들어가 보았는데 궁궐이 꿈에 보았던 바와 완연히 똑같았고 임금의 용안 또한 역력히 뵈온 바와 같았다.
 또 한번 나는 옥당에서 숙직할 때 꿈을 꾸었다.
 내가 승정원의 앞방까지 곧바로 나가니 겸선(兼善)이 방 안에 있다가 나보고 말하였다.
 "그대는 속히 돌아갔다가 내가 이 방에서 나간 다음 들어오시오."
 그리고 나서 얼마 지난 뒤에 겸선은 승지를 제수(除授)받았다가 다른 직책으로 옮겨지고, 내가 승지에 배수되었다.
 또 한번 꿈에는 내가 산골짜기에 들어갔는데 길이 몹시 가파랐다. 때문에 나는 혹은 절벽을 타고 혹은 개울과 구덩이를 건너 산 중턱까지 올라가 보니 그곳에는 높은 누각이 있었다. 나는 그 누각을 기어올랐다. 거기에는 기지(耆之)가 먼저와 앉아 있었다. 그가 나를 보더니 반기며 어찌하여 이렇듯 먼 길을 돌아왔느냐고 물었다. 그래서 나는 지름길로 왔노라 대답하고, 누각 아래의 긴 다리를 가리키며 이것이 지름길이라 말하였다.
 얼마 지나지 않아 기지는 전한(典翰)으로 특별히 승지에 제수되었고, 나는 다른 직책을 거쳐 후년에 승지에 배수되었는데, 그 꿈이 매우 영험스럽게 들어맞았던 것이다.

●유치장이나 형무소 등 감옥에 구금되어 고통을 겪는 꿈은?
재물과 이권이 늘어나고 명예(지위)가 높아지며 사업 내지 직장관계에 유익과 안정을 얻게 될 징조.

●형무소의 교도관이나 정신병원의 간수가 되어 죄수 내지 정신병 환자들을 감시·통솔하는 꿈은?
심리적 갈등과 불안정이 손실을 초래하게 되며, 어떤 비밀이나 독립욕, 의뢰심 등에 의한 피해 내지 재물 소모가 빚어질 징조.

●자기 스스로 감옥 안으로 들어가 갖히는 꿈을 꾸면?
복잡한 말썽이나 곤란을 만나 손실과 장해를 치르게 되며 질병과 우환의 흉험이 생길 징조.

●감옥 안에서 죄수가 정좌하고 있는 꿈은?
유리한 상황·여건 및 이익이 생길 좋은 기회를 놓치게 되는 차질이나 실수가 빚어질 징조.
(실제 죄수는 출옥의 시기가 지체될 징조이며, 자기가 감옥에 들어가면 이롭지만 타인이 감옥에 갇히는 꿈은 근심과 손실 등 장해에 부딪칠 징조이다.)

●다른 사람과 동행하여 감옥에 들어가서 내부를 구경하는 꿈은?
재물과 이권에 연결된 기쁨이 생기고 우환과 재난이 흩어질 징조.

●어떤 큰 죄를 짓고 감옥 안에서 사망하게 되는 꿈을 꾸면?
존장이나 귀인의 협조와 은혜를 입어서 소망을 달성하며 관공서와 연관된 일이 순탄하게 풀려나갈 징조.

●죄인이 갇혀있던 형무소를 탈출하여 도망치는 꿈을 꾸면?
현실적인 제약과 억눌림을 탈피하고 싶은 욕구와 방황이 실수나 장해로 인해 말썽을 빚게 될 징조.

●감옥에 갇혀 있던 사람이 석방되어 출옥하는 꿈을 꾸면?
좋지 못한 말썽이나 손실을 겪게 되고 불쾌한 일로 장해를 치르는 등 궂은 일이 생길 징조.
(실제 투옥되어 있는 사람일 경우는 형벌의 감형·사면 등 기쁨을 얻게 된다.)

●유치창·형무소 등을 자기 마음대로 출입하는 꿈은?
운수가 트여서 앞길이 밝게 열리고 재물과 권리 등 행운을 잡게 될 징조.

●감옥에 갇혀 있는 사람이 우는 소리를 듣는 꿈은?
불원간 곤란사의 해소와 사면·출옥 등의 기쁨을 얻게 될 징조이다.

●자기가 어떤 죄를 짓고 감방 안에 갇혀서 행동을 통제당하고 있거나 감옥에 갇힌 죄수와 면회를 하는 꿈을 꾸면?
남과의 다툼 내지 말썽과 손재가 발생되고 하는 일의 목표달성이 지연될 징조.

●아주 더럽고 악취가 심한 감옥이나 유치장에 갇히는 꿈은?
큰 불상사나 손재·말썽에 부딪쳐 장애를 겪게 될 징조.

●감옥에 갇혀 있는데 감옥 건물이 무너져내리는 꿈은?
윗사람이나 유력자의 도움 내지 혜택을 얻게 될 징조.

●목에다 칼을 쓰거나 발목에 쇠사슬이 채워지는 꿈은?
우환이나 질병 등 재난·손실을 치르게 될 징조.

●칼을 쓰고 쇠사슬을 찬 채 집으로 들어오는 꿈은?
구설·투쟁 및 손재가 발생될 징조이다.

●자기가 사형을 당하여 죽는 꿈을 꾸면?
운수가 트이고 가업과 지위가 융성하여 부귀·번창과 입신·안정을 누리게 될 징조이다.

●삼엄한 처형(處刑)기구를 보는 꿈을 꾸면?
이별 또는 분산 등의 장해나 원망·구설·손재가 발생될 징조.

●자기 몸에 채워져 있던 칼·포승·쇠사슬·수갑 등이 저절로 부서져 흩어지는 꿈은?
재난과 말썽, 구설이 해소되고 평안을 얻게 될 징조.

●죄인이 수레나 차량에 실려 호송되는 것을 보는 꿈은?
말썽과 손실이 발생되고 시비에 부딪치는 액화가 발생할 징조.

●법원의 재판정에 출두하거나 경찰 또는 사법기관의 조사를 받는 꿈은?
어떤 말썽이나 차질이 생겨 어려움을 겪게 되며 여러 가지 장해와 난관을 치르게 될 징조.
(자기가 원고일 경우의 꿈은 남보다 유리한 결과를 얻고, 자기가 피고일 경우의 꿈은 남보다 불리하고 나쁜 결과에 부딪친다. 재판의 승패와 관계없이 제반 자기 주변의 일이 정리된다.)

●자기가 사법관리나 재판관이 되는 꿈은?
실수나 과오로 인한 피해가 발생하거나 범죄와 연관되는 곤경에 처하게 될 징조.
(변호사나 법조관계의 일을 보는 처지가 되면 금전 및 명예상의 손상과 재난에 부딪치게 된다.)

●법정이나 관공서에 들어가 소송이나 이의를 제기하는 꿈은?
명예나 이권이 늘어나고 사업이 번창하며 소망성취를 이룰 징조.

●관리한테 심한 꾸지람을 듣거나 자기가 두들겨맞는 꿈을 꾸면?
돌발사고나 중병 또는 상복(喪服)을 입는 일이 발생할 징조.

●자기가 사법관이나 경찰관이 되어 범죄를 수사하면서 범인에게 형장(刑杖)을 때리는 꿈은?
지위가 높아지거나 명예 또는 이권이 생길 징조.
(자기가 직접 죄인을 때리는 꿈은 치욕을 당하거나 망신살이 뻗칠 징조이다.)

●경찰이나 사법관리가 나타나 자기를 어디론가 인도하여 데려가는 꿈은?
질병이나 불상사가 생겨서 손재 및 말썽을 치르게 되고, 입원·수술·사망·파산 등의 흉험에 부딪치기 쉬울 징조.

●어떤 일로 경찰에게 체포나 구금되어 오랏줄이나 수갑에 묶여진 채 사법관청의 높은 관리 앞으로 끌려간 꿈은?
순조롭게 구하는 목적을 성취할 운수가 열리고 귀인의 도움을 받으며, 본인이나 식구들 중에 큰 영예와 기쁨을 얻는 융성·발전이 따르게 될 징조.

●경찰이나 법관 등이 꿈에 보이는 경우는?
장해나 말썽 등 손실의 범위가 한층 넓어진다.

●자기가 조사를 받거나 남을 신문하는 꿈은?
주로 양심의 부담·부덕에 대한 가책·책임회피·변명 등을 할 징조.

●경찰관에게 쫓기거나 붙잡히는 꿈을 꾸면?
남과 다투거나 불이익에 부딪치는 손실이나 말썽이 발생되고, 직업상의 이동이나 주거의 이사 등 주변 상황의 전환과 변화가 있게 될 징조.

●사법관리나 법조관계인을 만나는 꿈은?
고사를 지내거나 부적을 지니고 다니라는 암시임을 유의할 것.

●이웃 사람이나 주변 인물이 강도나 악한에게 맞아죽거나 살해당하는 꿈은?
사업이나 직장, 지위 등에 융성·번창·성취의 유익을 누리게 될 징조.
(반대로 누가 강도나 악한을 죽이는 꿈은 불원간 재물과 이권의 손실 및 말썽이 발생할 징조이다.)

●강도가 집안으로 침입해 들어와 위협을 하거나 도피하는 꿈을 꾸면?
사업의 실패나 좌절, 재물의 파탄 등 액화가 닥칠 징조.

● 강도가 들어와 흉기를 들이대고 협박하거나 구타나 모욕을 당하는 꿈은?

재물이나 이권의 손실 및 좋지 못한 불상사가 발생하여 상당한 곤란과 장해를 치르게 될 징조.

● 강도에게 흉기나 주먹으로 얻어맞고 피를 흘리거나 살해당하는 꿈은?

재수가 트여서 이권과 금전이 풍성해지고 말썽이나 장해 등 근심과 우환이 해소될 징조.
(피를 흘리지 않는 경우는 별로 이로움이 없고 오히려 궂은일에 휘말리고 손실이 발생된다.)

●자기가 강도와 싸우는 꿈을 꾸면?
이성간에 부도덕한 행실이나 성적 욕망 또는 도덕적 양심·정의 등에 따른 갈등이 빚어질 징조.

●강도와 격투를 벌이고 싸우는 꿈은?
양심과 부도덕 사이에서 갈등하거나 애정·이성관계에 불화가 발생될 가능성이 높다.

●강도에게 붙잡혀 시키는 대로 움직이거나 자유를 잃고 감시를 받든지 구속을 당하는 꿈은?
재물의 손실과 경제적 피해나 말썽 및 경영사의 곤란과 장애를 치르게 될 징조.

●도둑에게 금전을 탈취당하거나 도둑을 뒤쫓아 추격해가는 꿈은?
제반 우환이나 장해가 해소될 길몽이다.

●자기가 소매치기를 하거나 도둑이 물건을 훔치는 것을 보는 꿈은?
예기치 않았던 재물이나 이권이 생기든지 귀인을 만나는 즐거움이 생길 징조.

●도둑이나 범인을 쫓아 사방을 헤메다 놓치는 꿈은?
재물의 피해나 구설이 생기는 등 말썽에 부딪칠 징조.

●도둑과 함께 도둑질을 하러 돌아다니는 꿈은?
사업의 융성과 지위와 명예가 향상되고 재물이나 이권이 생기며 구하는 소망을 순조로히 달성하게 될 징조.

●자기가 도둑질을 하기 위해 남의 빈 집에 침입하는 꿈은?
다행스럽게 큰 손실이나 파탄의 장애를 모면하거나, 남의 구설·훼방 및 말썽으로부터 몸을 피할 수 있을 징조.

●도둑을 쫓아 시장이나 건물 내부에 들어갔다 빠져나올 수가 없는 꿈은?
질병이나 손실이 발생될 흉몽이다.

●도둑과 말다툼을 하면서 시끄럽게 언쟁을 벌이는 꿈은?
가까운 주위 사람이나 친척, 친구들과의 말썽 또는 불화가 빚어지고 피해나 손실을 치르게 될 징조.

●자기가 악행을 저지르거나 범죄자가 되는 꿈은?
양심의 가책이나 변명을 해야 할 어려운 문제나 말썽 등에 연결되어 손실 내지 곤란을 치르게 될 징조.

●도둑에게 먹을 음식을 주는 꿈은?
뜻하지 않은 손재나 피해가 발생될 징조.

● 도둑이 사소한 물건이나 금전을 가져가는 꿈을 꾸면?

근심과 장해가 해소되지만 중요한 기물이 없어지는 경우는 큰 손실과 파탄 등 궂은일이 생긴다.

● 도둑에게 어떤 기물이나 물건을 받는 꿈은?

여러 가지 불이익과 근심과 말썽 등 액화와 장해를 겪게 되며, 질병·구설·모함·재물의 손실이 따르게 된다.

● 도둑이나 강도가 사법관리에게 체포되는 꿈은?

여러 가지 난관과 장해를 극복하고 가업이 번창하며 재물과 명예가 융성해질 징조이다.

● 어떤 사람에게 살해 당하는 꿈을 꾸면?

재물이 생기든지 명예 및 지위가 높아지거나 원하던 이성교제나 애정관계에 기쁨이 얻어질 징조.
(창칼이나 송곳 따위의 날카롭고 예리한 물건으로 가슴이나 심장 등을 찔리우면 그 동안 망설이고 있던 중대한 결정이나 실행 등 변화가 생길 징조.)

● 자기가 사람을 죽여서 피가 철철 흐르거나 신체나 의복에 유혈이 묻는 꿈은?

많은 이권이나 재물이 생길 좋은 기회를 얻게 되고, 경영하는 일이 번창하고 지위에 영화와 발전이 따라서 부귀를 누리게 될 징조.

● 사람을 죽이는 광경이나 누가 자살하는 것을 보는 꿈은?

꿈에 죽음을 당하는 주인공이 수명이 길어지고 건강이 좋아지며, 점차 말썽이나 장해 등 곤란이 풀리고 재물과 이권이 얻어질 징조.
(사람이 죽는 꿈은 완전히 사망할 경우는 위험이나 파탄이 닥쳐도 원만히 수습되거나 다행이 모면할 수 있지만, 죽다가 도중에 살아날 경우는 피해와 곤경을 치르게 된다.)

● 자기가 남을 살해하는 꿈은?

심중의 갈등과 어떤 문제에 대한 애착 및 방황으로 인해 번거로움과 후회스러움을 겪게 될 징조.
(자살하는 꿈도 반항·거부·집착 등 욕망의 갈등을 치르게 될 징조.)

●자기가 남을 때리든지 부상을 입히는 꿈은?
어떤 일의 실수나 차질이 빚어지고 비방이나 말썽 및 불안을 치르게 될 징조.

●타인에게 얻어맞거나 멸시·모욕을 당하는 꿈은?
장해와 우환이 해소되고 재물과 권리 등 이익이 생기며, 유력자 또는 주위 존장의 도움을 얻게 될 징조.

●남과 뒤엉켜 싸우는 꿈을 꾸면?
애정관계나 이성문제에 불만과 갈등이 생기고 욕망의 충동과 연관된 손실 내지 애로가 발생될 징조.
(남에게 상처를 내는 경우는 자기에게 돌아오는 피해와 말썽이 더 커진다.)

제4장/범죄·군대·전쟁·무기에 관한 꿈 147

●친구와 다투거나 어떤 마찰로 인해 의리가 상해 등지는 꿈은?

남들의 비방·구설 등으로 여러 가지 손실과 상황적 고립을 겪게 될 징조.
(자기가 친구로부터 매를 맞으면 장해와 곤란이 순조롭게 타개되고 타인의 도움과 협력을 받게 된다.)

●어떤 여자들이 서로 치고 때리며 다투는 꿈을 꾸면?

질병이나 우환이 발생되거나 예기치 않은 궂은일에 부딪칠 징조.
(보통 타인과 말다툼을 하거나 싸움을 하는 꿈은 대개 집안에 불화나 손재가 발생될 징조이다.)

●어떤 사람이 욕을 하고 소란을 일으키는 것을 본 꿈은?

소송이나 시비 등 다툼과 말썽에 연관되어 피해를 겪게될 징조.
(반면 자기가 화가 나서 고함을 치는 꿈은 원하던 목적을 친구나 주변 사람의 협조로 성취하게 되고, 경쟁자를 물리치고 남의 선두에 나서게 될 발전의 징조.)

●수많은 군부대가 무장을 갖춰 도열했거나 군인들이 대오를 지어 행진하는 꿈은?

크게 명성을 날리거나 입신·출세하여 부귀를 누릴 징조.
(국가 원수나 임금·정승·명장 등의 행차를 보는 것도 역시 비슷한 길몽이다.)

●군대를 이끌고 적진을 격파하는 꿈은?
부귀와 성취를 이루고 명예와 재물이 풍성할 징조.
(전쟁터에서 흰깃발이 날리는 것을 보는 꿈도 역시 길몽이다.)

●많은 군대를 지휘·통솔하는 장령(將領)들과 단상이나 사열대 위에 함께 어울려 있는 꿈은?
장차 지위(벼슬)가 높아지고 명성을 떨치게 되며 경영하는 사업이 성공을 거두는 부귀영화와 번창이 따를 징조.
(자기가 대군을 거느리는 장수가 되어 갑옷·투구와 군복으로 무장하고 감싸고 장검을 차는 꿈도 비슷한 길몽이다.)

●군대의 행렬이 궁성 안이나 진지 속으로 줄지어 들어가고 있는 것을 보는 꿈은?

가업이 번성하고 명예와 지위가 높아지는 등 부귀·발전과 소망의 순조로운 달성 및 안정과 영화를 누리게 될 징조.

●진지나 궁성 위에 푸른빛 서광이나 운무(雲霧)가 감돌고 있는 꿈은?

장차 성공과 안정을 누리게 될 여건과 기반이 조성되고, 가업이 융성하고 경사와 복록이 풍부해지는 영화를 얻게 될 징조.

제4장/범죄 · 군대 · 전쟁 · 무기에 관한 꿈 151

●자기가 군대의 지휘권을 위임받거나 통솔권자가 되어 무엇을 지시하는 꿈은?
크게 벼슬운이 트여 입신 · 출세하거나 대성공을 거두어 부귀 · 번성하여 많은 사람들의 추앙을 받게 되고, 시험 · 추첨에서의 당선 · 합격 등 영화를 누릴 징조.

●군부대 진영 가운데에 서 있는 꿈을 꾸면?
장차 소망을 이루어 부귀 · 번성해질 징조.

●지휘관과 병사들이 행진하는 대열에 자신도 함께 섞여 가는 꿈은?
재물이 늘어나고 명예나 신분이 높아질 징조.

●자기가 직접 군대에 입대하거나 병영생활을 하고 있는 꿈은?
재물과 명예·지위 등에 따른 이익과 발전을 얻게 될 징조.

●전쟁이 휩쓸고 지나간 산야에 죽은 군인들의 시체가 여기저기 나뒹굴고 있는 것을 보는 꿈은?
점차 직장운이 트이고 재물과 복록이 늘어나서 부귀와 번성을 누리게 될 징조.

●전쟁에서 승리를 거두어 기뻐하는 꿈을 꾸면?
원하는 목적이나 사업의 성취 및 지위나 신분이 높아지는 등 영예와 발전을 얻게 될 징조.
(군인과 무사 등은 이익과 영달 및 구하는 목표달성의 상징이다.)

● 자기쪽 군대가 전투에 패배하여 적에게 쫓기는 꿈은?

사고나 실패가 생기며 손재·좌절 등의 재난에 부딪칠 징조.
(전쟁이 치열하면 할수록 여러 가지로 복잡한 난관과 장해에 부딪치는 재난이 심할 징조이다.)

● 전쟁터에서 싸우다 전사(戰死)나 폭사(爆死) 등 사망을 하는 꿈은?

원하는 목적의 성취 및 직장(벼슬)의 승진·영전과 재물과 사업이 번창하는 영화를 누리게 될 징조.

●전쟁터에서 용감히 싸우다 부상을 당하거나 적의 총포에 맞든가 창검에 찔리는 꿈은?

재물과 이권을 얻게 되고 관공서나 공기관과 연관된 일이 원만하게 해결되며, 원하는 목표 또한 성취되고 여러 사람들의 추대 내지 명예가 얻어질 징조.

●총포나 활을 쏘아서 적을 살상하는 꿈은?

물질적인 풍요와 명예의 안정을 얻게 되고 사업(직장)의 발전과 시험·결혼·추첨 등과 연관된 기쁨이 생길 징조.

●총포의 방아쇠나 활시위가 당겨지지 않는다든지 발사한 탄환이나 화살이 보이지 않는 꿈은?
어떤 곤란한 문젯거리나 말썽에 부딪쳐 장해 내지 손실에 부딪치는 낭패가 발생될 징조.
(병자일 경우는 돌연히 불길한 상태에 놓여진다.)

●상대편에서 발사한 총탄이 자기 몸에 박혀 피를 흘리는 꿈은?
계약·입학·당선·청약·시험·혼인·승진 등과 연관된 호전적 성취와 영화를 누리게 될 징조.

●총이나 활로 타인이 자기를 쏘는 꿈은?
외부에서 소식이 오고 재판·소송·계약·승부·교섭·거래 등 상황이 호전되어 유리한 결과와 원만한 성취를 거두게 될 징조.
(상대방이 자기를 쏘면 가족들 중에 병자나 액화를 당하는 사람이 생기고, 주위의 억압 및 박해나 부당한 손실과 피해로 인한 애로와 근심을 겪게 될 징조.)

●창검·총포·궁시(弓矢)·방패 또는 병장기가 훼손되어 부서졌거나 못쓰게 파괴되는 꿈은?
재물 및 명예(지위)의 손상, 사업의 부진 등 좌절이나 실패, 액화에 부딪칠 징조.

●총포나 창검, 화살 등으로 상대방을 살상하기 위한 공격준비를 하는 꿈은?
어떤 말썽이나 낭패, 재물의 손실 등에 부딪쳐 피해를 치르게 될 징조.

●창검 · 총포 · 궁시(弓矢) · 방패 등의 병장기가 광채를 발하는 꿈은?
벼슬(직장)의 승진 · 영전 및 명예와 재물이 흥왕 · 번성하는 부귀 · 영화를 획득하게 될 징조.

●총포나 창검, 궁시 및 병장기를 획득하거나 소유하게 되는 꿈은?
장차 크게 발전 · 성취를 거두고 입신 · 출세하여 이익과 영화를 누릴 징조.

●총검을 휴대하고 거리를 활보하며 돌아다니는 꿈은?
장차 재물과 명예(직장)에 따른 소망이 이루어지고 제반 권리가 늘어나게 될 징조.

●자기의 총칼을 가지고 자살하는 꿈은?
부귀와 융성 등 영화를 누리게 될 징조.

●타인이 휘두르는 창검에 자기의 목이나 허리가 절단되는 꿈은?
권세와 재물 및 사업에 발전과 안정이 따르게 될 징조이다.

●남의 칼을 줍는 꿈은?
외부에서 소식이나 손님이 오게 될 징조이다.

●큰 보도(寶刀)나 창극(槍戟)을 타인에게서 인도받거나 습득해 가지는 꿈은?

직장(지위)에 연관된 발전·영예의 기쁨 내지 사업 및 재물의 융성과 안정을 누리게 될 징조.

●베갯머리에 창검이나 총포가 놓여져 있는 것을 발견하는 꿈은?

구하는 소망사의 순조로운 성취를 거두어 출세·성공하고 가업이 번창하는 부귀와 영화를 얻게 될 징조.

●칼이 하천이나 우물 속으로 떨어져 분실하는 꿈은?

가까운 가족이나 처첩에게 흉험한 일이 발생하거나 손재수가 생길 징조.

●큰 보도(寶刀)나 총검(銃劍), 창극(槍戟) 등의 무기가 탁자나 단상 위에 놓여져 있는 꿈은?

재물의 이익과 명예(지위)의 발전·향상 등 입신·성공의 안정과 발전이 따르게 될 징조.

●지위가 높은 귀인에게서 무늬와 장식 등으로 화려하게 치장된 총이나 칼을 하사받는 꿈은?

사업이 번창하고 월급쟁이는 승진·영전하며 지위나 명예가 높아지고 재물과 이권이 생기는 소망성취와 더불어 부귀가 얻어질 징조.
(미혼여성은 훌륭한 남성을 배우자로 맞이하게 되며 장차 귀하게 출세할 자녀가 임신될 태몽인 경우도 있다.)

●남에게 칼로 찔렸는데 상처에서 불꽃이 일거나 폭발이 발생하는 꿈은?
장차 큰 재물이나 명예가 얻어지고 지위와 권리가 높아지는 등 부귀·융성을 누리게 될 징조.

●칼이나 도끼를 갈아서 날을 세우는 꿈은?
널리 명성을 떨치고 입신·출세할 기회를 얻게 되며, 남다른 능력을 발휘하여 성취와 발전을 이루고 유명해질 징조.

●다른 사람한테 창검을 빌리는 꿈은?
승진·영전의 영화로움이나 재물·이권이 늘고 총명한 자식을 잉태할 징조.

● 남에게 자기 칼을 빼앗기거나 어쩔 수 없이 강제로 자기 칼을 타인에게 인계 양도하는 꿈은?

사업의 부진이나 차질 또는 업무와 연관된 낭패 내지 손실, 재물의 파탄이 발생하는 장해를 치르게 될 징조.

● 자기 칼을 남에게 빌려주든지 타인에게 빌려왔던 칼을 되돌려주는 꿈은?

우환 내지 손실이 발생하여 곤란과 말썽을 겪고 재물 및 직장(명예)과 연관된 피해를 치르게 될 징조.

●창검이나 도끼 등 무기에 찔려 피를 흘리거나 울화가 치밀어서 분노가 폭발하는 꿈은?
음식이 생기거나 재물에 이득이 얻어지고 구하는 일이 의도대로 성취될 징조.

●칼로 이불 또는 베개를 찢어 훼손하거나 칼을 침실 바닥에 내동댕이치는 꿈은?
근친 가족이나 처첩(배우자 및 연인)에게 좋지 못한 일이 발생하고, 사업 또는 재물과 관계된 일이 말썽이나 손실에 부딪칠 징조.

●창검으로 타인의 신체를 찌르거나 상처를 내는 꿈은?
사업이나 소망사항에 차질과 실패 등이 빚어지고 재물이 손실될 징조.

●검도나 펜싱시합 또는 타인과 어울려 칼싸움을 하는 꿈은?
상대방을 이기면 다툼이나 말썽이 생기고, 자기가 패배해 얻어맞으면 질병이나 손재 및 우환이 생긴다.

●칼을 빼어들자 검신(劍身)에서 피가 흘러내리는 꿈은?
술이나 음식이 생기고 연회에 출입할 일이 생길 징조.

●칼이나 도끼 등의 날이 저절로 부서져 망가지는 꿈은?
장차 큰 이권이나 재물이 생기며 지위(명예)가 높아지는 입신·성공과 번창이 따를 징조.

●여자가 보검을 지녔거나 큰 칼을 빼어드는 꿈은?
임신을 하거나 이권이나 재물이 생길 징조이다.

●군기를 상대편에게 빼앗기거나 깃발을 접어서 넣어두든지 아무데나 함부로 방치해버리는 꿈은?
원하는 소망이나 추진하는 일은 성취되지 않고, 기반이나 세력의 바탕이 와해되는 등 실패·좌절의 액운이 발생될 징조.

●깃발이 다가오는 것을 영접해 맞아들이는 꿈은?
장차 부귀와 번성을 누리는 소망성취를 이루게 될 징조.
(깃발을 품에다 끌어안으면 재물이 풍부해지거나 총명한 자녀를 잉태할 길몽.)

● 깃발을 들고 군대의 진중으로 걸어 들어가는 꿈을 꾸면?

사고나 말썽이 생기거나 신병·우환 등 재난과 피해가 발생될 징조.
(깃발과 깃발들이 뒤섞여 쟁탈전을 벌이는 것도 역시 비슷한 흉몽이다.)

● 깃발이나 장막을 제작 또는 습득·구입하는 꿈을 꾸면?

사업의 발전 및 지위(벼슬)의 승진·영전 등 번창과 부귀가 따르게 될 징조.
(귀한 자식을 임신할 태몽인 경우도 있다.)

● 깃발이 갈기갈기 찢어지거나 더러운 오물이 묻거나 시궁창 같은 데에 버려져서 쓰레기가 되는 꿈은?

사업의 실패 및 좌절과 재물 또는 이권의 손실, 지위(벼슬)의 해임·퇴직 등 좋지 못한 일에 부딪치게 될 징조.

● 깃발이나 장막을 소중하게 함이나 비단 보자기에 싸서 간직해두는 꿈은?

장차 재물이 늘고 명예가 높아지는 등 입신·출세의 기회가 생기게 될 부귀의 징조.

●위험한 폭발물을 삼키거나 폭탄을 먹는 꿈을 꾸면?

장차 큰 성공을 이루게 될 기회나 여건을 만나게 되고, 직장(지위)에서도 중한 책임을 맡는 등 입신·출세가 따르게 될 징조.

●폭발물을 자기만 아는 곳에 숨기는 꿈은?

위험과 비밀이 말썽이나 재난의 불씨를 안은 채 도사리고 있는 형국으로 돌연한 파탄이나 불상사를 경계해야 한다.
(남에게 갖으라고 건네주는 경우는 자기는 다행히 큰 재난과 손실에서 벗어날 수 있고, 자기가 받을 경우는 불원간 장해와 피해를 치르게 될 징조.)

●화려한 양산이나 장막, 비단천, 고급 타올 등으로 몸을 가리는 꿈은?
장차 재물의 이득과 명예의 향상 및 부귀가 따를 징조.

●남과 함께 고급 양산을 쓰고 길을 걸어가는 꿈은?
근친이나 주위 사람과의 말썽·구설 또는 이별할 징조.

제 5 장
관리·귀인·귀신·의식에 관한 꿈

사례 용천담적기(龍泉淡寂記)에 나오는 이야기다.

고려말 충신 포은(圃隱) 정몽주(鄭夢周)의 사당이 영천땅에 있었다. 칠휴라는 사람이 도내(道內)를 순찰하다가 영천군의 관역(管域)을 지나게 되었다. 마상(馬上)에서 졸아 가며 포은촌(圃隱村)을 지날 무렵 그는 꿈을 꾸었다.

꿈속에 귀밑머리가 희끗희끗한 노인 하나가 나타나더니 스스로를 포은 선생이라며 거처가 피폐하여 풍우를 가리지 못해 이처럼 행색이 누추하다고 말하는 것이었다.

이에 깜짝 놀라 깨어난 칠휴는 이를 이상히 여겨 그 고장의 노인을 찾아 그 땅에 얽힌 연고를 물어보았다. 그랬더니 과연 포은의 사당터가 그 부근에 있다는 것이었다.

그 뒤 곧바로 군에서는 사당의 수리와 보전에 힘쓰도록 조처하였다. 사당이 완성되고 나자 그는 몸소 정중히 제물을 올려 치향(致享)하고 다시 사당 벽에 전후의 연유를 글로 적어 놓았다고 기록되어 있다.

사례 조선금석총람(朝鮮金石總覽) 하권에 있는 이야기다.

숙종 16년 경오(庚午)에 건립된 흥양 능가사 사적비에는 이렇게 적혀 있다.

「황명숭정갑신년의 어느 날 벽천(碧川)이라는 호를 가진 정립대사가 방장에서 여름철 수도를 하던 중 깜빡 잠이 들었다. 이때 꿈속에 한 사람의 신승이 나타나서 일렀다.

"장부가 태어나서 부처가 되지 못한다면, 마땅히 큰 공적을 지어 우리의 종풍(宗風)을 천축(天竺)의 남쪽에 크게 펼쳐야 하지 않겠는가? 우리 동방의 팔영(八影)이자 나라의 남쪽끝에 능가산(楞伽山)이라는 곳이 있느니라. 그대는 그곳에서 진법(眞法)의 형상을 취할지니라."

그는 현묘하고 기이함에 감동되어 스승인 벽암(碧巖)과 의논했다. 그리고 나서 스승 광희(廣熙)와 더불어 꿈에 신승이 말한 곳을 찾아가 보니 과연 산의 양지쪽에 오래된 절터가 있는 것이 아닌가!

그래서 그 절터의 약간 북쪽으로 거슬러 올라간 곳이 영험한 터임을 점을 쳐서 알아내고 그곳에서 불사(佛事)를 일으키니, 대중들도 모두 분주히 명을 받들어 십 년도 되지 않아 일을 다 성취하였다.」

[사례] 오산설림초고(五山說林草藁)에 나오는 이야기다.

목조(穆祖)는 본시 전주(全州)의 대성(大姓)이씨다. 그가 처음에는 의주(宜州)의 적전(赤田)이라는 곳에서 살았는데, 뒷날 경흥(慶興 : 지금의 德源)으로 거처를 옮겼다. 말 잘 타고 활 잘 쏘며 사냥을 즐겨하였는데 변방의 오랑캐 족속들은 그런 그를 심히 두려워 하였다.

그가 어느 날 밤에 잠을 자다가 꿈을 꾸었는데 어떤 사람이 나타나서 이렇게 말했다.

"나는 어느 연못에 사는 용인데 다른 못에 사는 용이 내 거처를 빼앗으려 하여 내일은 그 용과 싸우게 되었습니다. 그런데 그 용이 원체 강해서 내가 이기지 못할까 두려우니 모쪼록 나를 좀 구원해 주십시오."

그래서 목조가 물었다.

"내가 어떻게 당신과 상대를 구별할 수 있겠소?"

"상대편 용은 희고 나는 누런 색깔이니 그 빛깔로 식별할 수 있습니다."

그래서 그는 이를 허락하였다.

꿈에서 깨어난 그는 다음날 새벽 일찍 활을 들고 못가에 나가 숨었다. 그런데 잠시 후 갑자기 연못의 물길이 용솟음쳐 뒤집히면서 황백의 용 두 마리가 수면을 돌며 뒤엉켜 싸우고 있는 것이 아닌가! 목조는 화살을 날려 백룡을 쏘아 맞히었다. 순간 못물이 온통 핏빛으로 물들면서 백룡이 도망쳐 버렸다.

그날 밤 꿈에 황룡이 다시 찾아와 그에게 말했다.

"당신의 보호를 받았으니 장차 반드시 후히 보답해 드리고자 합니다. 자손의 대에 가서 이를 볼 수 있을 것입니다."

이후부터 그 연못의 이름을 적지(赤池)라고 불렀다.

●관리들이 일하는 공공기관 · 청사의 정문이나 회의실 문을 열고 안으로 들어가는 꿈은?

출세운이 트여서 직장 및 지위에 다른 영달과 융성 · 발전을 누리고 제반 여건의 안정과 구하는 소망사의 성취 · 당선 등의 부귀를 얻게 될 징조.
(반대로 문 밖으로 나오는 꿈은 일신상에 궂은일이나 장해가 발생하고, 강제로 축출될 경우는 해임 · 감봉 · 실퇴직 · 손재 · 구설 등 액화를 치르게 된다.)

●자기가 장 · 차관이나 방백수령(方伯守令)의 높은 지위에 올라 집무실서 일을 보고 있는 꿈은?

집안과 재물이 번창하고, 입신 · 성공의 좋은 기회와 귀인의 이끌음을 얻어 벼슬운이 활짝 열려서 크게 부귀 · 출세하는 영화를 누리게 되며, 널리 이름을 떨치고 많은 사람을 지도 · 통솔하는 위치에 서게 될 징조.

●관리한테 무슨 일을 보려고 관공서에 들어가는 꿈은?

재수가 있고 음식이 생기는 등 이로움을 얻을 징조.
(군경(軍警)이 아닌 일반 행정관리가 더욱 길하다.)

●자기의 지위나 벼슬이 대장보다 높아지는 꿈은?

큰 재물이 생기거나 높은 명성을 획득하여 입신 · 출세 · 부귀하는 기쁨이 따를 징조.

● 관공서에서 관리와 대면하여 무슨 일을 서로 상의하는 꿈은?
명예가 높아지거나 이권이 늘어나는 등 기쁜일이 생길 징조.

● 관공서의 관리들이 회의를 하는 자리에 자기도 참석하는 꿈은?
재물과 명예가 풍성해지며 입신·출세할 성공운이 열릴 징조.

● 높은 벼슬에 올라 주변 사람들로부터 축하받는 꿈은?
손재나 돌발사고 또는 우환 등 궂은일에 부딪칠 징조.
(문서류에 결재싸인이나 인장을 찍는 꿈은 명성을 떨치고 부귀를 누릴 징조.)

● 새로운 직책이나 벼슬자리에 임명되는 꿈은?

자녀를 잉태하거나 재물 또는 이권이 생길 징조.
(관청의 포상(褒賞)이나 표창을 받는 꿈도 비슷한 길몽이다.)

● 관인(官印: 관청에서 쓰는 도장) 및 사령장·명패 등을 지니고 어디를 가고 있는 꿈을 꾸면?

명예나 직책이 높아지거나 거처를 옮기게 될 징조.
(자기의 도장을 새로 파거나 신분증·명패를 주문하든지 남에게 받는 꿈도 신분이나 재물의 이득이 생길 징조이다.)

제5장/관리·귀인·귀신·의식에 관한 꿈 175

●관공서의 청사(廳舍)가 다른 곳으로 자리를 옮기는 꿈은?
직장 및 사업장의 변동이나 직책·신분상의 이동이 발생될 징조.

●관리에게 어떤 문서나 기록을 보여달라고 청하는 꿈은?
다급한 사정이나 바쁜일이 발생될 징조.

●호화로운 궁성 안으로 걸어들어가거나, 높은 단상 또는 누각 위에 올라가 좌정(坐定)하는 꿈은?
지위와 명예가 높아지고 재물과 사업이 융성하여 입신·출세하며 명성을 떨치고 큰 부귀를 누리게 될 징조.

●군왕(통치권자)이 사는 궁전 또는 대저택에서 살게 되는 꿈은?
장차 출세운이 트이고 명예와 재물이 풍족해져서 부귀영화를 누리게 될 징조.

●궁성 또는 조정(정부청사)에 나아가 군왕이나 국가 통치자를 만나뵙고 예를 올리는 꿈은?
장차 크게 부귀·영달할 기회와 입신·출세의 운수가 트이고, 귀인의 도움을 받아 실행하는 일들이 순조롭게 진행되어 명예와 부귀 및 번성을 누리게 될 징조.
(하급관리들의 인도를 받아 고관장상(高官將相) 등 신분이 높은 사람을 만나는 꿈도 뜻하는 목적을 원만히 달성하고 많은 재물과 권세를 얻어 안정과 영화를 누리게 될 징조.)

●군왕이나 통치자 및 고위관리가 친히 자기에게 앉을 자리를 권하는 꿈은?
입신·성공하여 부귀와 번영을 누리게 되고 출세운이 트여져 제반 실행사가 순조롭게 성취되며, 자기를 이끌어 도와줄 귀인 내지 협력자를 얻게 될 징조.

●신분이 매우 높은 존귀한 인물과 더불어 어떤 일을 의논하는 꿈을 꾸면?
지위와 명예가 높아지고 재물과 권세가 흥왕하는 영화가 따르게 되며, 천생의 배필 또는 뜻을 같이 하는 동지나 친구가 생기게 될 징조.

●군왕이나 고위관리의 사신(使臣)이 와서 자기를 찾는 꿈은?
새로운 상황과 기회 등 출세운이 트여서 재산이 풍부해지고, 지위가 높아지며 입신·성공하게 되는 번영과 부귀·안정 등 집 안팎으로 기쁜일이 생길 징조.
(존귀한 지위에 있는 높은 인물이 자기를 찾아와서 무엇인가를 부탁하는 꿈은 주위의 인정과 협력을 얻어 큰 성취와 발전을 거두며 새로운 일과 신규 분야를 개척하는 등 부귀와 번성이 따르게 될 징조.)

●신분이 고귀한 인물의 심부름을 하거나 비서업무를 보는 꿈은?
종교 내지 신앙과 관련하여 이로움이 생기거나 추진·실행·연구·발표 또는 신령의 영험을 체험한다든지 중요한 볼일이 있게 될 징조.

●군왕장상(君王將相) 및 고위직책을 지닌 귀인 등 신분이 높은 사람과 동침하는 꿈은?
장차 귀히될 자녀를 출산하게 될 징조.

●왕공·장상 등 존귀한 인물이 베푸는 잔치나 연회에 참석하여 술과 안주를 먹는 꿈을 꾸면?
어떤 말썽이나 장해·손실에 부딪쳐 곤란을 겪거나 질병 또는 말썽이 생기는 등 궂은일이 발생될 징조.

●직접 귀인의 초대를 받고 귀인과 동석하여 식사를 함께 하는 꿈은?
구하는 소망사가 순조롭게 성취되고 재물과 이권 등 풍부한 안정과 발전이 따를 징조.

●군왕이나 고관, 귀인으로부터 귀한 선물이나 표창을 받는 꿈은?
입신·출세하여 명성을 널리 떨치고 가업이 번성하며 부귀와 영예를 누리게 될 징조.
(만일 흔한 물건을 받으면 돌발적인 사고나 질병, 손재 등 불행스런 상황에 부딪치게 된다.)

●자기가 어떤 벼슬자리에 임명을 받거나 공직에 취임하는 절차를 밟는 꿈은?
지위와 명예(벼슬·직장)가 높아지고 재물과 이권이 풍성해지며 사업이 번성하고 구하는 소망을 순조롭게 성취하여 부귀를 누릴 징조.

●왕공장상(王公將相) 등의 고관이나 귀인으로부터 어떤 책임이나 명령을 부여받는 꿈은?

부귀·영달하고 입신·출세하는 성공과 안정을 획득하게 될 징조.

●제왕이나 국가 통치자 등의 화려한 행차나 존귀한 인물들이 대거 출석하는 예식행사를 관람하는 꿈을 꾸면?

공공기관이나 관청과 연관된 일들이 순탄하게 풀리고 벼슬운이 열려서 출세·부귀할 기회를 얻게 되며, 확실치 않았던 일들의 전모가 명백히 드러나게 될 징조.

●광대한 성곽이나 궁성·사당·누각 위에 올라 한가로이 거니는 꿈은?

재물과 권세가 높아지고 사업의 순조로운 발전과 명예(직장·지위)의 안정·융성 등 부귀가 따를 징조.

●드높은 성곽 위나 누대(樓臺)를 향해 성벽을 기어오르는 꿈을 꾸면?

업무상의 목표달성이 이루어지고 재물의 이권이 풍부해질 징조.

●드넓고 인적이 없는 궁성 안에서 길을 잃고 헤메는 꿈은?

근심과 손재, 방황 등 궂은일을 치르게 될 액운의 징조.

●가로막은 성벽 때문에 더 이상 나아갈 수 없는 꿈은?

뜻하지 않은 장해 내지 말썽, 손실 등 좋지 못한 일이 발생할 징조.

●크고 드넓은 연회장·대청 또는 누각 및 단상의 높은 좌석에 올라 음주 및 춤과 노래 등 유희를 즐기는 꿈은?
장차 가업이 번성하고 재물의 이익이 풍부해지며, 운수가 형통하여 부귀영화를 획득하게 될 징조.

●궁궐의 성문 또는 관공서의 정문이 붕괴되거나 위태롭게 기울어져 무너질 듯한 것을 보는 꿈은?
사업의 실패 및 좌절·우환·손재 또는 번거로운 말썽 등 불행한 일에 부딪칠 징조.

●드높은 성(城) 안에다 자기의 집을 짓는 꿈은?

가업이 융성하고 구하는 소망사의 원만한 목표달성을 이루어 재물과 명예가 풍성해질 부귀의 징조.
(성터처럼 생긴 평평한 분지에다 집을 짓는 꿈도 비슷한 길몽이다.)

●신령·불보살·성현 등의 뒷모습을 보는 꿈은?

복운이 등을 돌리고 떠나가버리는 형국이어서 경영하는 일들의 차질 및 손실과 계획·약정의 좌절, 실패 등 불리한 상황에 부딪치는 액화가 생길 징조.

●신이나 부처로부터 어떤 지시나 명령을 받는 꿈은?
구하는 소망사의 목적달성과 행운 내지 영예를 획득하는 기쁨을 누리게 될 징조.

●신령으로부터 어떤 진귀한 보배나 금은 주옥 등을 하사받는 꿈을 꾸면?
집안과 일신에 좋은일이 생겨서 주위의 축하를 받게 되고 재물이 쌓이고 총명한 자식을 잉태하는 기쁨이 생길 징조.

●신불(神佛)·위인·성현과 더불어 이야기를 나누는 꿈은?
이권과 재물이 풍부해지고 널리 명성을 떨치는 등 영달과 기쁨을 누리게 될 징조.

●신이나 부처, 성현이 아닌 보통승려나 성직자 등과 사찰이나 교회에서 이야기를 나누는 꿈은?
재물의 손실 및 집안의 우환·곤란 등 말썽이 빚어지게 될 징조.

●신령이나 부처·보살·성현·위인 등으로부터 꾸지람을 듣는 꿈은?
우환 내지 다툼, 손재 등 어떤 심각한 장애나 곤경에 부딪쳐 상당한 피해와 말썽을 치르게 될 징조.
(신령이나 부처에게 얻어맞는 꿈을 꾸면 큰 불상사나 재난, 우환을 치르게 될 액화의 징조.)

● 자기 집 안으로 신선이나 불보살, 성현이 들어온 것을 보는 꿈은?
장차 재산이 늘어나고 명예가 높아지는 등 안정과 부귀를 획득하게 될 징조.
(신불을 정중하게 절하며 맞아들이는 꿈은 생각지 않았던 재물이나 이권이 얻어질 징조이다.)

● 도로에서 신불(神佛)을 만나는 꿈은?
신앙 또는 종교와 연관된 이익이나 기쁨을 거두게 될 징조.

● 신령이나 불보살 · 성현 · 위인으로부터 침(주사)을 맞거나 약물을 받아 복용하는 꿈은?
가업의 번성과 지위(직장)의 안정 및 좋은 일거리나 기회 또는 귀인의 도움을 얻어 원하는 소망을 달성하게 될 징조.
(대개 모든 성현 · 부처 · 신선 · 위인 · 귀인 등의 등장은 기쁨과 순조롭게 번영 · 발전이 이루어질 징조이다.)

● 자기가 신선이나 부처가 되는 꿈은?
자수성가하여 명성을 떨치고 부귀영화를 획득하게 될 징조이다.

● 태몽에 황금이나 보옥으로 만들어진 불상을 얻으면?
커다란 업적을 남기거나 많은 사람들의 정신적 지주가 되어 진리를 밝힐 자손을 잉태하게 될 징조.

●신령 또는 부처·보살·성현 등에게 기도나 절을 드리느라 엎드렸다가 허리나 다리가 갑자기 굳어져서 일어서지 못하는 꿈은?
사업의 실패·좌절 내지 중병·사고 등 흉험한 일이 생길 징조.

●사찰이나 교회의 법사단상에 올라가는 꿈은?
신병이나 돌발사고라든지 손재, 말썽 등 궂은일이 생길 징조.
(승려나 목사들이 스승으로부터 염불 내지 성가를 배우는 것을 보는 꿈은 장차 재물이 생기거나 직장에서 기쁨을 얻을 징조.)

● 경전을 읽거나 설교를 하는 것을 보는 꿈은?
곤란한 문제나 말썽과 연관되어 피해 또는 손실이 발생될 징조.

● 신령이나 불보살의 형상을 정성들여 그리는 꿈은?
큰 힘이 되어 도움을 줄 수 있는 귀인이나 협력자를 얻게 되고, 타인으로부터의 신망과 명예가 높아지며 부귀・출세하는 복록을 누리게 될 징조.

● 불당이나 (교회) 사당 건물에서 신령이 움직이거나 말하는 것을 보는 꿈은?
재물이 생기거나 명예가 상승한다든지 직업상의 기쁨이 생길 징조.

●자기가 절이나 사당, 교회 등을 짓는 꿈을 꾸면?

집안에 좋은일이 생겨나서 가업이 번성하며 재물이 늘어나고 명예가 높아지는 기쁨을 누리게 될 부귀의 징조.

●사찰 또는 교회에다 재물을 헌납·시주하는 꿈은?

행운과 발전의 영화를 누리게 되고, 경쟁·추첨·승부 등에 따른 큰 성취와 이익을 획득하며 총명하고 비범한 자녀를 두게 될 징조.

●사찰이나 교회의 신령 앞에 향화(香火) 또는 제물을 받치든지 기도 내지 고사를 드리는 꿈은?

장차 경영하는 일들이 순탄하게 번성·발전하며 귀인의 도움을 얻어 입신·성공하고 명성을 떨치는 부귀가 따를 징조.

●자기가 신불(神佛)로부터 흔한 음식을 얻어먹는 꿈일 경우는?

우환과 말썽 등 손실과 재난에 부딪치게 될 징조.
(단, 물을 얻어마실 경우는 질병이 흩어지고 병자는 건강이 좋아진다.)

●절이나 교회, 사당으로부터 밝은 광채가 비쳐나오는 꿈을 꾸면?

행운과 영달·부귀의 기회를 얻게 되며 재물과 권세가 늘어나고, 천우신조와 귀인의 도움이 따를 징조.

●법당이나 대청에 좌정한 신령 또는 불보살 내지 신령의 현신(現身)을 보는 꿈을 꾸면?

가업이 번창하고 재물이 융성해지며 명예(지위)가 높아지는 등 평안·영달하여 부귀를 누리게 될 징조.

●신령이나 불보살의 좌석을 가지런히 배열·안치할 수가 없는 꿈은?

일이나 계획의 차질 또는 착오로 피해와 곤란을 치르게 될 징조.

●사찰이나 교회의 대청 안에 들어가 어떤 물건을 만지거나 습득하는 꿈은?
신앙심이 깊은 자녀를 임신하게 될 태몽이다.

●사찰이나 교회, 사당에서 어떤 보배나 창검 등을 습득해 가지는 꿈은?
장해와 말썽, 근심 등이 원만히 해소되고 재물과 권리 등 행운과 발전이 따르게 될 징조.

●법당 안이나 교회 안에서 승려나 목사 등이 종교 경전을 읽는 것을 보는 꿈을 꾸면?
말썽이나 우환이 발생되어 근심과 손실을 치르게 될 징조.

●신령이나 부처, 성현이 자기에게 음식을 달라고 청하는 꿈은?
사당이나 묘지를 지성드려 수호하고 고사나 기도를 드려 위하면, 장차 가업과 일신이 번성·부귀하고 입신양명하며 소망성취를 이룰 징조.

●신령·부처·성현·위인에게 어떤 비술(秘術)이나 훈도, 교육 등 가르침을 받는 꿈은?
장차 재물과 권세를 얻어 부귀를 이루고 귀인들의 도움과 협력에 힘입어 크게 입신·출세하는 영화를 성취하게 될 징조.

● 신선과 선녀가 무슨 일을 의논하는 꿈을 꾸면?
가업이 번성하고 소망성취를 이루어 부귀형통할 징조.

● 신선이나 천사가 나타나 어디론가로 자기를 인도하여 데리고 가는 꿈은?
입신·부귀의 운이 트여서 명성을 떨치고 출세하게 되며, 귀인 및 실력자의 협력과 이끌음에 힘입어 자신의 입지를 강화시킬 수 있을 징조.

● 귀신이나 유령과 싸워서 자기가 승리하는 꿈을 꾸면?
수명이 길어지고 질병이 쾌유되며 우환·말썽 등이 순탄하게 해소될 징조이다.

●자기가 마귀나 악마로 변하는 꿈은?
복잡한 문제나 번거로운 말썽, 시비 및 욕망과 질투 등 어떤 상대방에 대한 감정의 기복이 심해질 징조.

●귀신이나 유령과 대면하여 마주앉는 꿈을 꾸면?
별로 소득이나 이권이 없는 일에 필요 이상의 노력과 헛수고를 하게 되며 손실과 곤란을 치르게 될 징조.

●도깨비나 유령, 귀신한테 쫓겨서 도망다니거나 두려워서 공포에 떠는 꿈을 꾸면?
질병·우환이나 낭패·고전·장해·말썽피해를 겪게 될 징조.

●이상스런 모양의 도깨비나 귀신이 나타나도 무섭거나 두렵지 않은 꿈을 꾸면?
뜻하지 않은 일이나 묘한 상황에 놓여진다든지 생각지 않은 이득 내지 재수가 있거나 소식을 듣게 될 징조.

●유령이나 도깨비, 귀신한테 두들겨맞는 꿈을 꾸면?
질병이나 돌발사고 등으로 인한 재난이 생겨 어려움과 장해를 겪게 될 징조.

●어떤 승려(신부)로부터 양식(재물)을 받는 꿈은?
주로 출산·임신과 관련된 태기(胎氣)의 징조.
(보통 꿈에 승려나 신부 등 성직자를 보면 무릎이나 다리를 다치는 수가 많다.)

●남자 승려와 여자 승려가 함께 동석하여 불경을 읽거나 무슨 일을 하고 있는 것을 보는 꿈은?
말썽이나 구설수에 연관되거나 치욕과 곤경에 부딪치게 될 징조.

●어떤 남자가 갑자기 비구니나 수녀로 변하는 꿈을 꾸면?
돌발사고 내지 재물의 손실·낭패 등 궂은일이 발생할 징조.

●자기가 죽인 사람의 시체를 몰래 땅에다 파묻는 꿈은?
어떤 말썽이나 사건이 깨끗하게 처리되든가 비밀에 부쳐둘 일이 생길 징조.

제5장/관리 · 귀인 · 귀신 · 의식에 관한 꿈 193

●시체가 썩는 악취가 고약하게 풍기는 꿈은?

장차 큰 이권이나 재물이 생기는 기쁨을 얻고 좋은 기회나 여건을 만나게 될 징조.
(냄새와 악취가 심할수록 많은 재물과 이권이 생긴다.)

●시체나 관(棺) 등을 집 안으로 들여오는 꿈은?

사업이 번성하고 계획하는 일들이 순조로운 성취를 이루어 부귀를 누리게 될 징조.

● 관(棺)의 뚜껑을 열고 죽은 사람과 이야기를 나누는 꿈은?
재물의 손실 또는 불상사나 중병, 우환 등 궂은일에 부딪칠 징조.

● 새로 만든 관이나 묘지를 보는 꿈은?
차츰 근심과 장해가 흩어지고 피해 및 곤란이 해소되어 안정을 얻게 될 징조.

● 시체에 구더기나 벌레가 우글거리든지 심하게 부패되어 징그럽게 썩어 문드러진 것을 보는 꿈은?
사업이 번창하고 큰 재물이나 명예가 얻어지며, 입신·출세하는 부귀영화를 누리게 될 징조.

제5장/관리 · 귀인 · 귀신 · 의식에 관한 꿈 195

●예전에 죽은 사람이 초라하고 추한 몰골로 나타나는 꿈은?

신병 · 우환 · 손실 등 집안에 궂은일이 생긴다.
(반면, 밝고 깨끗한 모습으로 나타나면 재물과 이권이 늘어나고 기쁨을 얻게 될 징조이다.)

●사람이 죽은 것을 보고 슬프게 통곡하는 꿈은?

경영하는 일과 소망사 등의 실행과정에 손실 · 낭패 · 난관 · 좌절이 발생될 징조.
(자기의 자식이 죽어서 애통해 하는 꿈일 경우는 금전 및 토지, 건물과 연관된 이익과 기쁨이 생길 징조.)

● 시체나 관이 물 위에 떠 있는 것을 보는 꿈은?

가업이 융성해지고 재물과 이권이 풍부해지며 발전 및 안정을 획득하게 될 징조.

● 죽은 사람을 염습해서 관 속에다 안치하는 꿈은?

재물이 불어나고 하는 일이나 소망사의 순조로운 발전 및 직장(사업) 또는 신분(명예)상의 기쁨이 생길 징조.
(죽은 시체가 승려나 신부, 수녀일 경우는 몹쓸 질병이나 우환 등 불상사를 겪게 될 징조이다.)

● 죽은 사람의 시체를 들쳐업거나 끌어안든지 어루만지는 꿈은?

운수형통하여 큰 이득이 생기고 명예와 지위가 높아지며 주식(酒食)의 즐거움이 따르게 될 징조.

● 죽었던 사람이 되살아나거나 죽은 사람이 음식을 먹는 것을 보는 꿈은?

재물과 이권이 풍성해지고 좋은 기회와 주위 여건이 호전되거나 순조로운 발전과 안정을 누리게 될 징조.

●죽었던 사람이 일어나서 슬피 울거나 걸어다니며 움직이는 꿈을 꾸면?

구설 내지 말썽이 발생하거나 비방·다툼·손실 등 궂은일에 부딪치는 장해를 겪게 될 징조.
(죽었다는 사람이 자기의 품에서 슬피우는 꿈은 뜻하지 않은 이권이나 재물이 생기는 기쁨을 얻게 될 징조이다.
그리고 이미 입관되었던 시체가 관 뚜껑을 열고 밖으로 나오는 것은 손님이 오거나 소식이 있게 될 징조이다.)

●남의 집 시체가 자기 집 안으로 들어오는 꿈은?

많은 금전 및 권리와 이권이 생기고 봉급생활자는 승진·영전의 기쁨을 얻게 된다.

●죽은 사람과 더불어 음식을 먹는 꿈은?

재수가 트이고 좋은 기회를 얻어 유익하게 될 징조.

●오래 전에 죽은 사람과 같이 식사를 하는 꿈은?

질병과 사고, 손재 등 궂은일이 생길 징조이다.

●장례를 치르느라 상갓집 사람들이 분주하게 왕래하는 것을 보는 꿈은?

주식(酒食)연회와 관련된 즐거움이 생길 징조이다.

●자기가 남의 초상집에 찾아가 조문을 하는 꿈은?

제반 실행사항의 순조로운 목적달성과 어떠한 권리행사 및 약정의 체결이 이루어지거나 재주 있는 자식을 임신하게 될 태몽의 징조.

●자기 부모의 초상을 치르며 통곡을 하는 꿈은?

정신적 만족 내지 물질적인 안정이 성취되고, 재물이나 이권(사업·직장)에 연관된 발전과 기쁨을 얻게 될 징조.
(자기 집에 초상이 나서 집안 식구들이 슬피 우는 꿈도 비슷한 이로움이 생긴다.)

●자기 집 문간 앞이나 마당에 상여나 영구차가 놓여져 있는 것을 보는 꿈은?
구하는 소망이나 사업에 순조로운 발전이 따르고 명예(지위)가 높아지는 등 입신·성공을 거두게 될 징조.

●죽은 사람을 실은 영구차나 상여 등 장례행렬이 지나가는 것을 보는 꿈은?
재물과 행운이 얻어지고 귀인을 상봉하거나 좋은 혼처가 생기는 등 여러 모로 기쁨을 누리게 될 징조.

●상여 나가는 소리가 산야(山野)에 메아리쳐 울려퍼지는 것을 꿈에 보면?
장차 훌륭한 명성을 떨치거나 여러 사람들의 존경을 받게 될 징조.

●죽은 사람을 실은 영구차나 상여의 행렬이 막 초상집을 나서서 장지를 향해 출발하는 꿈은?

제반 장해와 손실·우환 등 궂은일들이 해소되고, 직장(벼슬)과 사업에 큰 유익과 발전을 얻게 될 징조.

●영구차(상여)가 빠른 속도로 질주해 달려가는 것을 보는 꿈은?

사업이나 구하는 소망사의 원만한 진척이 있고 직장 내지 사업, 주거의 이동이 발생될 징조.

● 크고 높다란 묘지(墓地)를 보는 꿈을 꾸면?

장차 가업이 번창해지고 재물과 명예가 늘어날 징조.
(자기가 새 무덤을 만드는 일을 하고 있는 꿈을 꾸면 길운이 열려서 호전의 기회와 이익이 풍성해진다.)

● 묘지의 문이 열리거나 묘지 안에서 서광이 비치는 꿈은?

재물이 모이고 벼슬에 이로움이 생기며 부귀해질 징조.
(새로 만든 무덤을 보는 꿈은 근심과 장해가 흩어진다.)

●잃어버렸던 묘지를 찾았거나 산중에서 무덤을 발견하는 꿈을 꾸면?

사업이나 직장의 업무 등에 따른 이익과 권리를 얻게 되며, 구하는 소망의 순조로운 성취를 이룰 징조.

●묘지에서 저절로 관이 땅 밖으로 솟아나오는 꿈은?

장차 돌발사고나 중병 또는 재물의 파탄 등 흉액이 생길 징조.

●묘지 주위를 오가며 왕래하거나 묘지에 관련된 일을 보는 꿈은?

재물과 이권이 생기고 주식(酒食)연회에 연관된 즐거움이 있게 될 징조.

●무덤 주위에 무지개(아지랑이)나 상서로운 구름이 감도는 꿈은?

점차 모든 일이 순탄한 성취를 거두고 부귀·번성을 누릴 징조.
(무덤 주위가 밝고 찬란하면 이롭고 어둡고 더러우면 흉험할 징조.)

●무덤에 나무나 꽃이 자라나는 꿈을 꾸면?

우연한 귀인의 협력이나 재물이 생기고 소망성취를 거두게 될 징조.
(묘지 주위의 꽃이 시들거나 나무가 부러지는 것은 자손이나 재물의 낭패 내지 손실이 발생할 징조.)

제 6 장
의복·의류 등 생활용품에 관한 꿈

사례 삼국유사(三國遺事, 卷二)에 나오는 이야기다.

신라 제51대 진성여왕(眞聖女王)의 재위 당시 있었던 일이다.

아찬 벼슬에 있던 양패공이 사신의 임무를 띠고 당나라로 떠날 때 그는 후백제의 해적들이 진도(珍島) 근해에서 자주 출몰한다는 말을 들은 바 있어 활 잘 쏘는 궁사(弓士) 오십 명을 대동하였다.

배가 곡도에 이르렀을 때 심한 풍랑이 일었다. 그들 일행은 더 나아가질 못하고 할 수 없이 십여 일이나 그 섬에 머물게 되었다.

이처럼 상황이 어렵게 되자 양패공은 사람을 시켜 점(占)을 치게 하였다. 그러자,

"이 섬에 신령이 사는 연못이 있으니 그곳을 찾아 제사를 지내면 좋을 것이다."

이에 연못을 찾아 제물을 차려놓으니 연못에서 물 줄기가 한 길이 넘도록 치솟아올랐다.

그날 밤 양패공의 꿈에 어느 노인이 나타나서 말하기를,

"활 잘 쏘는 명궁수 하나를 이 섬에다 남겨두고 떠나면 순풍을 얻을 수 있으리라" 하였다.

꿈에서 깨어난 양패공은 이곳에 누구를 남겨 둬야 될 것인가를 물었다. 그러자 여러 사람이 각기 자기 이름을 나무조각에다 써서 물에 띄우고 그것이 가라앉는 사람이 남기로 하자고 청하였다. 그래서 제비뽑기를 하였다.

군사 거타지(居陀知)의 이름이 쓰인 명패가 물 속으로 가라앉았다. 그래서 그를 남겨 두고 모두들 배에 오르니 홀연 순풍이 불어서 배가 거침없이 앞으로 나아갔다.

양패공 일행이 탄 배를 이곳에서 멈추게 한 까닭은, 이 연못에 살고 있는 용신이 자기들을 괴롭히는 늙은 여우를 거타지의 힘을 빌어 사살하기 위함이었던 것이다.

거타지가 용신의 청을 받아들여 늙은 여우를 죽이자 그 용신은, 한 여자를 꽃가지로 변하게 해서 그에게 주고, 두 마리의 용으로 하여금 거타지를 등에 업게 하여 사신선(使臣船)에 보내주었다.

배가 당나라에 도착했을 때 쌍용이 배를 등에 엎고 있음을 보고받은 당황제는 이들이 보통 인물이 아닐 것이라 여겨 극진히 대접하였다.

사신의 역할을 무사히 마치고 귀국한 거타지가 품속에서 용이 선물한 꽃가지를 꺼냈다. 그러자 그 꽃가지는 이내 아름다운 여인으로 변해 거타지와 오랫동안 함께 살았다고 전한다.

[사례] 동국여지승람(東國輿地勝覽, 卷三五)에 나오는 이야기다.

고려 태조 장화왕후 오씨의 할아버지는 부둔(富㐌)이고 아버지는 다련군(多憐君)이었다.

이들은 대대로 목포 인근에 터를 잡고 살았는데, 다련군은 사우연위의 여식인 덕교(德交)를 아내로 맞아서 딸을 낳았다.

어느 날 그 딸이 꿈을 꾸었는데 목포 바다의 용이 자기의 뱃속으로 들어오는 것이 아닌가! 깜짝 놀라 잠에서 깨어난 그녀가 이 사실을 부모에게 고하였다. 딸의 얘기를 들은 부모 역시 기이하게 생각하였다.

그런 얼마 뒤 태조 왕건(王建)이 수군 지휘관으로 나주에 출진하다 목포 해안에 정박하였을 때, 근처에 오색 무지개 빛 기운이 구름처럼 피어 있는 것이 보였다. 그래서 다가가 보니 그곳에서 어떤 처녀가 베옷을 빨고 있었다.

태조 왕건은 그녀를 데려다 곁에 두고 가까이 하려 하였다. 그러자 그녀는 이를 수줍어 하며 망설였으나 결국 그의 뜻을 받아들여 잠자리를 함께 하고 마침내는 아들을 출산하니 그가 바로 혜종(惠宗)이다.

몸에 돗자리 자국이 있어 세간에서는 그를 접주(接主)라 칭하였는데, 뒷날 그는 그곳에 절을 건립하고 흥룡사(興龍寺)라 이름하였다.

절 앞에는 왕후 오씨가 베를 빨았던 곳으로 여겨지는 완사천(浣絲泉)이란 샘이 있고, 그 절은 나주의 금강진 북쪽에 위치해 있다.

● 더러운 의복을 입고 많은 사람들 앞에 나서거나 단상 위에 오르는 꿈은?

남들한테 수치나 멸시, 모욕 등 창피를 겪게 되든가 지위(직장·명예)를 잃든지 계획하는 일에 실패가 발생할 징조.

● 어떤 여자가 시중을 들며 옷을 입혀주는 꿈은?

새로운 집이나 터(사업장)로 이동하거나 원하는 소망이 순조로히 성취되어 재물과 이권 등 기쁨이 따를 징조.

● 스스로 자기가 옷을 챙겨 입는 꿈은?

타인과 연관되어 손실이나 곤란을 겪든지 친구와 등지거나 다투게 될 징조.

●옷을 입은 채로 진흙탕에 넘어져서 신체와 의복이 더럽혀지는 꿈은?
질병이나 사고가 생기든지 구설, 비방 등 수치스런 일이나 말썽 및 손재의 피해가 발생될 징조.
(임신한 부인은 출산에 장애가 있을 징조이다.)

●물이 쏟아지거나 물을 뒤집어썼는데도 의복이 젖지 않고 보송보송한 꿈을 꾸면?
주변의 유혹과 감언이설에 넘어가면 피해나 말썽을 치르게 될 징조.

● 손수 흰색 의복을 꿰매거나 재봉질을 하는 꿈은?

근친의 존장이나 부모 등 윗사람들과 연관된 궂은일 내지 피해나 불행한 일에 부딪칠 징조.
(일반 새 옷을 직접 재봉질(바느질)하여 꿰매는 꿈은 천생의 좋은 배필 내지 귀인을 상봉하게 될 기쁨이 생길 징조.)

● 새 옷감이나 천 등을 마름질하여 쪼개든지 자르는 꿈은?

여러 가지로 이롭지 못한 장해와 이별, 분산 및 인연의 파연(破緣), 계약의 파기, 중도 실패와 파탄 등 불행한 일을 겪게 될 징조.

제6장/의복·의류 등 생활용품에 관한 꿈 211

●자기 스스로 흰 옷으로 갈아입거나 백색천으로 몸을 감싸는 꿈은?
모함이나 손재를 입는 피해 및 질병·우환의 불상사 내지 말썽이 발생되어 장애를 겪게 될 징조.

●베옷이나 무명옷 또는 흰옷을 입은 사람들이 많이 모인 것을 보는 꿈은?
관공서와 연관된 말썽이나 다툼, 손실 등 액운이 발생할 징조.

●검정색과 황색 의복을 입는 꿈은?
할일(직장)이 생기거나 귀인을 만나게 된다.

●새로운 옷을 맞추거나 구입하는 꿈을 꾸면?
혼담이나 구하는 소망 및 계약의 성립이 이루어질 징조.

●타인과 더불어 의복을 같이 나누어 입는 꿈은?
배우자나 정인(情人)과 관련된 곤란사나 말썽 등 장해가 발생되어 어려움을 치를 징조.

●다른 사람이 입었던 옷을 벗어서 내어주는 꿈은?
타인이 맡았던 일이나 책임을 인계받거나 계속 이어서 실행할 징조.

● 남에게 의복을 선사하거나 기증받는 꿈을 꾸면?

사업이나 업무(직책) 등에 연관된 협조자를 얻게 되고, 귀인 및 존장 등 주위 사람들의 도움을 입게 될 징조.

● 입고 있는 의복을 하나씩 벗어서 내동댕이치는 꿈을 꾸면?

원하는 목적의 달성과 재물 및 이권이 늘어나 안정을 누리게 될 징조.

● 너덜너덜 찢어진 의복을 보든지 몸에 걸치는 꿈은?

경영사의 손실과 장해 및 집안에 풍파와 궂은일이 발생하며, 부부 또는 연인과의 다툼 내지 이별이 발생할 징조.

●의복을 잃어버리든지 옷을 홀랑 벗은 알몸이 되어 매우 민망하고 난처한 상황에 놓여지는 꿈은?
장차 큰 이득과 소망의 성취 등 운수가 열리고 행운과 부귀를 획득하는 융성이 따를 징조.

●초라하고 우중충하거나 누더기 의복을 몸에 걸치는 꿈은?
걱정과 우환 및 손실, 장해 등 궂은일이 일어나는 액화와 어려움을 치르게 될 징조.

● 울긋불긋 다양한 색깔의 의복을 입은 사람들이 많이 모인 것을 보는 꿈을 꾸면?

가까운 주위 사람 및 가족, 친지들과의 불화·충돌 및 이별·분산 등 액화와 손실이 빚어질 징조.

● 수 놓은 비단옷이나 고급 의복을 입는 꿈은?

집안이 화목하고 경영하는 사업과 자손이 번성하며 할일(직장)이 생기고 귀인을 만나는 즐거움이 따를 징조.

제6장/의복·의류 등 생활용품에 관한 꿈 215

● 타인에게 삼베로 만들어진 거친 의복을 얻어입는 꿈을 꾸면?
관청에까지 확대되는 말썽이나 손실·질병·사고 등 궂은일이 생길 징조.

● 찢어진 옷을 내다버리든지 고물상에 넘기거나 남에게 주는 꿈을 꾸면?
점차 안정과 행운을 얻어 융성하게 될 징조.

● 붉은색이나 푸른색의 화려한 비단(실크)으로 만든 고급 의복을 입은 사람들을 보는 꿈은?
좋은 기회 및 할일(직장)과 재물, 권리 등이 얻어지고 가업이 번성하며, 귀인을 상봉하는 기쁨이 생길 징조.

● 겉옷을 입지 않고 런닝셔츠와 팬티만 걸치고 행동하는 꿈은?
지위 및 신분(직장·명예)에 따른 애로와 장해가 발생하든지 난처한 입장이나 외로운 처지에 놓여질 징조.

● 남자가 여장(女裝)을 하는 꿈을 꾸면?
운수가 기울어져 앞길과 하는 일이 막힐 징조.
(여자가 남장(男裝)을 하는 꿈은 전도가 트이고 소망의 성취와 이익이 늘어난다.)

●진한 빨강색 의복을 입고 집에 들어가는 꿈을 꾸면?
그 집에 화재가 발생한다.

●바지가 흘러내리는 꿈은?
희망적인 발전과 순탄한 성취를 거두어 유익과 권리를 차지하는 안정을 얻게 될 징조.

●의복이 찢어졌거나 호주머니가 터진 것을 수선하여 꿰매는 꿈은?
재수가 있고 소비와 지출이 감소되며 저축이 늘어나서 안정을 누리게 될 징조.

●요사스럽고 괴상망측한 옷을 입은 사람을 보는 꿈은?
돌연한 불상사나 손재 및 말썽이 발생되어 장해를 겪을 징조.

●자기의 새 의복을 만들려고 옷감을 구입하거나 몸의 치수를 재는 꿈을 꾸면?
장차 교분을 나눌 귀인이나 정인(情人)을 상봉하든지 혼담의 성립 또는 할일(직장)이 생기고, 재물 및 권리에 따른 기쁜일이 있을 징조.

●옷자락의 앞섶이 벌어져 복부가 드러나는 꿈은?
숨겨야 할 비밀이 노출될 징조.

●새 옷을 만들거나 상복을 입는 꿈은?
직장(지위)의 승진·영전 및 사업의 행운·번창과 금전상의 이로움이 생길 징조이다.

●더러워진 의복을 세탁하거나 염색을 한다든지 또는 빨래가 바람에 나부끼는 꿈을 꾸면?
부부간의 다툼이나 불화 및 새로운 인연을 맺거나, 전부터 교제해오던 이성 및 정인(情人)과의 결별 또는 분산의 말썽이 빚어질 징조.

●새 옷을 차곡차곡 쌓아두거나 묶어놓는 꿈을 꾸면?
근심과 손실이 계속 늘어나고 말썽 및 장해가 겹치는 등 모든 일에 이로움이 적고 피해가 발생될 징조.

●웃옷을 갈아입는 부녀자를 보는 꿈은?
가업과 지위(직장)가 안정·번창하고 곤란이나 말썽 등 어려운 장해가 해소될 징조.

●헌 옷을 입고 여행하는 꿈은?
장차 귀인이나 유력자의 도움이나 혜택을 입어 재물과 이권 등 유익을 얻게 될 징조.

● 남에게 자기 옷을 벗어주는 꿈을 꾸면?

근심걱정과 장해, 손실 등의 어려움이 점차 해소되고 앞길이 밝게 트여질 징조.

● 제철에 맞지 않는 의복을 입고 있는 꿈은?

재물 및 이권의 손실로 인해 또는 경제적·물질적으로 곤란한 상황을 겪게 될 징조.

●의복이 엉망으로 구겨지고 헝클어져 꼴불견이 되는 꿈을 꾸면?
남에게 수치나 모욕을 당하게 될 흉험의 징조.

●의복에 묻은 똥오줌을 씻어내는 꿈을 꾸면?
재물이나 이권을 얻었다가 도로 손실하게 되는 장해가 따를 징조.

●입고 있던 의복이 갑자기 하얗게 변하는 꿈은?
배우자나 정인(情人)과의 불화가 생기거나 자기가 냉대를 받게 되는 장해에 부딪칠 징조.

● 의복을 도둑맞거나 실수로 잃어버리는 꿈은?
관공서까지 확대되는 말썽・손실 및 다툼 등에 연관되거나, 부부 또는 연인 사이에 애로가 생기며 잉태・출산과 연관된 장해에 부딪칠 징조.

● 쇼파나 방석, 의자 등에 앉았다가 의복에 오물이 묻거나 얼룩이 지는 꿈을 꾸면?
질병이나 우환이 생겨 근심과 손재 등 궂은일을 치르게 될 액화의 징조.

● 의관(衣冠)을 갖추고 단상이나 관공서의 업무를 보는 좌석에 앉은 꿈은?
지위나 명예와 관련된 움직임 내지 사업・직장과 관련된 변화가 생길 징조.

●예복 또는 제복을 입거나 습득해 가지는 꿈은?
명예와 이권 및 재물과 지위를 획득하고 시험의 합격, 직장의 승진·영전 및 귀한 자녀를 잉태하게 될 징조.

●관복을 얻어입든지 새로 구입해 들여오는 꿈은?
타인의 도움이나 주위 사람들의 협력·원조로써 큰 이득과 번영을 누리는 부귀·안정을 획득할 징조.

●어떤 사람이 직함이 새겨진 명패나 도장(신분증·임명장)을 내게 주는 꿈은?
작장이나 벼슬을 얻고 이름을 떨칠 징조.
(반대로 남에게 빌려주거나 빼앗기는 것은 실직·모함·좌절의 흉몽이다.)

●귀인 또는 고위관리로부터 의복이나 관대(冠帶)·명패·관모(官帽)·임명장 등을 하사받는 꿈은?
벼슬운이 트이고 명예가 높아지거나 부귀를 누리게 될 징조.
(반대로 가지고 있었다 분실이나 탈취당하는 경우 좌천·실직·좌절·파탄의 흉몽이다.)

● 관복대(冠服帶) 및 명패·사령장·관모(官帽)·신분증 등의 신물(信物)을 불태워 잃어버리는 꿈은?
신분상의 발전 및 벼슬·직장운이 밝아지고 명예와 지위가 높아질 징조.

● 의복을 훈장이나 견장으로 치장하거나 문양이 화려한 예복 또는 망또(도포)를 입는 꿈은?
장차 입신·출세하여 지위와 재물의 안정과 풍요를 누리고, 귀인이나 실력자의 은혜를 입어 부귀해질 징조.

● 어떤 사람이 공복(公服=관리의 의복)을 입으라고 자기에게 주거나 입혀주는 꿈은?
벼슬이나 명예가 높아지고 직장이 생길 징조이다.

● 귀인이나 성현, 위인 등으로부터 선물을 하사받는 꿈은?
입신·출세하여 부귀를 누리게 될 징조이다.

● 예복을 입고 혁대를 차는 꿈은?
남자는 명성과 지위를 얻고 직장이나 신분상의 발전이 따르게 되며, 여자는 훌륭한 배우자를 만나든지 귀히 될 자식을 잉태할 징조.

● 혁대를 차고 의관을 쓰는 꿈은?
재물이나 지위와 연관된 기쁜일이 생기든지 귀인이나 실력자의 이끌음을 얻는 좋은 기회를 얻게 될 징조.

● 예복이나 의관, 혁대가 분실되어 없어지는 꿈은?
직장(지위)을 잃거나 사업의 실패, 재물의 손상 및 배우자(연인)와의 말썽이나 분산, 결별 등 풍파가 생길 징조이다.

● 멀쩡하던 의복이나 혁대가 저절로 훼손되는 꿈은?
점차 소망사가 성취되고 재물이나 명예를 얻게 될 징조.

●의복 단추나 허리띠가 저절로 풀어지는 꿈은?

얽혔던 장해나 근심 등 액운이 해소되고 어려운 문제가 풀리는 기쁨이 생길 징조.

●의복을 입은 채로 수영 내지 목욕을 하거나 물속으로 걸어들어가는 꿈은?

주식(酒食)과 연회에 따른 즐거움이 생기고 대인관계의 환담 및 술에 취할 일이 있을 징조.

●신발을 줍는 꿈은?

손아랫사람과 연관된 기쁜일이 있게 될 징조.

● 신발을 잃어버리거나 내다버리는 꿈은?

경영사나 집안 일에 재수가 없으며 집안 식구나 고용인 등이 엉뚱한 말썽을 부리거나 배신·기만을 하는 사태가 생길 징조.

● 한쪽 신발을 잃어버리는 꿈은?

이성교제 및 혼담, 처첩 등과 관련된 말썽이나 손실이 발생될 징조.

● 신발이 닳아서 너덜너덜하게 되거나 심하게 훼손되는 꿈은?

배우자나 연인과의 사이에 기만·배신 또는 다툼 내지 불화가 발생되든가 자손이나 처첩에게 질병 및 손재가 따르게 될 징조.

●삼실이나 흰천을 꼬아 만든 신을 신는 꿈은?
모든 일이 순탄하게 풀리고 재물과 명예가 따를 징조.

●새끼로 엮어 만든 짚신을 신는 꿈은?
집에 병자가 생기거나 초상을 치르는 등 불상사를 겪게 될 징조.

●신발을 타인에게 빌리는 꿈을 꾸면?
남의 협력이나 후원 등 도움을 입게 될 징조.

●신발을 벗고 허리띠를 매는 꿈을 꾸면?
재물의 손실이나 말썽·구설의 피해 내지 질병이 발생될 징조.

●신발을 도둑맞는 꿈을 꾸면?
배우자나 연인간에 비밀·기만 등 속임수가 생기든지 결별이나 배반을 겪게 될 징조.

●새로 신발을 구입하는 꿈을 꾸면?
외부에 정인(情人)이 생기거나 바람피우기 쉬운 상황이 발생될 징조.

●신발이 발에 맞지 않는 꿈은?
부부나 연인간에 불화 내지 갈등이 생길 징조이다.

●자기의 신발을 다른 사람이 신고 있는 꿈을 꾸면?
배우자와 연관되어 장애 및 곤란한 일이 발생될 징조.

●목이 긴 신발(장화류)을 신는 꿈은?
질병이나 우환이 해소되고 점차 궂은일이 제거될 징조.

●신발을 신는 꿈은?
이성과의 접촉 내지 성적 욕망을 해소할 기회가 생길 징조.

●슬리퍼를 신고 큰 길을 걸어다니거나 맨발로 도로에서 걸어다니는 꿈은?
불안한 이성교제나 정인(情人)이 생기게 되며 타인과의 구설이나 말썽에 부딪치는 액운이 따를 징조.

●자기 집 현관이나 신장에 신발이 많이 쌓여져 있는 것을 보는 꿈은?
여러 사람이 서로 협력하는 일에 관여하거나 자타간에 이익을 주고받을 상황이 생길 징조.

●오색 종이를 삼키거나 책을 먹는 꿈을 꾸면?
널리 이름을 떨치거나 학문상의 이로움을 얻게 될 징조.

●오색 종이 다발이나 만국기가 휘날리는 것을 보는 꿈은?
장차 재물이 늘어나고 명예가 높아질 입신·번창의 징조.

●자기가 불경 또는 성서를 읽거나 주문을 외우는 꿈은?
재물과 이권이 늘어나고 명예와 안정을 얻어 부귀를 성취하게 될 징조.

●경전(經典)이나 문서 더미를 보는 꿈은?

장차 앞길이 밝게 트이고 사업이 융성하며 지위와 명예가 높아지는 등 부귀를 누리게 될 징조.
(태몽일 경우는 크게 명성을 떨치고 입신·출세할 자식을 두게 된다.)

●다른 사람이 공부를 하거나 책을 읽는 것을 몰래 엿보는 꿈은?

타인의 비밀이나 고민을 자기도 알게 되거나 친구나 연인과의 가깝고 밀접한 교제 내지 거래가 형성될 징조.

●책을 찢거나 내버리든지 휴지로 사용하는 꿈은?
직장이나 지위·시험·명예 등과 연관된 곤란 내지 구하는 소망이 장해나 좌절에 부딪치게 될 징조.

●책을 펼쳐보니 글자가 없는 백지인 꿈은?
장해와 말썽이 생겨서 손실이나 곤란을 겪게 되고 중요한 약정이나 목적이 도중에 깨어질 징조.

●책의 내용을 기록해가며 읽는 꿈은?
큰 이득과 권리를 얻는 순조로운 번성·발전과 명예·지위에 따른 기쁨을 누리게 될 징조.

●외국어로 쓰여진 책을 읽는 꿈은?
새로운 인연을 맺거나 좋은 혼처를 만나게 되며 사업가는 새로운 거래처가 트일 징조이다.

●책을 소리내지 않고 눈으로만 읽는 꿈일 경우는?
뜻하지 않은 좋은 기회나 귀인의 도움을 입어 앞길이 트여지는 영화로움이 생긴다.

●남들에게 글을 가르치거나 선생님 또는 가정교사가 되는 꿈을 꾸면?
타인의 호평과 존경을 받아 명예와 재물이 불어나고 입신·출세할 징조.

●소리내어 책을 읽는 것을 듣거나 학생을 나무라는 꿈을 꾸면?
남의 비방이나 구설·손실이 따르는 장해가 발생될 징조.

●붓을 들고 커다란 글씨를 쓰는 꿈은?
널리 영예와 명성을 떨치고 원하는 소망의 원만한 성취를 달성하게 될 징조.

●글씨를 쓰던 도중에 붓이나 펜이 망가져 부서지든지 먹물이나 잉크가 떨어져 글씨를 쓸 수 없는 꿈은?
근심과 장해가 생기고 구하는 소망이나 계획의 좌절 또는 손실과 말썽에 부딪칠 징조.

●시(詩)나 노래 또는 어떤 문장을 짓거나 서류에다 글을 쓰는 꿈을 꾸면?

학문이나 직장관계의 이득 내지 발전·안정의 기쁨과 명예(지위)가 높아지는 등 향상·번성을 얻게 될 징조.

●어떤 사람이 먹이나 붓(필기도구)을 내게 주는 꿈은?

시험·입학·승진·학문 또는 직장과 연관된 기쁨이 생길 징조.
(반대로 자기의 필기도구를 남이 가져가는 꿈은 명예훼손, 다툼과 손실 등 피해가 발생되며, 젊은이는 연인과의 사이에 싸움 또는 이별수도 생긴다.)

●붓이나 벼루 및 각종 필기도구를 만지작거리는 꿈은?

먼 데서 소식이 오거나 오래 못 만났던 상대의 안부를 듣게 될 징조.

●글씨를 계속 써도 종이가 백지로 다시 변하는 꿈은?
애정관계나 이성문제에 심리적 갈등 내지 방황이 발생될 징조.

●타인으로부터의 서신이나 소포물을 받는 꿈은?
곤란한 문젯거리나 장애가 발생되어 어려움을 겪을 징조.

●남의 책상 위에 놓여진 책이나 문서를 읽는 꿈은?
자타의 비밀이나 부정에 연관된 일을 알게 될 징조.

● 서신이나 함 등을 밀봉하는 꿈을 꾸면?
자기가 계획하던 의중과 잘 들어맞을 상황에 놓여지는 기쁜일이 생길 징조.

● 타인으로부터 관공서에서 발송한 문서가 들은 봉투를 받는 꿈을 꾸면?
중병이나 죽을 고비를 겪는다든지 좋지 못한 불상사와 손재, 우환에 부딪칠 징조.
(단, 문서를 받았다가 되돌려주었을 경우라면 결정적인 피해나 파탄 등의 흉험은 피할 수 있다.)

● 경전이나 문서를 구입하거나 얻어가지는 꿈은?
직장 및 경영사의 순조로운 융성과 지위·명예 등이 높아지는 영예를 누릴 징조.

● 큰 책상 위에 가지런히 놓여진 경전 및 문서류를 보는 꿈은?
사업이 번성하고 재물과 이권이 풍부해지는 등 부귀·발전과 안정을 누리게 될 징조.

● 남의 책이나 문서를 몰래 훔치는 꿈은?
구하는 목적 내지 소망의 달성과 더불어 명예와 재물이 번창하게 될 징조.

●고급 책상이나 병풍, 문갑 등이 방 안에 아름답게 배치된 것을 보는 꿈은?
재물과 이권이 풍족해져서 점차 생활의 안정과 여유가 생기고, 자기를 도와주는 협조자나 귀인을 만나게 될 징조.

●여러 가지 가재도구를 새로이 집 안에 들여놓는 꿈을 꾸면?
새로운 기회와 이권 등 재물과 소득원이 늘어나고, 이성교제나 혼담이 좋은 결과를 보게 될 징조.

● 장롱이나 찬장을 구입해 들여오는 꿈은?

주거나 사업장의 이사 또는 변동과 관련된 일이 생길 징조.
(미혼자나 독신자는 배우자 내지 연인을 상봉하게 될 징조.)

● 장롱이나 옷장 속에 의복이 가득한 꿈을 꾸면?

재물과 이권이 늘어나고 구하는 소망의 원만한 성취와 가업의 융성을 얻게 될 징조.

● 집에서 사용하던 쇼파나 테이블이 훼손되거나 내버리는 꿈은?

재물이 흩어지고 식구들 중에 손재수 및 궂은일을 겪는 사람이 생길 징조.

●쇼파와 티테이블 등을 구입해 들이는 꿈은?
집안에 말썽이나 불화 등 장해가 발생되어 곤란과 손실을 치르게 될 징조.

●냉장고 및 에어콘 또는 선풍기를 구입하는 꿈을 꾸면?
생활 주변이 순조로히 안정되고 가로막혀 있던 제반 장해나 곤란·궂은일 등이 해소될 징조.

●냉장고에 음식물이 가득 차 있거나 에어콘 및 선풍기가 고장난 꿈을 꾸면?
사소한 문제가 의외로 크게 확대되거나 소망사항에 장해 및 차질이 발생할 징조.

● 전화나 팩스로 상호 연락을 취하는 꿈은?

어려운 주위 상황이나 인간관계와 연관된 갈등·방황 등 곤란이 있을 징조.
(혼선이 되어 말소리가 잘 들리지 않거나 전송된 팩스 원고의 글자를 제대로 분간하기 어려우면, 고립된 처지 내지 난처한 입장에 놓여져 애로를 겪게 될 징조.)

● 전등·램프·초롱 및 조명기구가 부서지거나 불빛이 흐린 꿈은?

심리적 불안과 주위 여건에 장해 및 어수선함을 겪게 되고 하는 일이 침체와 손실을 겪게 될 징조.
(불빛이 밝고 휘황찬란하면 앞길이 트이고 하는 일이 순탄하게 발전하여 구하는 소망을 이룰 안정·번성의 징조.)

●시계가 고장이 나거나 자주 시계를 들여다보는 꿈은?
심신의 피로, 질병이나 손실 등 우환으로 이어질 징조.

●시계를 선물받거나 남에게 주는 경우의 꿈은?
주위의 상황이나 여건의 변화 또는 이동에 따른 변동이 발생될 징조.

●시계를 새로 구입하거나 헌 시계를 버리는 꿈은?
새로운 일이 생기거나 사업 및 주거의 방향 전환을 도모하게 될 징조.

●라디오나 전축을 듣거나 TV를 보는 꿈을 꾸면?
타인과의 불화나 감정의 악화, 다툼, 말썽 내지 궂은일이 빚어질 징조.

●새 TV를 사들이거나 헌 TV를 내버리는 꿈은?
이권이나 금전관계에 따른 타인과의 충돌이나 불만이 발생될 징조.

●거울을 깨끗하게 닦든지 밝은 광채를 발산하는 꿈은?
점차 앞길이 트이고 가업이 번성하여 명성과 부귀를 누리게 되고, 귀인을 상봉하는 기쁨을 얻게 될 징조.

●자기 거울을 남에게 내어주거나 거울이 깨지는 꿈을 꾸면?
부부간이나 연인 사이에 이별이나 불화, 말썽 등 좋지 못한 불상사가 발생될 징조.

●거울을 가슴에 품는다든지 새 거울을 사거나 주워가지는 꿈을 꾸면?

착한 배필이나 좋은 정인(情人) 내지 귀인을 상봉하는 등 애정관계에서 기쁨을 얻게 될 징조.

●이미 깨어진 거울에다 자기를 비추어 보는 꿈은?

미혼자는 혼담이나 이성교제가 깨어지고 기혼자는 부부간에 이별이 생기며, 임산부의 유산과 가족 또는 친구 등 주위 사람들과 헤어지는 궂은일이나 장해를 치르게 될 징조.

● 거울 빛이 어둡거나 갑자기 흐려지는 꿈은?
배우자나 정인(情人)과의 불화 내지 궂은일을 치르게 될 징조.

● 거울을 보면서 화장하는 꿈은?
배우자나 연인을 만나고 이성교제에 좋은 결실을 맺게 될 징조이다.

● 거울 속에 아무 것도 없는 꿈을 꾸면?
실행하는 일에 차질과 장애가 생기고 계획과 소망의 목적달성이 이루어지지 않을 액운의 징조.

● 어떤 사람이 자기의 거울을 몰래 훔쳐가거나 강제로 탈취당하는 꿈을 꾸면?
배우자 및 연인과 관련된 궂은일이나 손실 또는 곤란한 사정 등 장해와 말썽이 발생될 징조.

● 거울을 타인에게서 선물받는 꿈은?
권리와 명예가 높아지고 남의 축하를 받을 기쁜일이 생기며, 천생배필이나 귀인을 상봉하게 될 징조.

● 거울에 어떤 물건이나 자기의 모습이 뚜렷하게 드러나보이는 꿈은?
외처에서 소식이 전해지거나 손님이 오게 될 징조.

●거울 속에 낯선 사람의 모습이 나타나는 꿈은?

배우자나 정인(情人)에게 어떤 좋지 못한 말썽 내지 곤란, 손실 등 궂은일이 닥치게 될 징조.

●금은 주옥을 곡식과 교환하는 꿈은?

질병이나 우환, 사업의 실패 등 재물의 손실과 장해가 닥칠 징조.

●금은 보석을 사들이거나 습득하는 꿈은?

멀지 않아 목돈이나 생각지 않았던 이득이 생길 징조.

●금은 보석이 무더기로 수북이 쌓였거나 품에 가득히 끌어안은 꿈은?

재물과 명예가 늘어나고 순조롭게 부귀를 성취하게 될 징조.
(금은 보옥이 깨어지는 꿈은 실패·좌절 등 불행이 따르게 될 흉몽이다.)

●커다란 보석이나 귀한 골동품을 가지고 찾아오는 귀인을 맞이하는 꿈은?

점차 앞길이 트이고 가업이 번성하며 명예(지위)가 높아지는 등 부귀와 출세가 따를 징조.

●금은 보옥으로 만들어진 술잔 및 그릇 또는 식기류를 가지고 있는 꿈은?

장차 귀하게 될 자식을 잉태하거나 가업이 번창하고 재물과 명예가 늘어나는 부귀를 누리게 될 징조.

●금은이나 보옥으로 작은 가마솥을 제작하는 꿈은?

재물과 이권이 늘어나고 신분·사업·직장 등에 발전·번창의 기쁨이 따를 징조.
(단, 구리를 가지고 작은 가마솥을 만드는 꿈은 구설·손재·말썽에 부딪칠 징조이다.)

●금은 보석으로 만들어진 귀한 패물이나 목걸이·팔찌·브로우치·단추 및 각종 보석과 제반 장신구(裝身具)를 가진다든지 가슴에 품거나 입으로 삼키는 꿈을 꾸면?

가업이 번창하고 바라는 소망을 순조롭게 성취하여 지위와 명성을 누리거나 귀한 자식을 잉태하게 될 징조.
(주로 금은 딸이고 은은 아들이다.)

●금반지를 도둑맞거나 분실하는 꿈은?

집안 사정이 좋아지고 경제적 이권이나 도움을 얻을 귀인을 만나는 기쁨이 따르게 될 징조.

●보석을 주워가지는 꿈은?

예기치 않은 말썽이나 손재수가 발생되어 피해를 입게 될 징조.
(교통사고나 화재를 조심해야 된다.)

●금은 · 주옥 · 보석 등 귀금속의 색깔이 거무칙칙하게 변색되는 꿈은?

사업이나 계획하여 추진하는 일에 차질 및 장해가 발생되고 손재와 말썽 등 궂은일이 생길 징조.

●금이나 옥으로 만든 반지 또는 비녀 한쌍을 얻는 꿈은?

애정관계의 순조로운 안정 · 화합과 첩이나 정인(情人)이 생기는 등 이성교제가 형성될 징조.

제6장/의복 · 의류 등 생활용품에 관한 꿈   251

● 부부나 연인끼리 비녀를 나누어 가지는 꿈은?
이별 · 분산이 있게 될 징조.

● 비녀를 사서 머리에 꽂거나 반지를 사서 손가락에 끼우는 꿈은?
천생연분의 배우자를 만나거나 정인(情人)이 생겨 친밀한 인연을 맺을 징조.

● 금비녀가 저절로 움직이는 꿈은?
주거나 직장 내지 영업장소 등의 이동이 생길 징조.

●금비녀가 광채를 잃고 까맣게 변하는 꿈은?
자녀에게 흉험이나 장해가 발생될 징조이다.

●비녀로 팔찌나 반지를 두들기거나 때려부수는 꿈은?
배우자나 정인(情人)과의 분산 또는 이별이 발생하거나 시끄러운 말썽이 빚어질 징조.

●은·주석·구리·알미늄 등으로 만든 귀걸이나 목걸이, 팔찌 같은 장신구를 보거나 습득하는 꿈은?
부부나 연인간에 불화나 말썽 및 애정 풍파가 발생될 징조.

●화려하게 장식된 꽃비녀를 보는 꿈은?
처첩 내지 정인(情人)에게 속거나 말썽·구설 내지 손실이 생길 징조.

●목걸이를 사거나 주워가지는 꿈은?
오랫동안 떨어져 있던 사람과 만나게 되고 외처에서 소식이나 사람이 오게 될 징조.

●머리빗이 꺾여지던가 부서져서 못쓰게 되어버리는 꿈은?
부부나 연인과의 이별 내지 분산 등 장해가 발생되거나 이성과 연관된 말썽이나 구설·비방·손재 같은 궂은일에 부딪칠 징조.

●황금이나 보석으로 만들어진 머리빗을 습득하거나 구입하는 꿈을 꾸면?
천생연분의 배필을 상봉하게 되고 기혼자일 경우는 아내나 남편 외의 다른 정인(情人)과 교제하거나 이성을 만나게 될 징조.

●타인에게 자(尺)나 빗을 얻어가지는 꿈은?
어려운 장해나 말썽에 많은 도움이 될 귀인 내지 협력자가 생기고 점차 고난이 순탄하게 해소될 징조.

●빗이나 머리솔 등을 남에게 내주거나 분실하는 꿈은?
가깝고 친근한 주위 사람들과의 불화·이별 및 원망·방황 등 좋지 못한 일이 발생될 징조.

●누군가에게 머리빗이나 빗을 넣는 지갑을 받는 꿈은?
아름다운 정인(情人)이 생기거나 귀인 내지 실력자의 도움을 얻게 될 징조. (빗을 넣는 지갑을 보면 귀인의 추천이 있고 우연히 습득할 때는 아름다운 첩을 둘 징조이다.)

●타인의 지갑을 줍거나 새로 지갑을 구입해 가지는 꿈은?
남녀간에 교제할 기회와 친밀한 애정관계를 맺을 수 있는 상황·여건이 조성되고 자타가 호감을 가질 이성이 생길 징조.

●지갑이 못쓰게 파손되거나 분실 또는 도둑을 맞아 잃어버리는 꿈은?

재물이나 권리의 손실이 생기고 경영하는 일이 순탄치 못해서 곤란과 장해를 치르며, 부부나 연인과의 불화·갈등 내지 다툼이 빚어질 징조.

●가방을 잃어버리고 되찾지 못하는 꿈은?

마음이 어수선해지고 일이 잘 풀리지 않는 등 번거로움을 겪게 되며, 가까운 주위 사람들과의 마찰·불화 또는 연인과의 갈등 내지 다툼이 생길 징조.

●핸드백을 사서 가지거나 얻어지니는 꿈은?

근심과 말썽이 자주 생겨서 애로와 장해 등 어려움을 겪게 될 징조.

● 작은 손지갑을 구입하거나 주워갖는 꿈은?

우환과 곤란이 따라다녀서 장해를 치를 징조이다.

● 가방을 열고 속을 뒤지거나 들여다보는 꿈은?

남들의 구설이나 비방을 듣게 되고 어떤 말썽에 연관되어 피해 내지 곤란을 겪게 될 징조.

● 화장품을 사거나 얻는다든지 습득하는 꿈을 꾸면?

재물이 늘어나고 고운 정인(情人)이 생길 징조.
(연지(립스틱)·분(스킨·로션)·아이섀도우는 예쁜 자녀를 얻을 태몽이다.)

● **화장을 해서 얼굴을 아름답고 젊게 가꾸는 꿈은?**
금전상의 권리나 명예의 향상 및 애정관계 내지 이성교제와 관련된 기쁨이 생길 징조.

● **칫솔통·치약·칫솔·이쑤시개 등을 사용하거나 구입해 들여오는 꿈은?**
제반 장해 및 말썽, 곤란과 더불어 여러 가지 궂은일들이 해소되고 상황이나 여건이 호전될 징조.

● **치아를 깨끗하게 닦아 청결히 하는 꿈은?**
점차 우환과 장해 등 궂은일과 손실이 해소되고 하는 일과 앞길이 순탄하게 안정될 징조.

● 이가 빠진 자리에서 피가 흐르는 꿈은?
사고·죽음·퇴실직·거세·사업실패·좌절 등 파탄의 흉험이 발생될 징조.

● 새로운 치아가 돋아나오는 꿈을 꾸면?
경영하는 사업과 집안 살림의 순조로운 발전·안정을 얻게 되고, 자손과 연관된 기쁨을 누리게 되며 질병과 근심이 해소될 징조.

● 치아가 깨지거나 다쳐서 피가 나는 꿈을 꾸면?
가족이나 형제자매에게 불행한 일이 발생되거나 장해나 손실 등 궂은일을 겪게 될 징조.

●홀연히 치아가 빠지거나 술술 떨어지는 꿈은?

집안에 큰 풍파와 재난이 발생되어 생이별이나 죽음에 이르는 사고 내지 실패, 좌절 등 불행한 흉험을 겪게 될 징조.
(어금니는 부모, 옆치아는 형제, 대문니는 본인·배우자, 윗니는 윗사람, 아랫니는 아랫사람, 덧니는 양자나 사위 정도로 추산한다.)

●치아가 한꺼번에 몽땅 다 빠져버리는 꿈을 꾸면?

집안이 재기할 수 없을 정도로 기울어 쇠망하게 되고, 재물과 사업의 실패, 가족·친지들과의 이별·분산 및 파탄을 치르게 될 징조.

●만들어 끼웠던 틀니나 금니가 빠지는 꿈은?
우환과 사고 및 재물의 손실과 경영사의 장해 등 곤란을 겪게 될 징조.

●치아를 드러내고 슬피 우는 꿈을 꾸면?
관청까지 연결되는 다툼이나 말썽 및 손재, 구설 등 궂은일이 발생될 징조.

●병든 이를 치료하거나 새로 갈아끼우는 꿈은?
타인과 재물 내지 이권을 나누거나 직장 및 사업 등과 연관된 변동이 따르게 될 징조.

● 치아가 갑자기 까맣게 변색되거나 썩어들고 아파서 고통받는 꿈을 꾸면?

재물과 이권의 손실이 생기고 집안에 질병 및 근심거리가 발생되어 곤란을 치르게 되며, 만일 배우자나 연인의 치아일 경우는 그들이 바람을 피우거나 눈속임을 겪게 된다.

● 타인의 이가 빠지고 피가 흐르는 것을 보는 꿈을 꾸면?

타인의 실패·사고·퇴실직 및 불행한 일에 연관되어 자기에게 이득이 생길 징조이다.

● 앓던 이나 썩은 치아를 뽑아내는 꿈은?

전도에 가로막혔던 장해나 말썽 및 궂은일이 해소되고 점차 순탄한 발전이 따를 징조.

● 어떤 동물이나 물건 등을 통채로 삼키는 꿈을 꾸면?

주변 사람이나 재물 등을 무슨 일과 연결시켜 밀착된 관계를 형성시키든가 어떠한 권리행사를 하는 일이 생길 징조.

● 자기의 입이 엄청나게 커지는 꿈은?

다툼이나 말썽이 생겨 장해 내지 손실을 겪게 될 징조.

● 입에서 피를 흘리는 꿈을 꾸면?

주식(酒食)연회 등과 관련된 기쁨이나 주변 사람들과의 좋은일이 생길 징조.

●입이 없는 인형이나 벙어리를 보는 꿈은?

자기만의 비밀이나 곤란한 사정 등으로 근심 내지 장해가 발생될 징조.

●입 안에 털이 생기는 꿈을 꾸면?

수명이 늘어나고 질병이 치료되며 재물의 이득과 명예가 상승할 징조.

●입 안에서 벌레가 꿈틀거리는 꿈을 꾸면?

앞길에 가로막혔던 제반 장해와 곤란이 차츰 해소되면서 행운과 안정의 발전이 찾아들게 될 징조.

●키스나 입맞춤을 하는 꿈을 꾸면?
상대방에게 자기의 비밀이나 남몰래 숨긴 내용을 털어놓는다.

●바늘이나 핀을 남한테 내어주는 꿈을 꾸면?
우환과 말썽 등 곤란이 해소될 징조이다.

●바늘이나 핀에 몸을 찔리는 꿈을 꾸면?
재물과 이권이 생기는 즐거움을 누리게 될 징조.

●바늘이나 옷핀을 줍거나 남에게 얻어가지는 꿈은?
자기 신변에 근심거리나 손실이 빚어지는 등 장해가 발생할 징조.

●바늘귀에다 실을 꿰어넣는 꿈을 꾸면?

주위 사람의 신임과 도움을 받게 되고 경영하는 일과 구하는 소망을 순탄하게 성취할 징조.

●바늘에 찔려 피가 흐르거나 심한 통증을 느끼는 꿈은?

내부 사정이나 극비사항이 외부로 노출되어 말썽 내지 손실이 생기고, 어떤 계책을 꾸미든지 실행한 일이 화근이 되어 곤란을 치르게 될 징조.

●바늘이나 옷핀이 망가지거나 잃어버리는 꿈을 꾸면?

이성간에 경쟁자가 생기거나 배우자 및 연인이 다른 마음을 품게 되며 재물의 손실·구설·말썽 등 장해에 부딪칠 징조.

●가위로 길다란 삼베나 비단의 중간을 찢어 가르는 꿈을 꾸면?

근친·존장이나 배우자 및 정인(情人)과의 이별 또는 말썽, 불상사 등 풍파가 발생될 징조.

●가위에 손발이 찔리거나 신체를 베이는 꿈을 꾸면?

재물의 손실이 생기거나 배우자(처첩)에게 나쁜일이 발생될 징조.

●가위가 거실 내지 상점 진열대에 놓였거나 누가 사용하고 있는 것을 보는 꿈을 꾸면?

재물의 거래에 따른 이권 또는 금전의 분배와 연관되는 신경을 써야 할 일이 생길 징조.

●가위로 옷감이나 천, 종이 및 어떤 물건을 다듬어 자르는 꿈을 꾸면?

차츰 장해와 어려움이 해소되고 재물과 이권이 늘어나는 기쁨이 따르게 될 징조.

●새 가위를 사서 집으로 가지고 들어오는 꿈은?
재물이 순탄하게 불어나고 경영하는 일과 구하는 소망사 및 주위 상황의 안정을 획득하게 될 징조.

●가위를 남한테 빌려주거나 내버리는 꿈은?
제반 재수가 막히고 손실과 장해 등 가족이나 주변 사람들과 연관된 일로 말썽을 치르게 될 징조.

●크고 작고를 막론하고 가마솥을 보는 꿈을 꾸면?
많은 재물이나 커다란 이권을 얻게 될 징조.

●솥 안에 밥이 가득한 꿈은?

가업이 번성하고 권리와 재물이 풍족해질 징조.
(솥에 들은 밥을 꺼내먹는 꿈도 재수가 있고 이권이 풍족해지며 집안 살림이 크게 늘어날 징조.)

●커다란 솥에 물이나 음식이 가득찬 것을 보는 꿈은?

큰 이권이나 재물을 얻고 가업이 번성하며 명예가 상승하여 부귀할 징조.

●밥솥(밥통)이 갈라지거나 심하게 훼손되는 꿈은?

근친·존장 내지 부모의 중병이나 상복을 입는 궂은일 및 집안에 불상사나 큰 실패, 파탄 등 풍파가 발생될 징조.

●밥솥(밥통)이 깨지고 부서져 조각나 흩어지는 꿈은?
부모나 가족의 사망 또는 중병 및 사고 내지 직장(지위)의 실퇴직·좌천, 사업의 실패·좌절, 재물 파탄 등 흉험이 발생될 징조.

●깨지거나 부서진 밥솥을 수리하는 꿈은?
장차 구설과 손실 및 집안에 부녀자로 인한 낭패 내지 곤란 등 말썽이 발생할 징조.

제6장/의복·의류 등 생활용품에 관한 꿈 269

●밥솥(밥통)을 새로 사거나 줍고 얻는 등의 꿈을 꾸면?
미혼자는 좋은 배필을 얻게 되며 기혼자는 재물이 늘어나고 배우자 또는 연인과 관련된 기쁜일이 생길 징조.

●아궁이 위에 솥을 얹어 설치한다든지 아궁이에 솥을 걸고 불을 지피는 꿈은?
널리 이름을 떨치고 영예로움과 발전·안정을 획득하는 기쁨을 누리게 될 징조.

●항아리나 단지를 포장한 종이를 뜯거나 속뚜껑을 열어제치는 꿈은?
이성교제 및 거래관계에 친밀한 접촉이 형성되거나 어떤 중요한 핵심사항에 관해 상대방의 동의 또는 협조를 얻게 될 징조.

●큰 항아리와 작은 단지들이 뒤섞여져 있는 것을 보는 꿈은?
여러 사람 및 단체들과의 협력 또는 동업 등으로 이득이 생길 징조.

●항아리 또는 커다란 그릇 등을 들다가 밑이 빠지거나 깨지고 부서지는 꿈은?
산란하고 시끄러운 말썽이 생기고 재물이 흩어지며 직장 및 사업의 부진과 장해 등 곤란과 손실이 빚어질 징조.

●화로나 가스레인지, 화덕 등을 서로 빼앗으려고 다투는 꿈을 꾸면?
점차 재물과 이권이 풍성해지고 집안 살림의 안정을 얻게 될 징조.

●불화로나 화덕, 가스레인지 등을 습득하거나 구입해 들여오는 꿈은?
가업이 번성하고 소망과 계획을 순조로히 성취하여 안정과 부귀를 누리게 될 징조.

●냄비나 국그릇에 들은 음식물이 보글보글 끓거나 익힌 음식물을 꺼내먹는 꿈을 꾸면?
남보다 유리한 상황·여건에서 재물 및 이권을 획득할 수 있는 기회가 생기고 중요사항의 원만한 성취와 발전이 얻어질 징조.

●접시 · 찻잔 · 사발 · 대접 등을 습득하거나 새로 구입해 들이는 꿈은?
조만간 술이나 음식의 접대 및 주식(酒食)연회와 관련된 즐거움이 생길 징조이다.

●주방용 그릇이나 기물이 파손되는지 내다버리는 꿈을 꾸면?
가족 · 친지들과 연관된 손실이나 말썽이 생기고, 집안이 어수선해지는 골치 아픈 일이 빚어지며, 남자는 여자로 인한 어려운 장해가 발생될 징조.

●냄비에 끓이는 음식물이 밖으로 흘러넘치는 꿈은?
재물이 모이고 살림이 번성하며 좋은 기회를 잡아 안정을 누리게 될 징조.

●솥 · 냄비 · 주전자 등의 식기류에서 김이 폭폭 솟아나오는 꿈은?
순조로운 안정과 발전이 따라서 재물과 이권을 얻고 집안이 번성하게 될 징조이다.

●돌로 된 도구상자나 두레박, 물통 등을 사용 또는 습득하는 꿈은?
집안이 번성하여 재물과 권리가 늘어나고 소망사와 계획의 순조로운 성취가 따르게 될 징조.

●커다란 통이나 드럼 또는 궤짝을 보거나 습득하는 꿈을 꾸면?
중요한 결정이나 판단을 할 일이 발생되거나 부분적인 정리와 청산이 필요한 상황에 놓이게 될 징조.

제 7 장
물·불·동물·인테리어·소품에 관한 꿈

[사례] 청강쇄어(淸江瑣語)에 나오는 이야기다.
 집의(執議) 강극성(姜克誠)이 계해년 봄철에 꿈을 꾸었는데, 신선과 더불어 주루(酒樓)에 올라갔더니 선녀 하나가 술잔을 받들어 올리는 것이었다. 그 신선이 강(姜)의 시(詩)를 보고싶어 하는지라 한 구절을 지어 보여주었다.

 화려히 단장한 주루 위에서 마음껏 마시고 취하며
 만인(萬人)의 입 사이에 향기로운 성명을 드리운다
 그대를 만나 전생의 일을 이야기 하며
 향불탁상 앞머리에서 옥황(玉皇)을 받들던 시절을 되새긴다

라고 쓴 뒤 종이 끝에다 선적(仙謫)이라 첨필하였다. 신선이 이를 보고 선적은 적선(謫仙)을 말함이 아니냐고 하였다.
 잠시 뒤에 선녀가 인사를 하고 나가려 하기에 극성이 만류하면서 노래 한곡조를 불러달라고 청하였다. 그러자 선녀가 서로 시로써 화답하자고 하기에 극성은 둥근 부채에다 자기의 시를 써서 선녀에게 내주었

다.
　이에 선녀는

　　총총히 단장을 마치고 동쪽 길로 내려와 서쪽 주루에 올라
　　두 분의 신선과 짝을 짓고 어울려 유람의 흥을 돋우다
　　편안히 한곡조 아름다운 소리를 들었으나
　　곡조는 다 끝이 났어도 비단 겹신 머리에는 아직도 여운이 남는구나

라고 화답시를 써놓고 떠나갔다.
　깨어보니 한바탕의 꿈이었고, 극성(克誠)이 그해 가을에 일이 생겨 관직에서 물러났던 바, 이는 신선의 귀양[謫仙]간다는 예언과 틀리지 않는 것이었더라.

사례 석왕사연기(釋王寺緣起)에 나오는 이야기다.

이태조(李太祖)가 고려를 무너뜨리고 왕위에 오르기 8년 전 안변에 머물고 있을 때였다.

어느 날 꿈에 일만 가구의 닭이 일제히 홰를 치며 울더니 일천 가옥의 다듬이 방망이질 소리가 동시에 들리고, 자신은 부서진 집에 들어가서 서까래 세 개를 등에 짊어지고 나오는데 꽃이 떨어지고 거울이 떨어져 깜짝 놀라 깨어보니 홀연한 꿈이었다.

이태조는 그 꿈의 길흉에 매우 신경이 쓰여 근처의 한 노파에게 해몽을 청했더니 자기는 잘 모르겠고 여기서 그리 멀지 않은 설봉산이라는 곳에 통신달도한 스님이 있으므로 그에게 알아보라 하였다.

이태조가 그 스님을 찾아서 해몽을 청하였던 바, 그 스님은 자세를 바로 잡고 크게 공경하는 태도를 취하며 이는 군왕이 되는 꿈이라고 하였다.

일만 가구에서 들리는 닭 울음소리는 고귀한 지위를 축하하는 환호성이고, 일천 가구의 다듬이질 소리는 가까운 장래에 그리 될 것을 가리키는 것이요, 꽃이 떨어졌으니 열매를 맺게 될 것이며, 거울이 떨어지면 소리가 날 것이고, 서까래 셋을 짊어진 것은 임금왕(王)자(字)를 뜻하며, 거울과 꽃은 왕업의 성취를 축복하는 형상인데, 지금 상공의 용모 또한 완연한 군왕지상인즉, 절대로 오늘 일을 발설치 말아야 한다고 주의를 주었다.

이태조가 심중으로 매우 기뻐하며 대가를 지불하고자 하였으나 스님이 사양하면서 상공께서 왕위에 오르거든 이곳에 절을 지어 이 일을 기념하는 뜻으로 석왕사라 불러달라 청하였다.

이 스님이 바로 이태조의 조선 개국에 참여했던 기행(奇行)의 도승 무학국사(無學國師)였고, 이러한 인연으로 석왕사는 오래도록 이씨 왕조의 복을 비는 기원소(祈願所)가 되었다.

● 흐르는 물 위나 물 속을 걸어서 오가는 꿈을 꾸면?

큰 재물이나 이권이 생기든지 좋은 기회를 얻어 순조롭게 소망을 달성할 징조이다.
(단, 흐르는 물 위에 멈춰서서 움직이지 않고 부동자세를 취하고 있는 꿈은 재물의 손실 및 경영사의 낭패 등 장해를 치르게 될 징조.)

● 쉴새 없이 계속해서 물을 마시는 꿈은?

멀지 않아 큰 이권이나 재물이 생길 기회가 오게 될 징조.

●물 위로 불길이 번지며 화염이 타오르는 꿈은?

가업이 번성하고 신분과 명예가 높아지며 많은 재물과 이권이 생겨 장차 부귀영화를 누리게 될 징조.
(꿈속의 물이 몹시 흐리고 탁하면 건강이 나빠지고 여자로 인한 곤란이나 피해가 발생될 징조.)

●큰 동리나 광활한 들판 등 드넓은 지역이 물 속으로 잠기는 꿈은?

장차 많은 재물과 권리를 가지게 되고 많은 사람들의 부러움과 존경을 받으며 부귀영화를 누리게 될 징조.

●목은 마른데 빈 수도꼭지만 달려 있고 틀어도 물이 나오지 않는 꿈은?
실행하는 일이나 계획의 좌절·무산 및 정인(情人)과의 불화 또는 말썽이 발생할 징조.

●홍수가 일거나 제방이 터져서 집으로 큰 흙탕물의 소용돌이가 쏟아져 들어오는 꿈은?
장차 집안에 불행한 일이나 풍파가 생기고 재물의 실패 및 고난과 손실 등 환란을 치르게 될 징조.

●맑은 물이 집 안으로 밀려들어오는 꿈은?
매사 순조롭게 번창하고 명성과 부귀를 누리는 영화가 따를 징조.

●홍수로 물이 넘쳐흘렀지만 뒤에 물이 맑아지거나 본시 맑은 물일 경우의 꿈을 꾸면?
가업과 경영사가 순조로히 발전하고 주위 친구나 귀인들의 도움이 생기며 큰 재물과 이권을 차지하게 될 부귀의 징조.

●집 안팎에 흙탕물이 고여 질퍽거리고 진흙이 여기저기 널려져 있는 것을 보는 꿈을 꾸면?
사업상의 장해와 재물 및 이권의 손실이 발생되고 직장(사업·벼슬)과 연관된 곤란과 낭패가 닥칠 액화의 징조.

제7장/물·불·동물·인테리어·소품에 관한 꿈 279

●물 속에 빠져서 허우적거리며 헤어나려고 안간힘을 쓰는 꿈은?
장차 신병이나 불상사가 발생하든지 경영사의 말썽·차질 및 상당한 재물의 피해를 보게 될 징조.

●큰 홍수가 논밭을 휩쓰는 꿈을 꾸면?
타인과 연관된 말썽이나 장해 때문에 경영사 및 재물의 파탄과 낭패 등 궂은일이 발생될 징조.

●큰물이 논밭에 가득 고여 있는 꿈을 꾸면?
가업이 번성하고 지위와 재물이 번성하여 부귀를 누리게 될 징조.

●맑은 물에서 알몸으로 헤엄치는 꿈은?
대개의 소망하는 일이 순탄하게 성취되고 재물을 얻게 되며 가업이 번창해질 징조이다.

●탁류(濁流)에서 헤엄치는 꿈은?
질병이나 말썽 또는 범죄, 사기 등에 연관된 재난과 피해가 발생될 징조.

●흐르는 물이 끊임없이 밀려들어 넘쳐나는 꿈은?
사업이 번성하고 재물과 명성을 얻는 경사로운 일이나 새로운 처첩이 생길 징조이다.

●흙탕물 속으로 집이 잠기는 꿈을 꾸면?

집안에 불행한 일이 생기고 질병·말썽·사고·손재 등 궂은일이 발생될 징조이다.
(자식과 연관된 근심·손실이 따르고 잉태 중에 꾸면 출산에 따른 액화와 우환에 부딪치게 될 징조.)

●자기의 집이 맑은 물 속으로 잠기는 꿈을 꾸면?

장차 사업이 번창하고 큰 재물을 모으게 되며, 입신·출세하여 명성과 부귀를 획득하게 될 징조.

●큰 물로 제방이나 주택 내지 건물 등이 무너지는 꿈은?

집안이나 가족, 사업 등에 큰 장해나 말썽 내지 불상사가 발생되어 파탄·손재·다툼·관재구설을 치르게 될 징조.

●남이 떠밀거나 실수로 인해 물 속에 빠지는 꿈은?

예기치 않은 장해나 불상사 등 궂은일에 부딪치게 되고 타인과 연관되어 말썽 또는 손실이 발생될 징조.

● 일부러 비를 맞거나 손발을 씻든지 물로 몸을 적시는 꿈을 꾸면?

이성문제와 남녀간의 애정관계로 인한 심리적 갈등과 상황·여건의 혼란 및 불안정이 생길 징조.

● 홍수가 져서 흙탕물이 흘러가는 것을 보든지 빠져나오려고 애쓰는 꿈을 꾸면?

재수가 없고 본의 아니게 피해와 손실 및 곤란 등을 겪는 재난이 발생하게 될 징조이다.

● 자기가 스스로 물 속으로 들어가는 꿈은?

구하는 소망사와 사업, 직장 등이 순조롭게 안정되어 발전하고 이익을 거두게 될 징조.

● 갑자기 물 속에 빠지거나 큰 강물 내지 바다에 떨어지는 꿈은?

주식(酒食)의 자리가 생겨 크게 취할 일이 발생할 징조인 경우도 있으므로 주의해야 한다.

● 맑고 차가운 계곡의 청정한 물을 실컷 마시는 꿈을 꾸면?

재물과 이권이 늘어나고 명예와 지위가 높아지며 신체가 건강하여 순조로히 부귀와 안정을 누리게 될 징조.

제7장/물・불・동물・인테리어・소품에 관한 꿈 283

●맑은 계곡물이 철철 흐르거나 샘물이 콸콸 솟아나고 있는 것을 보는 꿈은?
재물과 이권이 풍부해지고 하는 일이 번성하여 부귀와 안정을 누리게 될 징조이다.
(더럽거나 혼탁한 물은 재수가 막히고 금전이 흩어지며 손실과 궂은일이 생긴다.)

●물통이나 물 그릇을 남에게 받거나 심한 갈증으로 물을 얻어마시는 꿈은?
집안이나 신상에 경사스러운 일이 생기거나 재물과 이권을 얻게 되는 영화가 따를 징조.

●집안의 물을 바깥으로 퍼내거나 그릇에 퍼담은 물을 엎질러 쏟는 꿈은?
재물이 흩어지고 실행하는 일의 앞길이 막혀서 손실 및 말썽이 발생하는 곤란과 장해를 치르게 될 징조.

●물 위에서 불길이 솟아 거칠게 타오르는 꿈은?
제반 경영사와 주변 상황이나 여건이 호전되어 향상되고 재물의 융성·번창과 부귀를 누리게 될 징조.

●흐르는 물길이나 호수 또는 소용돌이가 몸을 에워싸는 꿈은?

관청과 연결된 말썽이나 피해·구설·소송이 발생될 징조.
(꿈속의 물은 주로 맑고 깨끗해야 이롭고, 맑은 물이라도 파도가 일면 재물 손실이나 질병, 우환 등의 고통이 발생될 징조이다.)

●물 속에 빠졌지만 물고기나 자라, 거북 등 물 속에 사는 짐승의 도움으로 살아나는 꿈은?

우연한 좋은 기회나 귀인의 도움을 얻게 되고 경영하는 일이 순조롭게 발전하여 부귀·융성을 누리게 될 징조.

● 홍수나 폭우 또는 큰 물길에 휩싸여 전답·가옥 등이 파괴된다든지 사람이 죽고 병드는 불상사가 빚어지는 꿈은?
이사 또는 직장·사업 등에 변동이 있거나 재물이 흩어지고 앞길이 막히는 등 장해와 손실, 말썽 등 궂은일이 발생될 징조.

● 강이나 바다, 호수 등 물 위를 나는 꿈은?
예기치 않은 곤란이나 장해가 생겨 재물의 손실이 빚어지게 될 징조.

●하천 · 강 · 호수 등지에 모래와 조약돌이 많이 쌓여진 것을 보는 꿈은?
재물이 불어나고 가업이 번창하여 부귀해질 징조.

●짙푸른 바다나 강물이 잔잔하게 흘러넘치는 꿈은?
장차 부귀 · 번창하고 재물과 명예가 크게 증대될 징조.

●맑은 물이 눈앞에 벙벙하니 가득 차 있는 꿈은?
만족과 안정의 풍부함을 누리게 될 화평의 징조.

●강이나 호수, 해변에서 헤엄을 치며 오가는 꿈은?

점차 앞길이 열리고 경영하는 일이 순조로워지며 재물과 이권이 풍성해질 징조.

●하천이나 강물로 떠내려가거나 바다 위에서 정처없이 표류하고 있는 꿈을 꾸면?

집안에 돌연한 불상사나 질병, 사고 등 좋지 못한 액화가 발생되거나 손재와 경영사의 파탄을 겪게 될 징조.

●강이나 호수에서 낚시질이나 투망을 던져 고기를 잡는 꿈은?

장차 천생연분의 좋은 배우자를 상봉하거나 귀인과의 이성교제 내지 정인 (情人)이 생길 징조.

●큰 강이나 호수·하천의 물을 안전하게 건너가는 꿈을 꾸면?

귀인이 생기고 타인과의 교제 및 거래 등 좋은 인연이 맺어지며 재물의 이득을 얻게 될 징조.
(전에 죽은 사람의 인도로 물을 건너갈 경우는 의외의 불상사나 신병, 우환 등 액화가 생길 징조이다.)

● 강이나 호수 · 하천 · 방죽 등의 물이 얼어붙는 꿈은?
장기간에 걸친 침체 · 부진 · 손실과 미결 · 보류 상태의 장해로 곤란을 치르게 되며 말썽과 혼선을 겪게 될 징조.

● 강이나 호수 · 하천 · 바다를 바라보는 꿈은?
물이 맑고 잔잔하면 집안이 화평하고 경영하는 일이 번성 · 안정되어 발전을 거두게 되며, 파도가 일고 물결이 거칠게 출렁거리면 가정의 평화가 깨어지고 시끄러운 말썽이나 손재, 다툼 등 장해와 곤란을 치르게 될 징조이다.

● 강이나 하천을 보수하거나 제방을 튼튼하게 쌓는 꿈은?
장차 소망사가 순조롭게 성취되며 사업의 발전과 이권 및 재물과 명예가 얻어지는 기쁨을 누릴 징조.

● 성냥이나 라이타 등 화기도구로 불을 켜는 꿈은?
불을 켤 때 불꽃이 잘 붙어 일어나면 실행하는 일들에 재수가 있고 어떤 중요한 일을 순탄하게 결정 또는 마무리하지만, 불꽃이 일어나지 않을 경우에는 손실과 장애가 생기고 심신이 고달플 징조.

● 불길이 활활 타오르며 사방으로 번지는 꿈을 꾸면?
재물과 이권이 생기고 경영사가 번창 · 발전할 징조.
(단, 화염이 일면서도 연기가 검을 때는 질병 · 우환이 발생될 징조.)

●남자가 화덕·아궁이·가스렌지·난로 등 화기도구에 불을 붙이는 꿈은?
집안에 궂은일이 생겨서 피해를 입거나 부인에게 불길한 재난이 발생되든지 부인과의 다툼·갈등과 가정불화로 손실과 장해를 겪게 될 징조.
(반면 부인이 불을 붙이는 꿈은 총명한 자녀를 잉태하거나 재물 및 이권이 늘어날 징조이다.)

●많은 촛불이 켜져 있는 사찰 및 교회·사당·제단 등을 보는 꿈은?
재물과 이득이 증대되고 큰 목적을 달성하는 기쁨이 따를 징조.

●등불이나 전등 불빛이 밝게 빛나는 꿈은?

가업이 번성하고 순조롭게 소망이 성취될 징조.
(불빛이 어둡고 침침하면 우환·손재·좌절 등 궂은일이 발생될 징조.)

●거센 불길이 온 산과 들을 태우면서 번지는 꿈은?

장차 입신·출세하여 부귀·현달하고 직장과 명예와 관련된 기쁨을 누리며 집안 살림이 융성·번창하게 될 징조.

●세찬 화염이 강바닥이 보일 정도로 물을 태워 말리는 꿈은?

사업의 실패, 직장의 불안정 및 재물의 손실이나 사고 또는 실패·말썽에 부딪치는 액화가 발생될 징조.

●자연히 일어난 불길이 집을 태워버리는 꿈은?

뜻하지 않았던 재물이나 이권이 생기고 좋은 선물이 들어오게 되며 장차 가업이 번성하여 부귀를 누릴 징조.
(반면에 불빛 또는 화염을 덮든지 가리는 것은 근심 내지 우환이 발생할 징조이다.)

●불길이 거세게 치솟아 해·달·별 등을 태우는 꿈은?
장차 귀인이나 실력자의 도움을 얻게 되고 번창·부귀해질 좋은 기회가 생길 징조.

●불꽃이 하늘 높이 몇 길이 넘게 치솟아오르는 꿈은?
주변 사람들과의 마찰·구설·소문 등으로 인해 피해 및 곤란을 겪게 될 징조.

●온 천지가 불바다가 되는 것을 보는 꿈은?
집안 살림과 사업이 발전·융성하고 귀인이나 유력자의 도움을 얻어 재물의 풍요와 안정을 누리게 될 징조.

● 화염이 땅 속으로부터 치솟아오르면서 번져나가는 꿈은?

점차 부귀·번성하고 명예와 재물이 흥왕할 징조.

● 불꽃 덩어리가 하늘을 가로지르며 허공을 날아다니는 꿈은?

오락이나 투전 또는 승부, 경쟁 등과 관련된 피해나 불이익을 보게 될 징조이다.

● 자신의 몸이 화염에 휩싸이는 꿈은?

귀인이나 유력자의 협력 내지 도움을 얻고 장차 중요한 일의 책임자가 되며 재물과 명예가 늘어날 징조.

●불길을 잡아타고 허공을 날면서 오가는 꿈을 꾸면?

신분·직위·명예 등이 높아지거나 직장 또는 벼슬과 연관된 큰 기쁨이 생길 징조.

●화재가 발생하여 큰 화상을 입는 꿈은?

경영하는 일이 순조롭게 성취되고 재물과 권리를 얻어 집안 살림과 지위가 번창·안정되는 부귀를 획득하게 될 징조.

●불덩어리나 화기도구를 가지고 소나 말 등 가축을 불에 태우는 꿈은?

재난과 우환 등 궂은일이 생기고 신병·사고 같은 말썽에 연결될 징조.

●불길이 집안 마당이나 거실 한복판에서 일어나는 꿈은?
많은 이권이나 재물이 생기고 점차로 가업이 번창할 징조.

●타오르는 불길 가운데에서 사람을 구해주는 꿈은?
널리 명성을 떨치거나 명예가 높아지며 재물과 권리가 융성할 징조.

●사람을 구조하다가 불길이 몸에 닿거나 의복을 태우는 꿈은?
타인의 도움이나 귀인의 협력을 얻어 재물이 생기고 풍성한 이익을 거두게 될 징조.

●불길이 활활 타는 물건이나 불덩이를 들고 길을 오가는 꿈을 꾸면?
재물과 이권이 생기고 모든 일이 순탄하게 성취되는 기쁨을 얻을 징조.

●불길이 부엌이나 주방에서 치솟는 꿈은?
예기치 못한 재물손실이나 사고 또는 낭패가 발생될 징조.

●난로나 가스통 또는 주방기구가 가열되어서 폭발 위험에 처한 것을 보는 꿈은?
이성관계나 애정문제로 갈등, 심리적 불안 또는 노여움에 놓이게 되며 이로 인해 실수나 장해를 치르게 될 징조.

● 사람이 불에 타 죽어서 심한 악취가 풍기는 꿈은?
많은 재물이 생기고 이권이 늘어나며 가업이 융성하는 발전과 부귀를 누리게 될 징조.

● 타오르는 불길을 끄거나 저절로 불이 꺼져버리는 꿈은?
재난과 장애에 부딪치고 손실과 곤경이 발생될 징조.
(반대로 꺼져가던 불길을 되살아나게 하는 꿈은 점차 번창·부귀할 길몽이다.)

● 스스로 불을 지르고 타오르는 연기를 바라보는 꿈은?
모든 근심걱정이 해소될 징조.

● 불꽃이 사방으로 튀기거나 옷이나 살을 태우는 꿈은?
시끄러운 말썽이나 다툼으로 장해와 손실이 발생될 징조.

● 타오르는 불을 꺼버리는 꿈은?
들어왔던 재물이나 권리 등이 종래에 다시 흩어져 나가게 된다.

● 불에 타고 그을린 잔해가 어수선하게 널려져 있으며 검은 연기가 뿜어져 나오는 꿈은?
재수가 없고 집안에 우환·근심 및 뜻밖의 손실이나 말썽으로 장해가 발생될 징조.

●집이나 건물에 불이 붙어 활활 타는 것을 보는 꿈은?
집안 살림이 안정되고 경영하는 사업과 지위 및 재물이 융성하는 발전과 부귀를 누리게 될 징조.

●물건이나 구조물 등이 불에 완전히 타서 잿더미가 수북하게 쌓여진 것을 보는 꿈은?
재물이 늘어나고 경영하는 일이 순조롭게 발전하며 번성을 이루게 될 징조.

●자기 집이나 사업장 등이 불타는 것을 보는 꿈은?
집안이 융성하고 구하는 소망의 순조로운 목표달성으로 재물과 부귀를 얻게 되며, 전도의 액운이나 재난이 흩어질 징조.

● 불이 의복에 옮겨붙어 활활 타는 꿈은?
집안과 일신상에 좋은일이 생기며 혼담의 성립, 재물·이권의 취득, 승진·영전 등 안정과 부귀를 누리게 될 징조.

● 웅장한 종소리가 울려퍼지는 것을 듣는 꿈은?
외처에서 소식이 오거나 장차 귀인의 도움을 입게 될 징조.

●자기가 종을 쳤는데 웅장한 소리가 울리는 꿈은?
재물과 복록이 늘어나고 이름을 떨치는 기쁨이 따를 징조.

●종을 쳐도 소리가 울리지 않는 꿈은?
곤란한 사정이나 복잡한 일에 연관되어 손실과 말썽, 장해가 발생될 액화의 징조이다.

●종을 치자 금이 가서 깨지거나 심하게 파손되는 꿈은?
명예나 재물의 손상 및 구설수에 오를 징조.

●북을 두드려도 소리가 나지 않는 꿈은?
재물의 손실이나 우환·질병 등을 치르는 궂은일에 부딪칠 액화의 징조이다.

●북을 두드리다 북가죽이 찢어지거나 북통이 깨져 못쓰게 되는 꿈은?
금전손실, 경영사의 낭패, 구설수 등 액화를 치르게 될 징조.

●흥겨운 북소리가 멀리까지 울려퍼지는 꿈은?
구하는 소망 및 계획하는 일이 순탄하게 이루어지며, 집안 또는 일신상에 축하를 받을 일 등 안정과 발전을 누리게 될 징조.
(혹은 먼 곳에서 소식이 오거나 재물의 이득이 얻어지는 기쁨이 생기는 경우도 있다.)

●귀에 거슬리는 요란한 북소리가 들리는 꿈은?
시끄러운 말썽이나 다툼, 구설 등 상당한 장해와 손실이 발생되며 사소한 일이 크게 확대되는 액화에 부딪치게 될 징조.

●큰 상 위에 올라가서 드러눕는 꿈을 꾸면?
순조롭게 극복하기가 매우 힘든 장해나 손실 또는 궂은일에 부딪쳐 재난을 치르게 될 징조.

제7장/물·불·동물·인테리어·소품에 관한 꿈   305

●상과 장막(커텐·발)을 수선하는 꿈을 꾸면?

주거지를 옮긴다든지 직업(지위) 또는 신분상에 변동이 발생될 유동의 징조이다.

●상과 장막(커텐)을 화려하게 치장하는 꿈은?

먼 곳에서 소식이나 사람이 온다든지 손님을 초청해 주식(酒食)을 나누게 될 징조.

●상과 장막(커텐)을 새로 바꾸어 사용하는 꿈은?

주거나 직장, 사업장소 등과 관련된 변화가 있거나 유동이 발생하게 될 징조이다.

●상과 장막(커텐·발) 등이 파손되거나 오염되어 더러워진 꿈을 꾸면?

배우자(주로 아내쪽)가 부정한 생각을 품거나 달아날 징조.
(상과 장막(커텐)이 대문 밖에 나와 있는 꿈도 비슷한 징조의 흉몽으로 본다.)

●상다리를 새로 바꿔끼는 꿈을 꾸면?
거느리는 부하나 부리는 고용인 등 아랫사람으로 인해 궂은일이 생길 징조.

●상과 장막(커텐)을 씻거나 세탁하는 꿈은?
재물이 생기거나 이권이 늘어나는 등 기쁜일이 있을 징조.

●큰 상이나 장막(커텐)을 아름답고 화려하게 펼쳐놓는 꿈은?
집안이 화목·단란하고 제반 재물과 권리가 늘어나며 지위의 안정과 사업이 융성하는 부귀를 누리게 될 징조.

● 발이나 장막(커텐)이 저절로 떨어지거나 끊어져 흩어지는 꿈은?

재물의 손실이나 처자식에게 궂은일이 발생하여 장애를 겪게 되고 배우자 또는 연인에게 거짓이 있거나 비밀을 감추는 등 교활한 행동을 하게 될 징조이다.
(상(床)에 피나 혈흔이 묻어 있는 것도 처첩에게 눈속임을 당하든가 부정함 내지 간사함이 있게 될 징조.)

● 닫혀 있던 발이나 장막(커텐) 등이 활짝 열리는 꿈은?

앞길이 순탄하게 열리고 재수가 있으며 재물이 생기거나 술 또는 음식·연회 등과 연관된 즐거움이 생길 징조.

●상이나 커텐·발·장막 등이 더럽거나 너덜너덜하게 걸려 있는 꿈은?
집안의 불화·다툼 내지 부인과 연관된 말썽이나 구설·비밀·부정 등이 노출되어 수치를 당하게 될 액화의 징조.

●상과 장막(커텐)을 크게 넓혀 확장하거나 새로 큰 것으로 교체하는 꿈은?
점차 가업이 번창하고 계획하는 일과 구하는 소망을 순조롭게 달성하여 부귀를 누릴 징조.

●방바닥에 새 장판을 깔거나 온돌 등을 새로 놓는 꿈을 꾸면?
운수가 트이고 재수가 좋아지며 집안이 화목하고 경영하는 사업과 지위의 안정을 누리는 기쁨이 따를 징조.

●방바닥이 부서지든지 움푹 패이거나 구들이 훼손되어 망가지는 꿈을 꾸면?
집안 살림이 기울고 경영하는 일이나 직장(지위)에 불미스런 일이 생기며 재물의 손실과 장해를 치르게 될 징조.

●방석이나 자리가 불결·불편하다든지 지저분한 곳에 방석 및 자리를 펴고 앉아 있는 꿈은?
직장·사업 등 생활기반의 불안정과 말썽·손실 등 장해를 치르게 될 징조.

●깔개나 자리가 닳아 떨어져서 못쓰게 되는 꿈은?
직장이나 신분상 불이익 또는 실직·좌천 등 재난이 발생할 징조.

●자리나 방석, 깔개 등을 찢든가 내버리든지 지저분한 곳에 방치해두는 꿈은?

집안 살림이 어수선해지고 재물의 손실 및 사업의 부진 등 피해와 곤란이 발생될 징조.

●자리나 방석 등 깔개를 펼치고 그 위에 앉는 꿈은?

직장(지위) 및 명예와 관련된 기쁨이나 귀인의 도움을 얻어 안정을 누리게 될 징조.

●어떤 사람들과 거적이나 헤진 방석 등을 깔고 앉아 있는 꿈은?

집안에 궂은일이 생겨서 손재나 우환을 치르든지 말썽과 장해 및 재물을 다투어 나눌 일이 생길 징조.

●거적을 펼쳐서 대문·지붕·울타리 등에 벌려놓는 꿈은?

집안에 사고나 불상사 등 심각한 재난 내지 우환이 생겨서 곤란과 손실을 겪게 될 징조.

●담요나 모포를 덮는다든지 가운·휘장 등으로 몸을 감싸는 꿈은?

애정문제나 이성관계의 갈등 내지 심리적 방황을 겪게 되고 남녀간에 친밀한 접촉이 형성될 징조.

●자리나 깔개를 새로 사거나 집 안으로 옮겨 들여오는 꿈은?

가업이 번성하고 소망하는 일에 순탄한 발전이 따르게 될 징조.
(반면 집 안에서 문 밖으로 들어 내놓는 꿈은 흉몽이다.)

●자기의 담요나 이불·침구 등에 피가 묻어 있는 것을 보는 꿈은?

가정불화나 이성관계의 말썽 및 재난·손실 등 장해가 발생되어 액화를 겪게 될 징조.
(이부자리나 침상에 개미나 벌레가 모여드는 꿈도 역시 이것저것 근심과 풍파 등 피해가 발생할 징조이다.)

●좋은 이불을 덮거나 화려한 커텐을 새로 다는 꿈은?
재물이 번성하고 명예가 높아지는 부귀를 성취할 징조.

●고급 비단으로 만든 이부자리를 침실에다 깔거나 이부자리 속에서 어떤 귀금속(귀중품)을 발견하는 꿈은?
멀지 않아 본인이나 집안 식구들한테 영예나 발전·성취의 기쁨이 생기고 자신을 이끌고 도와주는 귀인을 만나게 될 징조.

●자기의 이부자리 속이나 침상 위로 다른 사람을 끌어들이는 꿈은?

강력한 라이벌이나 경쟁상대가 나타나 자신의 입지나 주변상황이 위축을 받게 될 징조.

●잠을 자거나 잠자리에 드는 꿈을 꾸면?

제반 행하는 일에 장해와 난관이 발생되어 번거롭고 일이 잘 안 풀리며 말썽과 손실에 부딪치게 될 징조.

●귀인이나 고관에게서 견직물(실크·비단)을 하사받는 꿈은?
벼슬이나 직장 및 신분상의 영화로움이나 발전이 따를 징조.

●어떤 사람에게 자기의 실이나 솜 또는 견직물(천)을 빼앗기거나 할 수 없이 내어주는 꿈은?
재물의 손실 및 부부나 정인(情人)과의 분산 또는 부녀자에게 질병이나 장해가 발생될 징조.

●비단 천이나 고급 견직물로 만들어진 훌륭한 베개를 얻는 꿈은?
재물에 이로움이 생기고 귀인이나 유력자의 도움을 얻게 될 징조.

●화려하게 채색된 견직물을 팔거나 남에게 나누어주는 꿈은?
여러 사람의 칭송이나 추대를 받는다든지 권세나 벼슬이 높아질 징조.

●일반 실이나 솜방직용 실타래가 얽히든지 꼬이는 꿈은?
남에게 수치를 당하거나 난감한 처지에 놓이는 장해를 겪게 될 징조.

●뜨개질이나 수예를 하는 꿈은?
대인관계에서 착오나 과실이 생겨 불필요한 손실로 곤란을 치르게 될 액화의 징조.

●헝클어진 실타래를 풀어서 정돈하는 꿈은?
실행하는 일이 의도대로 풀리지 않고 말썽이나 문젯거리가 생겨서 곤란을 치르게 될 징조.

●어떤 사람이 천이나 실타래를 나에게 주는 꿈은?
장차 재물과 이권이 늘어나고 가업이 번성하게 될 징조.

●삼베나 일반 보통 천을 얻는 꿈을 꾸면?
외부에서 소식이나 손님이 오게 될 징조.

●방직공장에서 일을 하거나 길쌈을 하는 꿈은?
수명이 길어지고 질병이나 우환이 사라지는 기쁨을 얻게 될 징조.

●실이나 솜, 견직물이 끊어지거나 더러워지는 등 못쓰게 훼손되는 꿈은?
집안에 우환이나 손재 또는 사업의 실패·좌절 등이 발생될 징조.

●실이나 솜, 견직물을 많이 사들이거나 보관하는 꿈은?

식구들이나 수하에 부리는 고용인이 늘어나고 하는 일에 부귀와 융성을 얻게 될 징조.

●어떤 사람이 실이나 끈을 길다랗게 늘어뜨리는 꿈은?

질병을 앓거나 우환·근심 등 궂은일에 부딪치고 재물의 손실을 입는 피해가 생길 징조.

●수갑이나 족쇄, 포승 등에 단단히 결박되는 꿈은?

우환 또는 질병이 생기거나 예기치 않은 궂은일에 부딪칠 징조.

●노끈이나 새끼줄에 묶이거나 매여지는 꿈을 꾸면?

수명이 길어지고 질병이나 우환이 해소되며 심신의 건전·안정을 얻게 될 징조.

●홀연히 노끈이나 새끼줄이 끊어지는 꿈은?

예기치 않았던 불상사나 손재, 낭패 및 궂은일에 부딪쳐 곤란을 치르게 될 징조.

●노끈이나 밧줄, 포승 따위의 끈으로 몸이 얽매여 묶여지는 꿈은?
본인 또는 집안 식구들 중에 좋은일이 생겨서 남들의 축하를 받거나 어떤 권리나 명예를 얻게 될 징조.

●채찍이나 밧줄, 끈 등으로 갑작스럽게 얻어맞는 꿈은?
관청 및 공공기관과 연결된 말썽이나 재난에 부딪치게 될 징조.
(대개 수건과 채찍은 질병 내지 관재구설의 발생 징조이다.)

●그물을 이용하여 고기를 잡거나 그물의 힘을 빌려 무엇을 덮거나 가리는 꿈을 꾸면?
재물과 이권이 생기고 주식(酒食)연회와 연관된 기쁨이 생길 징조.

●자기 몸에 그물을 뒤집어쓰는 꿈을 꾸면?
관공서와 연결된 말썽이나 손실이 발생될 징조.

●그물을 이용한다든지 그물의 힘을 빌려 무엇을 덮거나 가리는 꿈은?
주식(酒食)이 생기거나 재물이 따를 징조이다.

제 8 장
신체·음식·악기·연예인에 관한 꿈

사례 청파극담(靑坡劇談)에 나오는 이야기다.

이씨조선 태종조(太宗朝)에 뛰어난 전공(戰功)을 세워 관직이 상장군에 이르렀던 김덕생(金德生)은 그 무예가 매우 절륜한 사람이었다.

김덕생에게는 함께 전쟁터를 누비며 생사고락을 나눴던 가장 두터운 친교를 맺은 벗이 있었는데 김덕생이 죽은 지가 이미 십여 년이 지났을 즈음의 일이었다.

하루는 잠을 자다가 느닷없이 놀란 소리를 지르고 다시 잠들었다가 잠시 뒤에 다시 놀란 소리를 지르면서 벌떡 일어나 황망해 하기에 궁금히 여긴 부인이 괴이하게 여겨 그 까닭을 물었더니 그가 대답하기를

"방금 전 내 꿈속에서 김덕생 장군이 백마를 타고 큰 활과 화살통을 차고 나를 부르면서 '지금 내 집에 도적이 들었기로 내 그 도적을 쏘아죽이려 왔노라'며 자기 집에 가더니 다시 되돌아와가지고는 피 흔적이 묻어 있는 화살촉을 내보이면서 '내가 이 화살로 도적을 쏘아 죽였다'고 하였소."

라면서 선명한 꿈의 환상을 지우지 못해 밤잠을 설치었다.

날이 샌 다음 그들 내외는 워낙 기이한 꿈을 꾸었으므로 함께 김덕

생의 옛집을 찾아가 보았더니, 본시 김덕생에게는 나이 어린 첩이 있었는데 어언 세월이 흘러 한창 젊음이 무르익자 그 꽃다움을 눈여겨 훔쳐보던 어느 사내가 침실에 몰래 숨어들어 왔다가 홀연히 원인 모를 복통을 일으켜 채 날이 밝기도 전에 죽어버렸다는 것이다.

사례 청강쇄어(淸江瑣語)에 나오는 이야기다.

의령남씨(宜寧南氏)의 시조는 군왕을 보필한 고려조의 재상이었는데, 자손들은 그의 묘소가 본현(本縣)에 있다는 것을 알지 못하였다.

그리하여 지사(知事) 남치근 등이 영남(嶺南)쪽에 일을 보러 떠나는 아들과 조카들에게 시조 묘를 찾아 제사를 올리라고 시켰다.

영남에 도착한 이들은 늙은 아전을 찾아 시조의 묘자리를 물어보니 객사(客舍) 근처의 대나무밭 부근에 묘가 있다는 말이 전해온다고 들었지만 확실히 믿을 수 있는 증거가 있는 것도 아니라고 늙은 아전이 말하기에 그들은 그 근처를 따라 땅을 쓸고 제사를 올렸다.

그런데 꿈속에 어떤 사람이 제사드린 자에게 나타나 말하기를,

"내 묘의 위치는 어디이며 금관자 한쌍을 묻어 놓았는데 하나는 혈(穴) 위에 묻어 놓고, 하나는 묘 앞에 묻어 놓았으므로 이것을 찾으면 증거가 되리라"

는 것이었다.

그래서 꿈속에 나타난 그의 말대로 따라 찾아보았더니 과연 금관자 한쌍이 나오는 것이었다. 이에 분묘를 고쳐 만든 다음 금관자를 가지고 도성에 돌아와 여러 자손들에게 보이며 기이한 일이라 여기었다.

●갑자기 얼굴 모양이 무섭고 추악하게 변하는 꿈은?
재물과 이권이 풍족해지고 구하는 소망과 계획이 순탄하게 성취될 징조.

●얼굴의 전체나 대부분을 붕대로 감는 꿈을 꾸면?
남에게 사기를 당하거나 예기치 않은 사고나 시비에 연관되어 말썽과 손재 등 액화를 겪게 될 징조.
(얼굴을 다쳐 상처가 생긴다든지 유혈이 흐르는 꿈도 비슷한 흉몽이다.)

●얼굴에 먹칠이나 숯검정, 잉크 또는 물감을 칠해 추한 몰골이 되는 꿈은?

집안에 자녀 내지 재물관계로 인한 산란한 문제나 말썽 및 수치스런 일로 곤란과 장해를 치르게 될 징조.

●얼굴에 사마귀 또는 검버섯이 생기거나 종기 내지 흉터가 보기 싫게 생기는 꿈을 꾸면?

여러 가지로 장해와 난관이 많고 계획이나 소망사의 차질과 손실로 인해 어려움을 겪거나 체면이 실추되는 수치를 당하게 될 징조.

●코를 다치거나 부상을 당하는 꿈은?

남의 모함이나 꼬임에 빠진다든지 타인에 의해서 피해 및 손실이 생기는 장해를 치르게 될 징조.
(돌연히 코피가 흐르는 꿈은 생각지 않은 이권이나 재물이 생긴다든지 행운이 찾아올 징조이다.)

●자기의 코가 납작해지거나 코에 흉터나 점이 생기든지 코의 색깔이 흉해지는 꿈은?

일이 뜻대로 풀리지 않고 집안이 기울어지며 재물의 실패 및 경영사의 파탄 등 장해와 곤란을 치르게 될 징조.

●코가 길쭉하게 늘어나는 꿈을 꾸면?
재물과 이권이 생기고 순조로운 목적의 성취를 거두는 등 생활의 안정과 발전을 누리게 될 징조.

●코가 매우 높다랗게 솟아올라 드높아지든지 코를 수술하거나 코가 부어오르는 꿈을 꾸면?
구설과 훼방, 중상모략 등 말썽에 부딪쳐 심각한 장해를 치르게 될 징조.

●몸이 군데군데 썩어들어 부패하거나 피고름이 흘러나오는 꿈은?
장차 많은 재물이나 이권이 생기고 실행하는 일들이 순조롭게 풀리며 명예나 지위(벼슬)에 따른 기쁨이 얻어질 징조.

●몸에서 벌레가 생겨나와 기어다니는 꿈을 꾸면?
직장과 신분 및 벼슬에 관련된 큰 발전 내지 영화로움을 획득할 징조.

●몸에서 피고름이 흐르는 꿈은?
재물과 권리가 융성하고 경영하는 일과 집안 살림이 순조롭게 안정될 징조.

●온 몸에서 땀이 줄줄 흐르는 꿈은?
좋지 못한 우환·손실 및 장해가 일어날 징조.

●몸에 날개가 돋아나서 하늘을 마음대로 날아다니는 꿈은?

장차 명성과 재물이 생기고 소망을 성취할 징조.
(몸에서 황금빛 광채가 뻗쳐 보이면 장차 부귀와 영예를 누리게 될 입신·성공의 징조.)

●몸이 갑작스럽게 너무 살이 찌거나 삐쩍 마르는 꿈은?

재물의 손실이나 경영사의 부진 등 장애나 근심이 발생될 징조.

●몸의 일부분이 훼손되거나 살점이 떨어져 나가는 꿈은?
남에게 이권을 빼앗기거나 재물의 손실 또는 말썽이 생길 징조.

●어깨나 앞가슴이 훤히 드러나는 꿈은?
앞길이 트이고 재수가 있으며 자기를 이끌어 줄 귀인이 나타날 징조.

●몸 속의 혈관이나 장기(臟器)가 들여다보이는 꿈은?
남에게 치욕을 당하거나 오해를 입게 될 징조.

●온 몸에 실오라기 하나 걸치지 않은 벌거숭이가 되는 꿈은?

많은 재물과 이권이 생기고 헝클어졌던 근심·장해 및 곤란사 등이 순조롭게 해결되는 행운과 안정이 얻어질 징조.

●등에 종기나 혹이 돋아나는 꿈은?

무거운 책임이나 힘겨운 부담을 떠안게 되는 곤란과 장해를 치르게 될 징조. (혹이나 종기가 없어지든지 터지는 경우는 극심한 재난과 피해를 가까스로 모면한다.)

●머리카락이 뒤엉키거나 흐트러져서 얼굴을 가리는 꿈은?

앞길이 장해와 불행으로 가로막히고 애정문제의 갈등 및 방황과 대인관계의 시끄러운 말썽 내지 관청까지 확대되는 투쟁이나 손실 등 궂은일이 발생될 징조.

●자기의 배우자나 정인(情人)이 머리카락을 산발한 꿈은?

비밀스런 남녀교제나 부정한 이성간의 접촉이 형성되거나 시끄러운 말썽이 빚어지게 될 징조.

●머리카락이 갑자기 빠져 대머리가 되든지 속살이 훤히 들여다 보이게 빠져버리는 꿈은?

타인과 연결된 말썽·다툼 내지 훼방·모함을 당하게 되며 집안에 손재·장해 및 자녀와 연관된 궂은일을 당하게 될 징조.
(병자나 노인은 매우 불길한 재난이 닥칠 징조이다.)

●머리카락이 눈썹 위로 가지런하게 늘어뜨려진 꿈은?

직업상의 기쁨과 발전을 얻어 매사 순탄한 성취를 이루고 명예(지위·벼슬)가 높아지는 영화가 따르게 될 징조.

●머리카락이 갑자기 어깨까지 내려오는 꿈은?

벼슬이나 사업의 발전이 귀인의 도움을 입어 이루어지고 앞길이 트이든지 어려운 상황을 극복하게 될 징조.

●머리카락에 기름을 바르거나 염색을 하는 꿈은?

질병이나 우환, 손재 등 궂은일이 발생되거나 사기·배신 또는 타인의 유혹에 의한 피해나 말썽에 부딪칠 징조.

●잘라 낸 머리카락을 남에게 건네주거나 문 밖으로 내다버리는 꿈은?

점차 근심과 우환이 해소되고 집안 살림이 안정되며 번성하는 기쁨을 누릴 징조.

●머리카락과 수염이 갑자기 빠지거나 희끗희끗한 반백이 되어버리는 꿈은?

손아랫사람들이나 자손과 연관된 근심 내지 손실이 생길 징조.

● 머리카락이 갑자기 눈처럼 하얗게 세거나 빠졌던 머리카락이나 수염이 무성하게 다시 자라는 꿈은?

명예와 지위가 높아지는 영화로움을 얻고 질병이나 우환, 손실 등 근심과 장해가 해소되며 순탄한 소망의 성취 및 생활의 회복과 안정·발전이 얻어지고 수명이 길어질 징조.

● 머리카락을 한데 묶어 매는 꿈은?

천생의 좋은 배필과 인연을 맺거나 귀인과의 교제가 성사되는 기쁨이 얻어질 징조.

●더부룩하게 길어진 머리카락을 단정하게 이발하여 가다듬는 꿈은?

한동안 쌓여진 장해와 손실 등 어려움이 해소되고 집안 식구들이나 자기 일 신상에 이득이나 축하받을 만한 좋은일이 생길 징조.

●머리를 빗거나 감는다든지 얼굴을 깨끗하게 씻는 꿈은?

차츰 묵은 근심과 장해 등 궂은일이 해소되고 질병과 우환이 물러가며 연인이나 친구와의 불화나 오해가 해소되어질 징조.
(부부가 둘다 함께 머리를 빗거나 감는 꿈도 비슷한 길몽이다.)

●머리카락을 흉하게 듬성듬성 잘라내는 꿈은?
집안에 불화나 이별·분산 등 우환이 발생할 징조.

●수염을 뽑거나 거칠게 대충대충 깎아버리는 꿈은?
부부나 정인(情人)과의 불화 내지 풍파가 생길 징조이다.

●수염을 기르거나 없던 수염이 갑자기 길게 자라난 꿈은?
점차 생활이 윤택해지고 주변 여건이 호전되어 재물과 명예가 안정될 징조.

●수염이나 머리카락을 불에 태우거나 보기 흉하게 불에 그을리는 꿈은?

재물이나 직장(사업)과 연관된 좋지 못한 일이 생기거나 말썽·손재·사고 등 궂은일에 부딪치게 될 징조.

●눈썹이 갑자기 하얗게 세어 변색되는 꿈을 꾸면?

주위 친구나 가까운 사람과 연관되어 피해나 말썽 등 궂은일이 발생할 징조.

●자기의 눈썹이 크고 길다랗게 자라나서 늘어지는 꿈은?

장차 귀인을 상봉하여 좋은 인연을 맺게 되고 구하는 소망과 사업이 번창하여 부귀를 누리게 될 징조.

● 눈썹이 빠져서 맨송맨송해지거나 눈썹을 깍아밀어서 맨살이 드러나는 꿈은?
가족이나 근친, 형제에게 좋지 못한 장해나 흉험이 발생되는 궂은일이 생길 징조이다.

● 사람이나 동물의 목이 잘리거나 동강나 나뒹구는 것을 보는 꿈은?
재물의 이득과 명예가 향상되고 구하는 소망의 원만한 발전·성취를 거두게 되며 남에게 좋은 선물을 받게 될 징조.

● 목에 어떤 질병이 생기거나 가시나 못·침·바늘 등에 찔려 갑갑해 하는 꿈은?
예기치 못한 장해나 곤란에 부딪쳐서 말썽이나 손실을 치르게 될 징조.

340 꿈풀이 대백과

●사람이나 동물의 목이 잘린 자리에서 피가 분수처럼 뿜어져나오든가 끊임없이 철철 흐르는 꿈은?
장차 큰 재물이나 이권을 얻어 가업이 번성하고 명예와 지위의 안정을 누리게 될 징조.

●갑자기 목이 늘어나는 꿈은?
이권이 생기거나 돈이 들어올 기회 내지 여건이 만들어진다든지 어떤 선물을 받게 될 징조.
(반대로 목이 어깨 속으로 움츠러들어가 괴상스러운 몰골로 변하는 꿈은 말 못할 사정이나 고통이 생겨서 손실과 장해를 격게 될 징조.)

●누가 자기의 목을 손으로 누르거나 매다는 흉칙한 꿈은?
불원간 집안이나 신상에 재난과 액화가 발생되어 심각한 피해가 생기든지 말썽을 치르게 될 징조.

●머리 위로 뿔이 돋거나 큰 혹이 솟아나는 꿈은?
중병이 생기거나 심한 투쟁 내지 불상사에 부딪칠 징조.

●이마를 다치는 꿈은?
남들의 비난이나 구설 등 말썽에 연루될 징조.

●머리와 이마가 광채를 발하거나 크고 넓게 모양이 변하는 꿈은?

기업이 번성하고 생활의 안정과 출세운이 트여져 영예를 누리는 기쁨이 따르게 될 징조.

●사람의 머리가 용·사자·호랑이 등의 머리로 변하는 꿈은?

그 꿈속에서 머리가 변모된 주인공이 큰 출세·성공을 거두어 부귀영화를 누리게 되며 대중의 추앙과 존경을 받게 될 징조.

●머리나 이마를 두들겨맞거나 상처를 입는다든지 다쳐서 피가 흐르는 꿈은?
예기치 못한 불상사나 말썽에 부딪치게 되든지 남들의 훼방·비난 등에 부딪칠 징조.

●머리나 얼굴에 종기나 부스럼이 생기는 꿈은?
재물의 손실이나 자손과 연관된 우환 내지 궂은일이 발생될 징조.

●갑자기 귀머거리가 되었거나 크게 울리는 진동 소리를 듣지 못하는 꿈을 꾸면?

차츰 장애와 근심이 해소되고 곤란이 타개되어 정상적인 심신의 평온과 사업의 안정을 누리게 될 징조.

●갑자기 귀가 아주 커다랗게 늘어나거나 여러 개가 생긴다든지 다수의 귀를 보는 꿈은?

마음이 통하는 친구나 지도 또는 이끌음을 받을 수 있는 귀인과 가까워질 기회 내지 여건이 조성될 징조.

●팔뚝에 털이 많이 자라나 털복숭이가 되는 꿈은?

실행하는 일이나 사업에 순조로운 번성·발전이 있고 특히 병자에게는 쾌유의 이로움이 있다.

●팔에 종기가 군데군데 돋아서 흠집이 생기고 고름이 나는 꿈은?

고통을 당하거나 말썽이 생겨서 장해를 겪게 되고 의욕을 상실하는 등 손실과 곤란에 부딪칠 징조.

●팔을 다쳐 상처가 생기거나 팔이 부러지는 꿈을 꾸면?

지위나 명예를 잃게 되는 불상사나 질병·손재·말썽 등 액화에 부딪치게 될 징조.

●손가락이 꺾이거나 손목이 부러지는 꿈은?

집안 식구들에게 예기치 않은 말썽이나 액화가 생기고 자손 또는 형제간에 흉험한 재앙이나 궂은일이 발생될 징조.

●손바닥과 손등에 검은털이 더부룩하게 돋아나는 꿈은?
계획하는 구상이나 목표가 뜻과 어그러져 말썽 내지 장해가 빚어지고 근심과 손실이 생기며 건강이 나빠질 징조.

●손발을 다치거나 잘려나가는 꿈은?
주변 친인척이나 형제, 친구 등과 연관된 피해나 근심·우환이 생기고 재물 파탄이나 가출, 도피 등 액화를 치르게 될 징조.

●손발을 청결하게 씻는 꿈을 꾸면?
오래된 근심이나 고민거리 및 말썽, 손실 등 장해가 해소되며 앞길이 밝게 트여질 안정의 징조.
(더러운 손발을 깨끗이 하는 꿈도 주로 재수가 있고 난관이 무난하게 해결될 징조.)

●자기 젖가슴에 털이 무성한 것을 보는 꿈은?
남자의 경우는 재수가 있고 하는 일이 순조롭게 성취되며 이득과 명예가 따르고 가업이 번성하는 발전을 얻게 되나, 여자일 경우는 비밀이나 부정의 노출 및 말썽·손실이 발생되어 곤란을 치르게 될 징조.

● 발이 퉁퉁 부어오르거나 발목을 삐는 꿈은?

주위의 가까운 사람과 연관되어 곤란이나 말썽 등 장해를 치르거나 손실을 겪게 될 징조.

● 발걸음을 쏜살같이 옮겨 어딘가로 가는 꿈은?

점차 앞길이 트이고 운수가 열려서 평소의 소망과 계획이 성취되고 안정을 이루게 될 징조.

●손톱을 다쳐 피를 흘리거나 손톱이 훼손되는 꿈은?

집안에 근심거리나 질병 등 우환이 발생된다든지 갑자기 돌발사고나 큰 피해 내지 흉험한 일에 부딪칠 징조.

●손톱을 깎거나 단정하게 다듬는 꿈은?

곤란한 말썽거리나 문제점 등 근심·우환이 타결되고 구하는 소망과 계획이 순탄하게 이루어질 징조.

●갑자기 손톱이 빠지거나 없어지거나 손이 조그맣게 줄어드는 꿈은?

식구들한테 우환이나 손재·말썽 등이 빚어지고 재물 또는 이권의 손실과 사기·배반·유혹 등 궂은일을 겪게 될 징조.

●한쪽 다리가 작게 줄어들어서 절름거리며 걷는 꿈은?

장해와 고난을 겪는 도중 상당한 심리적 방황과 갈등을 치르게 되거나 하던 일이나 직장(사업·벼슬)에 변동 내지 정리가 따를 징조.

●다리를 다쳐 손상을 입거나 다리에서 피가 흐르는 꿈을 꾸면?

사업이 번창하고 장차 많은 재물이 생기며 안정과 성취를 누리게 될 징조.

●다리가 흐느적거리고 뜻대로 걸을 수가 없는 꿈은?
구하는 소망사나 계획 등에 차질과 장해가 발생되어 근심과 손실을 치르게 될 징조.

●무릎에 부상을 당하는 꿈은?
일이 뜻대로 풀리지 않고 애를 먹거나 장해 내지 손실에 부딪칠 징조.

●무릎에 입었던 부상이 완쾌되어 성큼성큼 걸어다니는 꿈은?
재물과 이권이 풍족해지고 운수가 열려질 안정의 징조.

●부부가 함께 목욕을 하는 꿈을 꾸면?
기혼자일 경우는 장차 재물의 이로움 및 직장이나 경영사에 기쁨이 생기고 미혼자일 경우는 귀인을 만나 다정한 사랑을 나누게 될 징조.

●자기가 목욕하는 꿈은?
건강이 좋아질 징조이고 남이 목욕하는 것을 보면 재난과 우환 등 근심이 사라질 징조.

●온몸을 씻고 닦으며 목욕을 하는 꿈은?
장해와 우환이 흩어지고 직장(사업)이나 금전, 가택과 연관된 변동이 생길 징조이다.

● 목욕을 하는데 주위 환경이 불만스럽거나 비누나 물이 없어 곤란을 겪는 꿈은?
이성교제나 애정관계의 갈등 및 방황과 경영하는 일의 말썽 또는 재물의 손실이 발생될 징조.

● 자기의 하복부나 배를 씻는 꿈은?
소망하는 일이나 계획의 순조로운 발전·성취를 거두어 재물과 이권이 생기며 재수가 열릴 징조.

● 몸에 맛사지를 하거나 안마를 받는 꿈을 꾸면?
심적인 갈등 및 방황·질투 또는 이성의 유혹이나 손실이 발생될 징조.

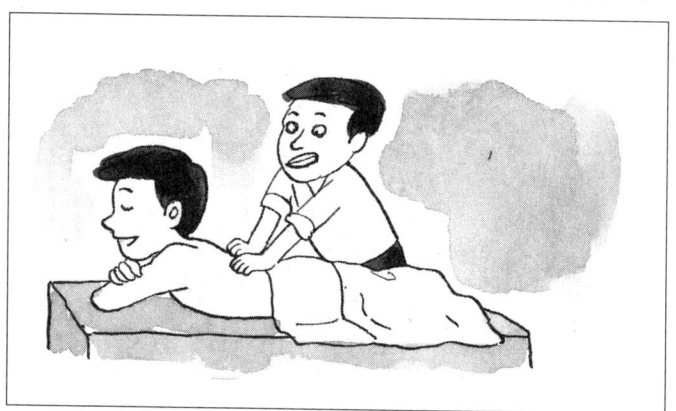

●얼굴을 씻고 닦는 꿈을 꾸면?
멀지 않아 지위나 명예가 높아지는 신분의 상승 내지 이권을 얻게 되고 확실한 결정을 못 내리고 갈등하던 일이 처리될 징조.

●얼굴에 비누거품을 칠하며 면도하는 꿈은?
어려운 난관과 장애를 무릎쓰고라도 목표를 달성하거나 통쾌하고 즐거운 상황 내지 기회를 맞게 될 징조.

●자기가 비누나 세제로 많은 거품을 일으키는 꿈은?

실행하는 일이 의도와는 달리 잘 풀리지 않고 자주 장해와 곤란을 겪게 되며 손실과 낭패에 부딪칠 징조.

●모자를 새로 사거나 줍든지 남에게 얻어가지는 꿈은?

많은 재물이나 권리를 얻어 안정과 풍요를 누리게 되며 새로운 계획이나 구상의 추진·실행 및 새로운 일(직장·지위)과 연관된 변동이 생길 징조.

●모자나 화관을 쓰고 높은 단상이나 무대 위로 올라가는 꿈은?
장차 직장이나 신분 및 사업에 변동이 생기며 널리 명성을 떨치고 부귀와 번성이 따르게 될 징조.

●관모나 갓을 쓰고 화려한 수레나 고급승용차에 올라타는 꿈은?
직장이나 지위・사업・주거 등에 변동이 있거나 자리를 옮기게 될 징조.

●모자를 분실하거나 못쓰게 망가지는 꿈은?
명예나 지위의 손상 및 직장과 사업에 연관된 곤란이나 수치를 당하게 될 징조이다.

●남에게 모자를 빼앗기거나 땅바닥에 떨어뜨리든지 바람에 날아가버리는 꿈을 꾸면?

집안에 재난과 말썽이 발생하고 재물과 명예의 손실 및 시끄러운 장해에 부딪칠 징조.

●모자를 태워 없애거나 깨끗하게 세탁하는 꿈을 꾸면?

점차 장애와 곤란이 해소되고 명예와 이권을 얻어 안정과 발전을 누리게 될 징조이다.

●새 모자나 관 또는 갓을 쓰는 꿈은?

널리 명성을 떨치게 되고 지위와 명예의 번성·안정을 누리게 되며 부귀와 출세가 따를 징조.
(관복을 입고 관모를 쓰면 크게 출세·부귀하며 만일 훼손되거나 미흡한 부분이 있을 경우는 소문에 비해 실속이 적고 큰 목적이나 소망을 달성치 못하게 된다.)

●자기가 남에게 술을 따라주는 꿈은?

다툼이나 구설, 비방 등 말썽이 발생될 징조.
(술을 마시는데 뜨거우면 가족이나 사업 등 집안에 손실과 궂은일이 생기고 술이 차가울 경우는 재물과 이권 등에 좋은일이 생긴다.)

제8장/신체・음식・악기・연예인에 관한 꿈 357

●초대받은 술자리에서 점잖은 인물과 동석하여 술을 마시는 꿈은?
점차 장해와 곤란 등 근심이 해소되고 질병의 쾌유와 장수를 누리게 될 징조.

●통치권자나 고관 또는 재벌총수가 권하는 술잔을 받아마시는 꿈은?
어떠한 중책이나 긴요한 임무를 맡는다든지 명예와 권리가 높아지는 등 부귀・출세의 영화를 누리게 될 징조.

●술에 취해서 우물이나 구덩이에 빠지는 꿈을 꾸면?
타인과 연관된 말썽이나 훼방・모함으로 인해 피해가 발생되고 관공서의 출두요구나 조사를 받는 등 관재구설에 부딪칠 징조.

●술자리에서 남과 다투는 꿈을 꾸면?
타인과 관련된 시끄러운 일이나 재물의 피해가 발생되어 곤란을 치르게 될 징조.

●술을 마시며 시장이나 길거리 한복판에서 놀고 있는 꿈은?
점차 가업이 번성하고 재수가 있으며 구하는 일의 순조로운 목적달성이 얻어질 징조.

●많은 사람들이 모인 곳에서 남에게 술을 얻어마시는 꿈은?
재물의 손실과 말썽, 장해 등 궂은일이 발생되어 곤란을 겪게 될 징조.

●술과 안주를 실컷 먹고 흠뻑 취해 쓰러지거나 만취되어 주정 내지 행패를 부리는 꿈은?

건강의 악화 내지 신경의 불안정으로 질병이나 손재가 생긴다든지 말썽이나 시비에 연관되어 투쟁 또는 피해가 발생될 징조.

●술잔이나 찻잔, 술주전자 등이 깨지거나 부서져 못쓰게 되는 꿈은?

재물이나 이권에 손실이 생기거나 집안에 좋지 않은 일이 발생되는 등 피해를 겪게 될 징조.

●술집에서 기생을 희롱하며 술마시고 노는 꿈은?

건강의 리듬이 깨지거나 기력이 쇠퇴해져서 질병을 앓게 되거나 부부생활이 심각해지는 문제에 부딪치게 될 징조.

●음식물을 준비하여 상을 차리거나 요리를 하는 꿈을 꾸면?

남을 위한 봉사 내지 희생을 하게 되고 수고한 보람이나 자기 이권이 유명무실해지는 장해를 치르게 될 징조.

●불에다 떡을 구워먹는 꿈은?

말썽이나 장해가 발생되어 곤란 및 손실을 겪게 될 징조.

● 남의 집 하녀나 여종업원이 되든지 창녀가 되는 꿈을 꾸면?

구설이나 비방 또는 시끄러운 말썽에 연관되어 손실과 수치를 겪게 될 징조이다.

● 아름다운 기생이나 얼굴마담이 혼자 앉아 있는 것을 보는 꿈은?

좋은 인연을 맺거나 깊은 정을 나누는 애인이 생기는 등 이성관계에 기쁨이 얻어질 징조.

● 기름진 쌀밥을 배불리 먹는 꿈을 꾸면?

재물과 이권을 얻고 매사가 순조롭게 번창하며 집안에 기쁜일이 생길 징조.

●많은 사람들이 모인 호화로운 연회장이나 잔칫집에 들어가는 꿈은?
장차 가업이 번성하고 재물과 명예가 풍족해지는 기쁨이 따를 징조.

●자기가 많은 사람들을 불러모아 회식 내지 연회나 잔치를 베푸는 꿈은?
날로 생활과 지위가 안정되어져서 부귀와 영화를 누리게 되고 예기치 않은 귀인의 도움이나 좋은 인연을 맺게 될 징조.

●자기가 떡을 맛있게 먹는 꿈을 꾸면?
구하는 소망이나 실행하는 일이 순조롭게 성취·발전되며 재물과 명예 등 안정이 확보될 징조.

●자기를 찾아온 손님을 접대하는 꿈을 꾸면?
남에게 축하를 받거나 명예가 높아지는 기쁨을 누리게 되고 잔치나 연회에 참석할 일이 생길 징조.

●국수 · 라면 · 우동 · 짜장면 등을 먹는 꿈은?
좋은 인연이 맺어지며 원만한 교제 및 순탄한 거래가 성립되고 이권이 늘어날 징조.

●익히지 않은 날고기를 먹는 꿈은?
실행하는 일에 말썽과 구설 · 다툼 등 손실이 발생되고 곤란을 겪게 될 징조.

●타인이 떡이나 밥을 먹는 것을 보는 꿈은?
모든 일이 순조롭지 못하고 남의 훼방이나 모함 및 질병이 생길 징조.
(대개 꿈속에서 식사를 하는 꿈은 욕망과 불안정 및 뜻하는 바를 만족하게 해결하고 싶은 심리적 방황과 갈등을 의미한다.)

●음식을 지지고 볶거나 튀기든지 삶아 익히는 꿈은?
재물과 이권이 풍성해지고 집안 살림이 안정·번성하게 될 징조.

●생쌀을 씹어 먹거나 음식을 익히지 않고 날것으로 먹는 꿈은?
부모·형제나 처자식 등 가족과의 이별·분산 내지 생각하지 못한 불상사나 손실 및 풍파가 발생할 징조.

●빵이나 오징어·햄·고기포·야채 등의 음식물을 먹는 꿈은?
내부에 가려진 불화 및 갈등이나 심리적인 방황을 겪게 되고 이성교제나 남녀간의 가까운 접촉이 형성될 징조.

●고기가 잘 구워지지 않거나 딱딱하다든지 맛있게 먹을 수가 없는 꿈은?
기대나 계획과 달리 일이 막히거나 빗나가서 피해 내지 손실을 치르는 장해에 부딪치게 될 징조.

●음료수나 과자 종류를 먹는 꿈을 꾸면?
심적인 갈등을 겪는 일로 고민하거나 유혹과 충동 등이 생길 징조.

●커피나 차를 마시는 꿈은?
모든 일이 순조롭게 풀리고 대인교제나 거래 등에 따른 좋은일이 생기며 남녀가 같이 마시면 이성관계가 호전되든지 혼담이 성취될 징조.

●우유나 달걀 또는 젖을 배불리 먹는 꿈을 꾸면?
점차 운수가 트여서 귀인의 도움과 주위 사람들의 협력을 얻게 되고 재물과 이권 및 좋은 기회를 획득하는 기쁨이 생길 징조.

●병을 습득하거나 구입해 집으로 들여오는 꿈은?
우환의 해소 및 질병과 건강이 쾌유되고 수명이 길어지게 될 징조.

●구리나 강철로 만들어진 수저나 젓가락을 습득하든지 새로 구입하는 꿈은?

재물과 자손이 늘어나며 차츰 사업 및 집안 살림과 지위가 안정·번성하며 부귀를 얻을 징조.
(녹이 슬었거나 훼손·절단되었을 경우는 중도에 좌절·손실 및 낭패를 겪는 장해에 부딪치게 될 징조.)

●화력(火力)과 성능이 좋은 다리미를 보는 꿈은?

재물과 이권이 불어나고 소망사가 순조롭게 진척될 징조.
(연두에 불 붙은 숯덩이가 많이 쌓인 것도 역시 길몽이다.)

●꽃병을 사거나 훔치는 꿈은?

새롭게 적응해야 할 환경이나 주위 여건이 형성되든가 사업이나 지위에 따른 변동이 생기며 깊은 이성교제의 성립이 가능해질 징조.

●꽃병이나 화분에 화초를 재배하여 가꾸는 꿈은?

가깝게 지낼 교제상대나 말벗이 생기고 주식(酒食)연회의 초대 내지 즐거운 일이 있게 될 징조.

●쇠(철)그릇을 얻거나 사들이는 꿈을 꾸면?
재물의 손실이나 구설 또는 말썽에 연관되어 시끄러운 피해나 번거로움이 발생할 징조.

●세숫대야를 얻거나 새로 사들여오는 꿈은?
아름다운 연인이 생기거나 이성과의 친밀한 교제가 형성될 징조.

●방망이나 송곳·망치 등을 보거나 사용하는 꿈은?
장차 예상치 못했던 장해나 손실이 발생될 징조.

● 몽둥이나 방망이의 위치를 옮기려는 꿈을 꾸면?
사람을 찾거나 붙들어야 할 일 또는 번거로운 말썽 내지 장해에 부딪치게 될 징조.

● 보울링이나 당구를 치는 꿈을 꾸면?
타인과 연관된 말썽이나 피해가 발생되며 질병이나 재물의 손실에 부딪치게 될 장해의 징조.

● 야구나 골프·테니스·탁구 등 공을 치고 때리며 운동을 하는 꿈은?
건강에 이상이 생기며 질병과 신체의 쇠약으로 장해가 발생될 징조.

●축구 · 배구 · 송구 등 구기 경기를 하는 꿈은?

사업이나 주위 여건, 집안 등에 번거롭고 복잡한 말썽이나 곤란이 발생하여 피해를 겪게 될 징조.

●공을 차거나 제기차기를 하는 꿈은?

실속없이 과대포장되는 헛된 명성을 얻게 될 징조.

●체조나 덤블링 · 뜀뛰기 등 팔다리 운동을 하는 꿈을 꾸면?

애정문제나 이성관계의 갈등과 충동 또는 유혹에 의한 장해나 말썽이 빚어질 징조.

●권투·레슬링·태권도·씨름·유도 등의 무술시합이나 경기를 하는 꿈을 꾸면?

주변 상황이나 인간관계 및 타인과의 말썽으로 유형무형의 피해와 손실이 발생되며 질병·다툼·오해·이별 등 궂은일을 치르게 될 징조.

●스케이트나 스키를 타는 꿈을 꾸면?

곤란한 문제나 말썽 및 장해·근심 등 골치 아픈 일이 생기고 모든 일이 원만한 결실과 성취가 거둬지지 않을 징조.

●수상스키나 보트를 타는 꿈을 꾸면?
많은 노력을 기울여도 성과나 진척이 상당히 더디고 사소한 일로 매우 힘든 곤란한 장해를 겪게 될 징조.

●경기장에 수많은 관중이 운집해 있는 것을 보거나 게임 또는 시합을 진행하는 꿈은?
주위 환경이나 가까운 사람들과 연관된 물심으로 갈등과 방황 및 충동·유혹에 의한 장해가 발생될 징조.

●큰 경기장이 황량하게 텅 비어 있는 꿈을 꾸면?
남이 모르는 비밀이나 자기만의 속사정으로 인한 애로나 고민 또는 부정 내지 눈가림에 관련된 말썽이 발생될 징조.

●금메달이나 트로피 또는 우승기념패를 받는 꿈은?
사업의 순조로운 성취와 재물·이권 등이 생기고 주위 상황의 호전과 발전·안정을 누리게 될 징조.

●남들과 도박을 하며 노는 꿈은?
재물손실이나 질병·우환이 발생될 징조.

●다른 사람들과 어울려 도박을 하거나 어떤 투기성을 띤 일을 실행하는 꿈을 꾸면?
재물의 손실이나 이권의 상실 및 질병으로 인한 우환 또는 낭패가 발생될 징조.

●카드나 화투 및 바둑·장기를 가지고 게임을 하는 꿈은?

사업이나 구하는 소망사에 장해와 곤란이 생기고 타인의 훼방이나 강력한 경쟁자가 나타나 중도파탄·결렬 등 액화가 따를 징조.

●바둑을 두거나 바둑알을 습득해서 가져오는 꿈은?

집안의 식구나 수하에 부리는 고용인이 늘어나게 될 징조.

●오락기계나 슬로트머신 등 기계를 사용하는 노름을 하는 꿈은?

뜻하지 않은 장해나 말썽이 발생되고 소망이나 계획의 차질과 손실 등 좋지 못한 일을 겪게 될 징조.

●경마에 돈을 걸었다가 크게 손해를 보는 꿈은?

많은 재물과 이권이 생기고 거래·계약 등의 안정·호전 및 발전·향상을 거두게 될 징조.

●경마에서 상금 내지 상품을 따는 꿈은?

남 때문에 근심과 손실 등 장해와 재난을 겪게 되며 일이 잘 풀리지 않고 애를 먹는 곤란을 치르게 될 징조.

●추첨을 하거나 제비뽑기를 하는 꿈은?

초조하고 불안한 주위 상황으로 심적인 갈등을 겪게 되며 어떤 중요한 결정을 내려야 될 여건에 놓이게 될 징조.

●절구통이 저절로 깨지거나 불에 타버리는 꿈은?

재물의 손실이나 배우자 및 정인(情人)과 연관된 피해 내지 낭패가 발생될 징조.

● 삽이나 호미·가래를 사용하거나 구입해 들여오는 꿈은?

여러 사람이 모이거나 함께 협력하여 움직이면 이로움을 얻을 징조.
(어떤 사람에게 삽·호미 또는 가래를 얻거나 받으면 재물이 생길 징조이다.)

● 다듬이돌을 보거나 습득하는 꿈을 꾸면?

이사나 변동 등 움직임에 따른 이로움을 얻게 될 징조.
(다듬이질 준비를 하는 꿈은 명예나 지위가 돋보이는 기쁨이 따르게 될 징조이다.)

●톱 · 대패 · 끌 · 도끼 · 망치 · 괭이 · 삽 등 연장을 구입하거나 사용하는 꿈은?

타인과 연관된 손실이나 말썽 · 피해 · 곤란을 치르게 되고 중요한 핵심사항의 부진과 지연으로 인한 애로가 발생될 징조.

●어떤 사람에게 저울을 넘겨받거나 얻는 꿈은?

장차 명성과 권세를 획득하는 기쁨을 누리게 될 징조.

●타인에게 빗자루나 청소도구를 내어주는 꿈은?

차츰 앞길이 트이고 주변 여건의 호전 및 곤란과 장해 등이 해소되는 기쁨이 따르게 될 징조.

●누가 자기에게 청소도구나 빗자루를 내어주거나 주워가지는 꿈을 꾸면?
권리와 명예가 높아지고 직장(지위)과 연관된 안정·발전·영화가 있을 징조.

●빗자루나 청소도구로 방을 청소하는 꿈을 꾸면?
조만간 귀인이나 반가운 손님을 만나며 막혔던 장해나 말썽이 해소될 징조.

●수건을 사거나 줍거나 얻는 꿈을 꾸면?
남과의 구설이나 말썽·훼방에 연루될 징조.

●수건으로 몸을 닦거나 가리는 꿈을 꾸면?
타인의 비방과 예기치 않았던 민망한 처지에 부딪치게 될 징조.

●남에게 손수건을 얻거나 새로운 손수건을 구입하는 꿈은?
애정관계에 말썽이나 이별 및 질병·손재 등 좋지 못한 일이 생길 징조.

●자기가 손수건을 남에게 건네주는 꿈은?
여자일 경우는 남성에게 몸을 허락하거나 중요한 권리를 양보하게 될 징조이고, 남자일 경우는 교제하던 여성과의 불화 내지 헤어짐 등 분산의 장애가 발생될 징조.

●어떤 사람이 피리나 퉁소 등을 내게 주는 꿈을 꾸면?

널리 명성을 날리거나 이름이 알려지게 될 기쁨이 생길 징조.
(타인에게 악기를 받거나 가져오는 꿈은 장차 널리 명성을 떨치고 입신·출세의 운이 트여 발전·성공하게 될 징조.)

●피아노를 치거나 나팔을 분다든지 악기를 다루어 소리를 내는 꿈은?

곤란한 입장이나 난처한 사정이 생기든지 외롭고 쓸쓸한 처지에 놓여지게 될 징조.

●선반 위에 가야금 또는 바이얼린 등의 현악기가 놓여 있거나 현악기를 직접 연주하는 꿈은?

타인의 협조와 귀인의 도움을 얻어 순조로운 사업의 발전과 지위 및 집안 살림의 안정을 누리게 된다.

●다른 사람이 각종 현악기를 연주하는 것을 보는 꿈은?

남들의 구설과 비방이 생기며 손실·다툼 등 말썽이 빚어질 징조.

●달력을 습득하든지 벽에 부착하는 꿈은?

멀지 않아 좋은 일이 생기거나 희소식을 듣게 되고 구하는 소망·계획 등이 순조롭게 성취될 징조.

●써커스를 관람하거나 자기가 직접 곡예사가 되는 꿈을 꾸면?

새로운 일을 계획·시행하거나 신규분야의 개척과 연관된 변동이 발생될 징조.

●자기가 가수나 배우가 되어 무대 위에 올라가는 꿈은?

어떤 실수나 착오가 발생하여 매우 곤란한 입장에 놓이든지 수치스런 말썽 내지 손실이 빚어지게 될 징조.

●유명 연예인과 친밀하게 말을 주고 받으면서 대화를 나누는 꿈은?

조만간 좋은 기회가 생겨 명성이나 이권이 얻어지고 자기의 숨은 실력을 여러 사람들 앞에 발휘하게 될 징조.

●자신이 연예인이 되든지 유명 연기자와 결혼하는 꿈을 꾸면?

타인의 구설이나 말썽이 발생하고 주위 사람들과의 마찰 내지 고립 등으로 곤란과 장해를 치르는 입장에 놓이게 되며 애정관계나 이성문제로 갈등과 고민에 부딪칠 징조.

●가수나 배우 및 유명 연예인한테 꽃다발을 주거나 악수를 나누는 꿈은?

생각지 않은 손실이나 말썽이 생겨서 피해를 치르게 되며 타인과 연관되어 불이익 내지 궂은일을 치르게 될 징조.

● 연극이나 무용하는 것을 보는 꿈은?

타인의 도움이나 협력을 얻어 기쁜일을 마무리하게 되고 미혼자일 경우는 이성교제 내지 혼담의 원만한 성취로 좋은 인연을 맺게 될 징조.

● 영화를 관람하거나 대형 현수막이 걸린 것을 보는 꿈은?

영상이나 색채, 내용 등이 선명하고 아름다울 경우에는 주위 사람이나 귀인의 협조를 얻어 소망을 이루고 재물과 행운을 누리게 되며, 화면이나 색채가 침침하고 산란할 경우는 심각한 고민·불화나, 가정의 말썽·손실 및 강력한 라이벌이 생겨 장해를 겪게 된다.

제 9 장
부엌·화장실·교통수단·결혼식에 관한 꿈

사례 해동잡록(海東雜錄, 卷三)에 나오는 이야기다.

기준(奇遵)은 행주 사람인데, 자(字)를 자경(子敬), 호를 복제(服齊)라 하였다. 중종조 갑술년에 등과하여 관직이 홍문관 전한(典翰)에 이르렀고, 천성이 충효스러워서 동배들로부터 추앙을 받았다.

그러나 기묘사화(己卯士禍)에 연루되어 아산으로 유배되고, 은성에 옮겨진 다음 사약을 받고 죽으니 그 나이가 서른 살이었다.

기준이 생전에 어느 날 대궐에서 당직을 하다가 꿈을 꾸었는데 갖가지 곤란을 겪으며 산 넘고 물 건너 여러 지방을 떠도는 꿈이었다. 꿈 속에서 그는 다음과 같은 시를 지었다.

「이역의 강산도 고국과 다를 바가 없건만 하늘 끝에 밀려와 외로이 거룻배에 기대어 눈물 짓는다. 짖궂은 구름이 막막한 물길을 막아섰고 고목에는 쓸쓸한 바람이 스쳐가는데, 성곽은 텅비었구나. 들길은 가느다랗게 가을풀 밖으로 드러나고 인가는 저 멀리 석양 가운데 머물러 있다. 만리 밖에 떠난 배는 돌아올 노가 없는가. 짙푸른 바다만 망망한 채 소식을 전할 길이 없구나. (異域江山故國同 天涯垂淚倚孤蓬 頑雲漠漠河關閉 枯木蕭蕭城廓空 野路細分秋草外 人家遙住夕陽中 征帆萬里無

回棹 碧海汒汒信不通)

　홀연히 꿈을 깨자 그는 관사의 벽에 꿈속에서 읊은 시를 써놓았다.

　오래지 않아 그는 기묘사화의 당적(黨籍)에 연좌되었고, 놀랍게도 아산을 떠나 은성으로 가는 도중에 보이는 풍경이 모두 꿈속의 모양과 같았다. 말(馬)을 멈추게 하고 시를 읊조리매 소리가 처연한데 목이 메여 오열하자 따르던 수행자들도 모두 눈물을 뿌렸다.

　유배지에 이르자 사약이 내려지니 사람의 일이란 이미 오래전에 정해졌음을 가히 알 만한 것이요, 여러 사람(士林)의 선배들이 그의 시를 전해 읊으며 애석히 여기지 않는 이가 없었다.

사례 청파극담(青坡劇談)에 나오는 이야기이다.

이문강(李文康)이 말하기를

"무릇 사람의 빈부귀천 생사영욕은 인위적인 것이 없은 즉 참으로 어설피 여길 것이 아니다. 생사의 이름이나 죽은 뒤의 시호까지도 하늘이 정하는 것으로 우연은 없은 성싶다.

내 꿈에 김중추(金中樞) 예몽이 원정(遠征)을 떠나 가는데 말과 망아지가 길거리를 가득히 메우고 있었다. 어떤 사람이 손에다 물건을 들고 앞서가는 걸 보았더니 거기 문경공(文敬公)이라고 쓰여져 있었다.

꿈을 깨고서 심히 기이하게 느껴졌지만 본인 김공에게는 말하지 않았다.

1년 뒤에 김공이 죽고 내가 성문 밖에까지 상여줄을 잡고 갔는데, 그 시호를 보니 문경공이라 되어 있었으매, 내가 꾸었던 꿈과 일치하였다.

이를 미루어 비록 아무리 작은 일이라도 하늘이 정하지 아니하는 바가 없음을 알 것 같더라"

하였다.

[사례] 필원잡기(筆苑雜記. 卷一)에 나오는 이야기다.

백제시대의 유명한 도선(道詵)이라는 대사가 있었다.

그의 모친이 처녀시절에 물가로 놀이를 갔다가 우연히 연못에 떠 있는 보기에도 탐스러운 커다란 오이를 깨물어 먹었는데, 얼마 후 자신도 모르게 자기가 임신하였다는 사실을 깨닫게 되었다.

그리고 달이 차서 할 수 없이 아이를 출산하였으나, 그녀의 부모는 그런 아이는 상서롭지 못하다 하여 개천가에 내다버렸다.

마침 그때는 혹독한 추위가 밀어닥쳐 얼음이 얼어붙은 때였는데 어디선지 수많은 기러기떼가 몰려와 겹겹으로 그 아이를 감싸고 덮어주고 또 오가는 들짐승들이 젖을 빨게 해주어 수십 일이 지나도 아이는 죽지 않았다.

이러한 사실을 안 처녀의 부모가 기이하게 여겨 아이를 다시 집으로 데려다 아이를 키우는데 정성을 다하였다.

도선이 장성한 다음, 출가해서 입산수도를 할 때는 하늘 나라의 신선이 하강하여 천문지리·음양·둔갑 등의 온갖 술수와 비기를 전수하였다고 한다.

오늘날에도 도선대사에 얽힌 설화나 이적(異蹟)이 많은 사람들의 입에 무수히 오르내리는 것은 모두 꿈의 신비로움 때문이라고 전해내려오고 있다.

●집 안의 수도나 부엌에서 맑은 물이 쾰쾰 쏟아져 넘쳐나는 꿈은?
재물이 늘아나고 사업이 발전·흥왕하는 부귀를 누리게 될 징조.

●우물(수도)을 만들기 위해 터를 잡아 땅을 파내는 꿈은?
재물의 파손이나 경영사의 실패·좌절 등 장해가 발생될 징조.

●우물물(수돗물)이 솟아올라 넘쳐흐르는 꿈은?
경영사의 순조로운 발전·성취와 재물의 이득이나 금전과 관련된 기쁨이 생길 징조.

●본래 집 안에 없던 우물이나 수도가 갑자기 생겨나 있는 것을 보는 꿈은?
가업이 번창하고 귀인의 도움을 입으며 바라는 소망을 순조롭게 달성할 징조이다.

●우물 바닥에 쌓인 진흙을 바깥으로 걷어내서 맑은 물이 고이게 하는 꿈은?
장차 재물이나 이권이 늘어나고 가업이 번성할 징조.

●남에게 쫓겨 달아나다 우물 속으로 들어가 피신하거나 우물 속에 빠지는 꿈은?
소송이나 구금, 투옥 등의 불상사가 생기며 관청이나 공공기관과 관련된 말썽 내지 손실 등 궂은일이 발생될 징조.

●우물터를 파다가 물이 솟는 것을 보는 꿈은?
외부에서 소식이 올 징조.

●우물(수도) 속에서 사람의 말소리가 들리는 꿈은?
집안에 시끄러운 말썽이나 주변 사람들과 연관되어 손실과 장해가 발생될 징조이다.

●우물에 물건을 빠뜨리는 꿈은?
예기치 않은 사고나 좋지 못한 일이 생겨서 큰 피해와 곤란을 겪게 될 징조.

●우물에 떨어뜨린 물건을 되찾느라 물을 바닥까지 모두 퍼내는 꿈은?
가업이 쇠퇴하고 많은 재물의 손실과 파탄을 치르게 된다.

●우물 안에서 물고기가 노닐고 있는 꿈을 꾸면?
지위가 높아지거나 널리 이름을 떨치게 되며 많은 재물과 이권을 획득하게 될 징조이다.

●샘물의 물줄기가 점점 메말라 들어가는 꿈은?
가정에 불화가 일어나거나 재산을 탕진할 징조이다.

●술에 취해 우물에 빠지는 꿈은?
주로 관청과 관련된 구설이나 재물 및 이권의 손실이 발생하게 될 징조.

●우물(수도)이 고갈되어 밑바닥이 드러나는 꿈은?
많은 재산권이나 가업(家業)에 낭패 및 손실이 발생될 징조.

●우물에 빠져서 놀라거나 허우적거리는 꿈은?
질병이나 예기치 않은 사고 등의 우환을 겪게 될 징조.

●물을 퍼내거나 엎지르는 꿈은?
헛된 노고와 손실, 장애 등 피해가 발생될 징조.

● 우물 가운데에 주택이나 건축물이 떠다니는 꿈은?

남에게 쫓기는 상황에 놓이거나 묶이는 몸이 되든지, 질병 내지 돌발사고와 집안 식구들에게 말썽 또는 궂은일이 발생될 징조.

● 우물물이 흙탕물로 변하는 것을 보는 꿈은?

집안 살림이 기울고 사업과 구하는 소망 등에 장해와 곤란 등 말썽이 빚어지며 재물이 흩어질 징조.

● 수돗물, 빗물, 우물물 등을 깨끗한 그릇이나 통에 떠담는 꿈은?
재물과 이권이 늘어나고 집안 살림이 안정·융성하는 기쁨이 따를 징조.

● 우물 속에 비친 자기 얼굴을 바라보는 꿈은?
명예 및 지위의 영전·승진과 경영하는 사업의 발전·안정 등 융성이 따를 징조이다.

● 우물(수도) 내부를 청소하고 돌을 쌓거나 시멘트를 발라 단장하는 꿈은?
장차 부귀와 영예를 얻어 높은 지위에 오르는 입신양명의 징조.
(우물물이 맑으면 길하고, 흐리고 탁하면 불길할 징조이다.)

● 우물(수도)이 저절로 붕괴되거나 못쓰게 파괴되는 꿈은?
집안에 말썽이나 혼란이 발생되는 풍파와 장해가 닥칠 징조.

● 우물 속을 뒤지거나 우물을 드려다보며 무얼 찾는 꿈은?
주위 사람들의 구설·비방이나 시비 등의 장애에 부딪쳐 곤란과 손실이 발생될 징조.

● 우물 속을 드려다보니 남의 얼굴이 비치는 꿈은?
재물의 파탄 내지 경영하는 사업의 부진·실패 등 장해가 발생될 징조.

●우물 속에 큰 통이 떠 있는 것을 보는 꿈은?

재물과 이권이 풍성해지고 운수와 앞길이 열리며 구하는 소망을 순조로이 달성하게 될 징조.

●부엌(주방)으로 맑은 물이 흘러드는 꿈은?

가업이 번창하고 큰 재물이나 이권이 생기는 등 융성과 발전의 영화를 누리게 될 징조.

●타고 있는 불을 끄거나 저절로 불이 꺼져버리는 꿈은?

집안에 병자가 생기거나 금전피해가 발생하게 될 징조.

● **부엌(주방)에서 아궁이(화기도구)에 불을 붙이는 꿈은?**
명예가 높아지고 권리가 늘어나며 이름이 널리 알려지는 등 부귀와 안정을 누리게 될 징조.

● **부엌(주방)에 들어가서 물을 마시는 꿈은?**
먼 곳에 있는 인척에게서 소식이 오거나 안부를 듣게 될 징조.

● **부엌(주방)에서 슬피 우는 꿈을 꾸면?**
재물손실, 가정의 불화, 파탄 등 궂은일이 생겨서 액화를 치르게 될 징조.

●**부엌(주방)과 아궁이(화기도구)를 수리하거나 새로 설치하는 꿈은?**

재물의 이익과 경영하는 사업이 번성하고 계획하는 일이나 소망들이 순조롭게 성취되며 안정을 얻게 될 징조.
(첩이나 정인(情人)이 생기기도 한다.)

●**부엌(주방)이 한집에 두 군데 있는 것을 보는 꿈은?**

집안에 심각한 말썽이나 불화가 일어나 식구들간에 의리가 손상되며, 재물이 흩어지고 경영하는 일에 장애가 생겨 성취를 거두기 힘들고 두 집 살림을 차리거나 분가 등 이중 살림을 하게 될 징조.

● 아궁이(가스렌지 받침대)가 부서져 내려앉는 꿈을 꾸면?
가족들 중에 질병이나 사고를 당해 우환과 재물파탄을 겪게 될 징조.

● 부엌살림이나 주방기구가 소리를 내는 꿈은?
비방이나 모함에 연관된 피해가 발생될 징조이다.

● 부엌(주방)에서 사람이 나오는 것을 보는 꿈은?
바빠 서둘러야 될 어떤 일이 생길 징조이다.

● 부서진 변소를 고치고 수리하는 꿈은?
집안 살림이 안정되고 재물이 흥왕하는 부귀를 얻게 될 징조.

● 변소(화장실) 안에서 어떠한 근심걱정으로는 고민스러워 하는 꿈을 꾸면?
명예나 지위가 높아지든지 벼슬(직장)을 갖게 될 기회가 생길 징조.

● 변소(화장실)에서 아기를 출산하는 꿈은?
재물과 이권이 생기고 새로운 기회를 얻어 발전·번창할 징조.

● 변소(화장실)를 새로 축조하는 꿈을 꾸면?
재산이 늘어나고 사업이 번창하여 입신·성공의 발전과 부귀를 누리게 될 징조이다.

●변소(화장실)에 똥오줌이 질펀하게 깔려 쌓여진 꿈은?

장차 재물이 흥왕하고 가업이 번성하는 부귀가 따르게 될 징조.
(화장실 변기의 똥오줌이 밖으로 넘쳐흐르는 꿈도 재물과 이권이 풍성해지고 집안 살림이 융성·안정되는 부귀를 성취하게 될 징조.)

●변소(화장실)의 오물 속에 빠졌다 밖으로 나오는 꿈은?

재물과 이권이 생기고 매사에 재수가 있으며 사업의 번성·발전과 좋은 기를 얻게 될 징조.

●변소나 오물 속에 빠져서 밖으로 나오지 못하는 꿈은?
돌연히 중병에 걸리거나 죽을 고비 등 불상사에 부딪치게 될 징조.

●변소(화장실)의 똥오줌 및 오물을 청소하는 꿈은?
예상치 못했던 재물이나 이권이 생기는 기쁨을 얻게 될 징조.

●똥오줌 가운데 주저앉거나 변소(화장실)에서 자빠지는 꿈을 꾸면?
명예나 지위의 손상 및 신병을 앓게 되거나 재산상의 피해 내지 경영사의 손실 등 낭패와 장해가 발생될 징조.
(자기의 변소나 똥오줌을 남에게 빼앗기는 것도 비슷한 흉몽이다.)

제9장/부엌·화장실·교통수단·병·결혼식에 관한 꿈   399

●누런 똥오줌이 자기 몸을 덮치며 밀려들거나 흠뻑 뒤집어쓰는 꿈은?
운수가 대통하여 금전과 이권이 풍부해지고 원하는 소망을 순조로이 성취하게 될 징조.

●많이 쌓인 똥오줌을 퍼담거나 쌓고 옮기고 주무르는 꿈은?
장차 큰 재물을 얻게 되고 가업이 발전·번창하여 부귀를 누리게 될 징조. (색깔이 묽거나 검고 탁하든지 아주 적은 양의 똥오줌일 경우는 대개 불쾌하고 이롭지 않은 말썽이나 손실에 부딪치게 된다.)

●변소의 오물을 논밭으로 퍼나르는 꿈은?
자기 변소에서 자기 전답으로 똥오줌을 퍼내면 재물을 투자하여 더 많은 이득과 권리를 얻게 되며, 남의 변소의 똥오줌을 자기 논밭에다 퍼내면 장차 큰 재물과 이권을 획득하게 될 징조.

●변소나 화장실에 들어가려는데 이미 먼저 사용하는 사람이 있는 꿈은?
심적인 갈등과 부담으로 일에 대한 실망이나 방황 내지 손실을 겪게 될 징조.

●남의 변소나 화장실에 몰래 숨어들어가거나 바깥에서 화장실 안이 훤히 들여다보이는 꿈은?
이성관계나 애정문제와 연관된 충동 내지 유혹에 신경이 분산되거나 실수나 장해가 발생될 징조.

●똥오줌이 몸이나 의복에 묻는 꿈은?
재수가 트여서 금전과 권리가 풍성해지며 집안과 사업이 번창하고 안정을 얻게 될 징조.
(만일 의복이나 몸에 묻은 오물을 씻거나 닦아내면 재물이나 권리가 들어왔다가 결국에는 도로 흩어져 나가버린다.)

●똥오줌 및 거름통을 집으로 들여오는 꿈을 꾸면?
장차 큰 이익과 재물을 얻는 기쁜일이 생길 징조.
(여기저기 똥오줌이 널려 있는 것을 보는 꿈도 역시 비슷한 길몽이다.)

●똥오줌을 누려는데 사람이나 동물 등 어떤 방해대상이 있어서 배설을 못하고 안절부절하는 꿈은?
구하는 소망이나 사업, 금전관계 등에 장해 및 훼방이 빚어지고 원하는 목적을 달성치 못할 징조.

●똥오줌이 밥솥이나 식기 안에 들어 있거나 솥이나 밥그릇에 묻어 있는 것을 보는 꿈은?
멀지 않아 말썽·구설 및 손재수가 생기는 등 궂은일에 부딪칠 징조.

● 똥오줌을 집 밖으로 쏟어내거나 대소변을 잃어버리는 꿈은?
재물이 흩어지고 가업의 실패나 곤란 등 여러 가지 불이익과 말썽 및 장해가 발생될 징조.

● 배가 하늘을 날아다니는 꿈은?
장차 크게 재물과 권리가 형통하고 풍요와 안정을 누리게 될 징조.

● 배가 거꾸로 뒤집혀서 허공을 날아다니는 꿈을 꾸면?
어떤 일이나 목표 또는 자기에게 비방·반발 내지 이탈하는 사람이 나타날 징조이다.

●배를 타고 항구에 도착하거나 입항해서 육지에 오르는 꿈은?
명예와 지위(직장·벼슬)에 안정과 발전이 따르고 입신·출세의 길이 트여질 징조.

●배를 타고 있으면서 해나 달을 바라보는 꿈은?
벼슬(직장)운이 트이고 좋은일이 겹쳐서 생기며 귀인의 도움을 얻는 등 부귀·번성할 징조.

●배를 타고 다리(교량) 밑을 통과하는 꿈을 꾸면?
부진했던 일이나 앞길을 가로막고 있던 장해와 곤란이 타개될 징조.

● 순풍에 돛을 달고 배를 띄우거나 배에 타고 있을 때 돛이 바람을 받아 팽팽히 펼쳐지는 것을 보는 꿈은?

제반 소망사가 의도하는 대로 순탄히 성취되고 사업이 번창하며 지위(신분·벼슬)가 안정될 징조.

● 불빛을 가지고 배 안으로 들어가는 꿈을 꾸면?

점차 경영하는 사업과 신분 및 지위에 번창·발전과 영화로움이 따르게 될 징조이다.

제9장/부엌·화장실·교통수단·병·결혼식에 관한 꿈   405

● 물 위에 떠 있는 배에서 주연을 베풀거나 술을 마시는 꿈은?
외부에서 소식이 오거나 멀리서 손님이 오게 되든지 이사 또는 변동이 발생할 징조.

● 배 안으로 물이 고여드는 꿈을 꾸면?
사업이나 계획·소망 등이 성취되고 재물과 권리가 풍성해지는 안정을 누리게 될 징조이다.

● 남과 함께 배를 타고 물을 건너는 꿈은?
직장·사업 등과 관련된 변동이 생길 징조.

●배 속에 생물이나 동물이 들어 있는 꿈은?
잉어나 돼지·강아지 등을 보면 재수와 이권이 넉넉해지고, 게 또는 송사리·큰 개 등을 보면 일기가 불순해지고 세찬 바람이 불 징조.

●물이 얕아서 배가 해안의 모래톱에 정박한 채 움직이지 못하는 꿈은?
구설과 시비 등 말썽에 휘말리게 될 징조.

●마당이나 정원에 배가 놓여져 있든지 집 안 뜰에서 배에 올라타는 꿈을 꾸면?
재물이 흩어지고 말썽이나 손실 등 장해가 발생될 징조.

제9장/부엌·화장실·교통수단·병·결혼식에 관한 꿈 407

●혼자서 배를 타고 강이나 호수 또는 바다를 건너가는 꿈은?
지위가 상승하고 벼슬(직장)운이 열리며 귀인을 만나 큰 도움을 입게 될 징조이다.

●배에서 물로 떨어지는 꿈을 꾸면?
돌연한 말썽이나 궂은일에 부딪쳐 손실과 장애를 치르게 될 징조.

●아버지를 도우면서 배에 타는 꿈은?
직장이나 신분상의 영예로움 및 벼슬운이 따를 징조.

●배에 타고 키 또는 선박 운전대를 보거나 붙잡는 꿈은?
직업·직장에 관련된 발전 내지 융성을 누리게 될 징조.

●배를 타고 꽃구경을 하는 꿈은?
주식(酒食)연회와 관련된 출입사항이 생기고 이성간이나 애정문제에 말썽 또는 다툼이 발생될 징조.

●여러 사람이 어울려 함께 배에 승선하는 꿈은?
이익과 권리가 늘어나고 소망이 이루어지며 이사나 직업상의 변동이 발생할 징조.

●배가 파괴되거나 부서져 난파를 당하는 꿈을 꾸면?

본인이나 가족들에게 말썽이나 곤란이 발생되어 큰 피해를 겪게 될 액화의 징조이다.

●병들은 환자가 배에 타는 꿈은?

회생불능의 중환(重患)이 되거나 사망의 징조.

●배 가운데 자리를 깔고 드러눕는 꿈을 꾸면?

멀지 않아 심한 중병을 앓거나 사고 또는 불행한 사태에 부딪치게 될 징조.

●배가 전복되어 물 속으로 가라앉은 꿈을 꾸면?

예기치 않은 돌발사고 내지 손실, 시비 및 큰 타격이나 장해 등 궂은일이 생길 징조.

●실제 병을 앓고 있는 사람이 배를 타는 꿈을 꾸면?

질병이 쾌차되고 우환이 흩어질 징조.

●배 위에 드러누워서 기동(起動)을 하지 못하는 꿈은?

그 당사자가 재난·손실·말썽 등 장해를 치르게 될 징조.

●자전거나 오토바이를 타고 꼬불거리거나 음침한 길을 달리는 것은?

자기의 입장이나 위치가 불안정해지고 주위 사람들과의 마찰·갈등 및 다툼이 발생하여 결과적으로 손실과 피해가 닥칠 징조.

●자전거나 오토바이를 타고 시내의 큰길을 경쾌하게 누비고 다니는 꿈은?

경영하는 사업이나 교제·상담·거래 등이 순조롭게 진척되고 막혔던 장해가 흩어지는 등 운수와 호전이 따를 징조.

●오토바이나 자전거를 타고가는 도중에 고장이 나거나 심하게 부서져 못쓰게 되는 꿈은?

부부나 연인·친구 등과의 관계와 재물거래에 파탄·손실 및 경영사나 구하는 소망의 성취부진 등 장해와 어려움을 치르게 될 징조.

●자전거를 타고 가파른 고개나 언덕길을 힘들게 올라가는 꿈은?

여러 가지로 애를 많이 써도 노력에 비해 실적이 오르지 않고 때때로 장해와 곤란에 부딪쳐 말썽을 겪게 될 징조.

●짐을 실은 마차나 수레를 끌고가는 마부가 되는 꿈은?

심적인 부담과 충동을 겪게 되며 주위 상황의 불안 및 사업에 혼선이 발생하여 곤란을 치르게 될 징조.

●짐을 실은 마차가 질주하거나 채찍으로 우마를 때려서 길을 이끄는 꿈은?

정신적인 갈등과 방황이 따르며 대인관계와 사업에 장해와 손실을 겪을 징조.

●기차역이나 버스 정거장 또는 휴게소 등이 규칙적으로 반복되어 나타나는 꿈은?
점차 앞길이 열리고 하는 일이 순조롭게 발전·안정되는 융성과 풍요를 누리게 될 징조.

●운전기사가 크로즈업되어 보이는 꿈을 꾸면?
요행수에 의한 이득을 바라거나 남의 노고에 편승하여 자기의 욕구를 달성하려는 징조.

●기차나 버스를 타고 종착역에 도착하는 꿈은?
지난 과정을 청산·정리하고 새로운 구도나 신규방향으로의 전환과 개척을 가하는 노력이 큰 성과를 거둘 징조.

●열차를 타고 터널 속을 지나가는 꿈은?

제반 사업이나 구하는 소망·계획 등에 차질 및 장해·곤란 등이 발생하여 번거로움을 치르게 될 징조.

●열차가 탈선하거나 차량이 전복되어 길 밖으로 나뒹구는 꿈은?

집안 살림과 자신, 가족들한테 좋지 못한 궂은일이나 말썽 등 재난이 발생되고 재물 및 경영사가 파탄에 부딪칠 징조.

●열차나 버스가 정차하지 않고 그대로 통과하는 꿈은?

남과 다투거나 재물 및 이권의 손실이 발생될 징조.

●개찰구나 플랫폼 또는 버스 터미널 등을 보는 꿈은?

난처한 입장에 처하거나 주변 상황이 불리하게 돌아가고 하는 일이나 소망사의 차질과 비밀·은폐·눈가림 등의 부담과 곤란을 겪을 징조.

●차표나 정기승차권·패스 등을 구입·사용하거나 검표를 받는 꿈은?

심리적 갈등과 방황을 겪을 애로사항이 발생되며 충동이나 유혹에 의한 장해 내지 손실에 부딪치게 될 징조.

●차나 수레가 막 출발해서 떠나는 꿈은?

장거리 여행과 연관된 움직임이 발생할 징조.

●소방차가 출동하는 것을 보는 꿈은?
구하는 소망이나 경영사에 장해나 부진 등 곤란이 생기고 말썽과 손실 등 궂은일이 빚어질 징조.

●열차나 전철을 타고 가면서 창 밖 풍경을 구경하는 꿈은?
주거나 직장·사업 등에 이동 내지 움직임이 발생되어 변화를 갖게 될 징조.

●수레(차량)의 바퀴가 깨지거나 부서져서 흩어지는 꿈은?
부부나 정인(情人)과의 이별 내지 이성관계나 애정문제로 인한 손실 또는 풍파를 치르게 될 징조.

제9장/부엌·화장실·교통수단·병·결혼식에 관한 꿈   415

● 분뇨수거 차량이나 오물회수 차량이 자기 집 앞에 정차하고 있는 꿈은?

큰 재물이나 이권에 손실이 생기든지 타인과 연관된 말썽 내지 피해 등 액화에 부딪치게 될 징조.
(분뇨나 오물을 자기 집 안에다 흘리거나 차량에서 새어나오는 꿈은 가로막혔던 재수가 풀리고 많은 금전 내지 이권을 획득하는 융성과 번창을 누리게 될 징조.)

● 열차나 버스가 충돌하거나 사고나 고장이 생겨 출발하지 못하고 멈추어 서 있는 꿈은?

구하는 소망이나 계획 및 경영하는 일 등에 혼선과 차질이 생기고 앞뒤의 일이 제대로 연결되지 않거나 마무리의 차질 또는 손실로 장해를 치르게 될 징조이다.

● 버스나 승합차를 타고 유쾌하게 큰 도로를 씽씽 내달리는 꿈은?

좋은 배필이나 서로 뜻이 통하는 정인(情人)을 만나게 되고 소망사의 순탄한 발전과 승진·영전 등 기쁨을 누리게 될 징조.

● 차량(수레)을 타고 여행이나 나들이를 다니는 꿈은?

자신의 지위나 가업의 안정·융성과 주변 사람들의 두터운 신망을 얻게 되며 금전운과 직장운이 밝게 트일 징조.

●타이어나 수레비퀴가 빠져나가든지 회전이 불규칙하거나 빡빡해서 잘 돌아가지 않는 꿈은?

구하는 소망이나 제반 경영하는 일에 방해물이나 곤란이 발생되어 장해를 겪게 될 징조.

●실제로 병을 앓고 있는 환자가 타고갈 수레(차량)를 준비하는 꿈을 꾸면?

돌연한 불상사 내지 사망의 흉험에 부딪치거나 회생이 어려운 우환 및 질병이 발생할 징조.

●수레(차량)가 집의 대문을 넘어들어오는 꿈은?

근친 가족간의 이별·분산·사고 등 흉험한 액화가 생길 징조.

제9장/부엌·화장실·교통수단·병·결혼식에 관한 꿈 417

●수레(차량)가 물 속으로 잠기는 꿈은?
우환이나 재물의 손실 등 궂은일이 발생될 징조.
(분주히 오고가는 수레나 차량 등을 보는 꿈은 모든 하는 일이 순탄하게 형통할 징조이다.)

●수레(차량)에 실려 있으면서 몸을 움직일 수가 없는 꿈은?
극심한 질병이나 재산상의 손실 등 궂은일에 부딪칠 징조.

●수레(차량)가 도로나 다리(교량)를 가로막아 더 이상 앞으로 나아갈 수가 없는 꿈은?
점차 장애와 손실이 늘어나고 경영하는 일들이 순조롭지 못할 징조.

●수많은 차량들이 홍수가 밀리듯 빽빽하게 사방의 도로를 메우고 있는 것을 보는 꿈은?

예기치 못한 재난이나 손실이 발생되며 교통사고나 말썽 및 금전의 부도, 궁색한 입장에 놓여지는 액화를 겪게 될 징조.

●어떠한 문제 때문에 수레(차량)를 움직일 수가 없는 꿈은?

많은 금전의 손실 및 실행하는 일에 장해·곤란 등으로 계획의 목표달성이 어려울 징조.

●좋은 수레나 차량을 타고 환영 인파가 떼지어 모인 곳에 도착하는 꿈을 꾸면?

명예와 신분이 높아지고 벼슬(직장)운이 밝게 트여질 부귀·번창의 징조.

●가마에 타고 있다 뒤집혀 엎어지거나 나동그러지는 꿈을 꾸면?

장차 입신·출세하여 명성을 떨치고 가업이 번창·발전하는 부귀를 누리게 될 징조.

●가마를 타고 이동하는 꿈을 꾸면?

집안 식구들과 흩어지거나 떨어져 지내게 되는 불행이나 불상사 등 이별의 풍파가 발생될 징조.
(사람이 타고 있지 않은 빈 가마나 당가가 움직이는 꿈도 비슷한 재앙과 액운에 부딪칠 징조이다.)

●환자가 노래를 부르는 꿈을 꾸면?
집안에 어수선한 일이나 손실·말썽 등 궂은일이 발생될 징조.

●환자가 죽어서 염습을 하거나 입관을 하는 꿈은?
장차 우환이나 질병 등 재앙이 흩어질 징조.
(자기가 상복을 입는 꿈은 벼슬(직장)운이 트여서 발전과 영예를 얻게 될 징조이다.)

●환자가 여행이나 나들이 차비를 갖추어 집을 나서는 꿈은?

사망의 위태로움이나 회생이 어려운 중병 및 불행한 사태나 난관에 부딪칠 징조이다.

●중병에 걸린 환자가 홀연히 병을 떨치고 일어나서 건강하게 움직이거나 운동을 하는 꿈을 꾸면?

병이 악화되거나 사망의 흉험에 부딪칠 징조.

●병을 앓고 있을 때 전에 세상을 떠난 사람이 찾아와서 반갑게 맞이하는 꿈은?

수명이 얼마 남지 않았음을 예시하며 병이 더욱 악화되거나 회생이 어려울 징조이다.
(방문객을 기피하여 외면하고 만나지 않을 경우는 사망의 흉험은 가까스로 모면한다.)

●병에 걸려 심한 고생을 하거나 불구가 되는 꿈을 꾸면?

뜻하지 않은 좋은일이나 재물·이권 및 행운을 얻게 되고 여행할 기회가 생길 징조이다.

●병들어 누운 환자가 남의 부축을 받는 꿈을 꾸면?

마음에 품고 있는 계획이나 소망이 순조롭게 풀리고 직장이나 신분상에 명예로움이 따르는 승진·영전 등의 기쁜일이 생길 징조.

●환자가 의사의 진찰을 받거나 주사를 맞는 꿈을 꾸면?

차츰 신병이 호전되어 쾌차하고 수명이 길어지는 즐거움을 누리게 될 징조.

●환자가 처음에는 울다가 뒤에 웃는 꿈은?

질병 및 우환이 흩어지고 근심이 해소될 징조.

●환자가 높은 산 위를 향해 자꾸 올라가는 꿈을 꾸면?
병이 더욱 깊어지고 수명에 흉액이 미칠 좋지 못한 불상사의 징조.
(반대로 산에서 내려와 평지나 대로에 완전히 접어드는 꿈을 꿀 경우는 질병이 치유되고 우환이 해소되는 즐거움이 따를 징조.)

●실제로는 건강한데 심하게 다치거나 중병을 앓는 꿈을 꾸면?
우환이나 말썽 등의 장해가 발생하여 다툼과 손실에 부딪치게 될 징조.

●환자가 소와 함께 집을 나서거나 소 뒤를 따라가는 꿈은?
조상을 쫓아 집을 벗어나는 형국이어서 신상이 매우 위험한 지경에 놓여지거나 궂은일을 겪게 될 징조.

●환자가 의복을 새것으로 갈아 입는 꿈을 꾸면?

더욱 병이 깊어져서 회생불능에 이르거나 임종이 멀지 않음을 암시하는 흉액의 징조.
(화려하고 산뜻한 옷으로 갈아입으면 점차 증세가 호전되어 병을 떨치고 쾌차하게 될 징조.)

●병이 깊어서 자리에 누워 거동을 못거나 황급히 병원에 입원하게 되는 꿈은?

꿈속의 환자가 중병에 걸리거나 사고나 불상사에 부딪치는 등 위험이 따르게 될 징조.

●평시에 의사나 간호원을 보는 꿈을 꾸면?

심신이 건강하고 수명이 길어지며 하는 일에 재수가 있고 금전과 권리가 풍부해질 징조.

●약국에 들어가 약사와 병증세를 상담하든지 약을 구입하는 꿈을 꾸면?

심신의 불안정 및 충동과 유혹 등에 관련된 갈등·방황·불화·근심·우환·손실을 겪게 될 징조.

●양약이나 한약을 먹고 마시는 등 약물을 복용하는 꿈을 꾸면?

실제의 환자가 마시면 질병이 속히 쾌유되고 건강한 사람이 꿈에 약물을 복용하면 질병이나 우환 등 좋지 못한 궂은일이 발생할 징조.

● 실제로는 건강한 사람이 병원에 들어가 의사의 진찰을 받거나 몸 내부를 기계로 촬영하는 꿈을 꾸면?

내부사정이나 비밀에 부쳐질 일이 외부로 노출되어 말썽 또는 손실이 빚어지는 복잡한 상황에 놓여져 장해를 치르게 될 징조.

● 병원과 관계된 출입이나 행동이 수반되는 꿈을 꾸면?

심적인 부담과 갈등 및 방황·충동에 의한 손실 내지 장해가 빚어지게 될 액화의 징조이다.

● 마루(대청·거실)에서 슬피우는 꿈을 꾸면?

좋지 못한 우환이나 궂은일이 생겨 애통해 하게 될 징조.

● 누가 깨끗한 대청이나 안방에 앉으라고 권하거나 새 방석이나 자리를 내어주는 꿈은?

지위나 책임이 무거워지고 승진·영전 및 입신·출세의 길이 트일 징조.

● 대청(마루·거실)에서 노래를 부르며 즐겁게 노는 꿈은?

아주 서럽고 슬픈일을 당하게 되거나 상복을 입게 될 액화가 발생하게 될 징조이다.

●목욕을 마치고 대청(마루·거실)에 벌거벗고 서 있는 꿈은?

주위 사람들과 연관된 말썽·구설 및 재물피해가 발생되거나 부정·비밀의 노출로 곤욕을 치르게 될 징조.

●마루(대청·거실)에 피가 묻어있는 것을 보는 꿈은?

애정풍파 내지 말썽·손실 등이 빚어지고 처첩이나 정인(情人)이 간사한 뜻을 품거나 은밀한 속임수를 쓰게 될 징조.

●부부가 함께 잠자리에 누운 것을 보는 꿈은?

집안이 단란·화목해지며 가족·친지와 동심협력해서 재물과 이권이 늘어나는 즐거움이 생길 징조.

●부부가 서로 마주보고 절하는 꿈을 꾸면?
가정풍파가 발생되어 집안이 시끄럽든지 심하면 서로 떨어져 살거나 이별하여 갈라지게 될 징조.

●부부가 함께 나들이나 여행을 하는 꿈을 꾸면?
재물의 손실이나 피해가 발생하게 될 장해의 징조.

●부부가 함께 시장(市場) 안으로 들어가는 꿈은?
점차 가업이 번성하고 소망과 계획이 순조롭게 성취되며 재물과 이권이 풍부해질 징조이다.

●부인이 임신을 하거나 출산준비를 하는 꿈은?
외부에 드러내지 못할 숨겨진 비밀이나 난처한 입장 및 어떤 일로 말 못할 속사정이 생길 징조.

●부부가 나란히 자리에 앉아 있는 것을 보는 꿈은?
재물과 이권을 얻게 되고 가정이 화목해져 점차 살림이 안정되는 기쁨이 따르게 될 징조.

●부녀자의 유방이 아주 커다랗게 부풀어 오르는 꿈은?
장차 잉태를 하거나 재물 또는 미혼자에게는 배필이 생기게 될 징조.
(남자의 유방이 크게 부풀어 오르는 꿈은 말썽·손실 등 재수가 없을 징조.)

● 부부끼리 서로 치고 때리거나 꾸짖고 욕을 하는 꿈은?
집안에 시끄러운 말썽이나 궂은일이 빚어지고 질병이나 손재를 치르게 될 징조.

● 남편이 부인을 정답게 껴안거나 부인이 남편을 끌어안는 꿈은?
경영하는 일과 집안 살림에 안정이 오고 주변에 기쁜일이 생기며 예상보다 풍성한 재물 및 이권이 얻어질 징조.

● 자기의 남편이나 아내가 아닌 다른 사람과 동침을 하는 꿈을 꾸면?
재물의 손실이나 이권의 피해 등 장해가 생기고 남과 다투거나 모함·훼방 및 시끄러운 말썽이 빚어질 징조.

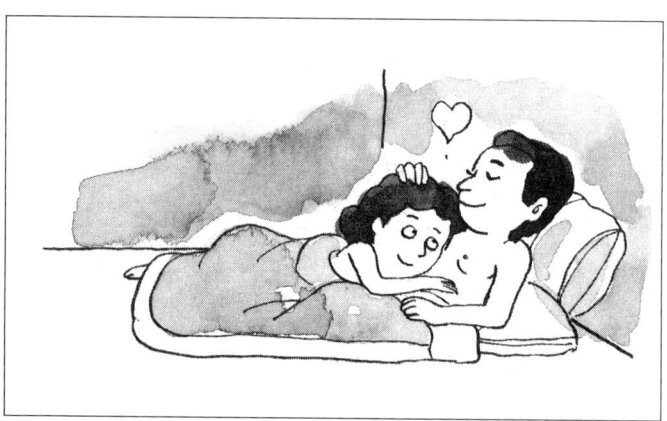

제9장/부엌·화장실·교통수단·병·결혼식에 관한 꿈   431

●여자가 지위가 높은 귀인·고관 또는 성현·위인과 함께 잠을 자는 꿈은?
총명·비범한 자식을 임신하게 될 태몽의 징조이다.

●부부가 함께 잔치나 연회에 참석하여 음식을 먹거나 같이 술을 나누어 마시는 꿈을 꾸면?
가정풍파나 시끄러운 말썽과 손실이 발생되며 이별 또는 분산의 액화에 부딪치게 될 징조.
(부인이 깨끗한 의복을 입고 공손히 술잔을 받을 경우는 총명한 자식을 임신할 태몽이다.)

●전혀 의복을 걸치지 않은 알몸으로 수영을 하거나 길거리를 오가는 꿈을 꾸면?
주위 상황에 연관된 심리적인 방황·불안 및 충동과 유혹에 따른 장해를 겪게 될 징조.

●처첩에게 자신이 얻어맞거나 자기가 처첩을 때리는 꿈은?
집안에 번거로운 말썽, 장해·손실이 생기고 능력과 역량에 힘이 부치는 등 곤란과 파탄의 재난에 부딪치게 될 징조.

●부부가 함께 욕탕이나 수영장의 물 속에 들어가는 꿈은?
재물에 이로움이 늘어나고 가업이 융성하는 등 기쁨과 안정을 성취하게 될 징조이다.

●부부가 함께 목욕을 하는 꿈은?

사업의 발전·성취, 재물·이권의 융성 등 기쁜일이 생길 징조이다.

●부부간에 배우자가 죽어 사별(死別)하는 꿈을 꾸면?

남편이 죽는 꿈일 경우는 사업이나 직장관계의 장해와 손실·곤란이 발생되고, 아내가 죽는 꿈일 경우는 재물이나 부부 또는 가족관계의 말썽이나 불안·피해 등 궂은일이 생길 징조.
(죽었다가 다시 되살아날 경우는 피해나 손실의 규모가 더 커지고 수습이 힘들어진다.)

●부인이 알몸을 드러내거나 남자가 옷을 벗어 알몸이 되는 꿈은?

재물의 이로움이나 명예(신분)가 높아지는 기쁨이 따르게 될 징조.

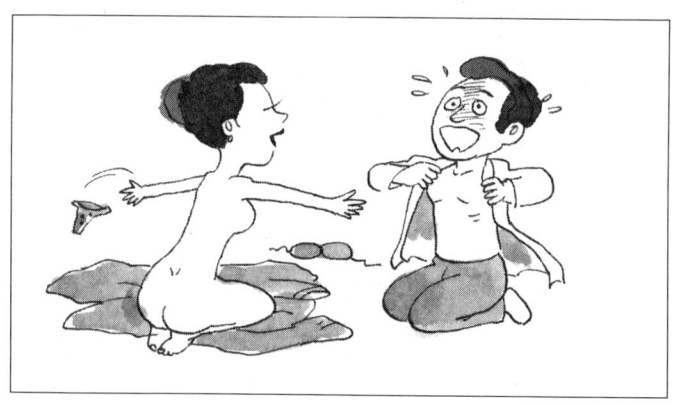

●부부가 서로 이혼하고 헤어지는 꿈은?
심적인 부담과 유혹 및 주위 상황의 불안정에 의한 갈등과 충동으로 방황 내지 손실을 겪게 될 징조.

●자기의 아내가 바람을 피우는 꿈을 꾸면?
자신의 명예와 지위가 높아지고 널리 이름을 떨치게 되며 타인의 존경과 신망을 얻어 집안이 발전·융성하게 될 징조.

●나체를 가리려고 애쓰든지 몹시 난처해 부끄러워 하는 꿈은?
외부에 숨겨야 할 사항 내지 노출되면 매우 곤란하게 될 부정이나 비밀이 생길 징조이다.

●남편이나 부인을 두고 다른 여자나 다른 남자에게 시집이나 장가를 가는 꿈을 꾸면?

집안에 좋지 못한 궂은일이 생기고 한쪽이 죽어서 부부간에 이별하거나 갈라서든지 심각한 가정풍파 내지 산란한 말썽을 겪게 될 징조.

●남편이 딴 여자와 바람을 피우는 꿈을 꾸면?

애정문제의 갈등이나 말썽, 가정의 화목이 깨지는 시끄러운 일이 발생되어 장해와 손실을 치르게 될 징조.
(늙은 남편이면 건강이 좋아지고 장수를 누리면서 말년을 편안히 보내게 될 징조이다.)

●자기의 남편이나 아내가 아닌 딴 사람과 함께 잠자리에 들어서 성행위를 하는 꿈은?

재물의 손실이나 구설·말썽·가정불화 등 장해가 발생될 징조.
(미혼자일 경우는 애인이나 배우자가 생기거나 평소의 소망 내지 계획에 따른 다소간의 성취가 얻어질 징조.)

●자기가 사랑을 주는 꿈은?

주변 사람들의 구설 및 말썽에 연관되어 손실과 장해를 치르게 되는 액화가 닥칠 징조.

●자기의 연인과 다투거나 어떤 심각한 이야기를 주고받는 꿈을 꾸면?

서로 다투거나 불화가 생기며 등을 돌리거나 결별 내지 멀리 떨어져 흩어지게 될 징조.

●자기의 연인이 눈물을 흘리며 슬퍼하는 꿈은?

불가피하게 서로 갈 길을 찾아 떠나거나 이별하게 되는 상황에 놓여지게 될 징조이다.

●연인과 함께 호젓한 길을 걷는 꿈은?

멀지 않아 어떤 장해 내지 곤란에 부딪쳐서 갈등과 방황을 치르게 될 액운의 징조이다.

●연인과 서로 사랑을 주고받는 꿈을 꾸면?

상대방에게 사랑을 받으면 점차 운수가 트이고 구하는 소망과 계획을 순조로히 달성하는 기쁨이 얻어진다.

●아내와 성행위를 하는 꿈을 꾸면?

우환이나 신병이 생겨서 손재 내지 근심을 치르게 될 징조.
(대체로 사악한 잡귀가 붙어서 질병이나 사고를 발생케 만드는 수가 흔하다.)

●여승이나 수녀와 부부가 되거나 성행위를 하는 꿈은?

훌륭한 인물이나 귀인을 상봉하고 명예(지위)의 상승, 약정의 체결 또는 재물에 이득이 생길 징조.

●부녀자가 악한에게 강간을 당하거나 또는 스스로 어떤 남자를 유혹하려 하는 꿈은?

재물이나 금전상의 이로움이 늘어나고 새로운 거래의 추진 내지 교섭 또는 여성교제가 형성될 징조.

●남남 사이인 남녀가 서로 끌어안고 유희를 즐기며 노는 꿈은?
벅차고 힘든 일로 고민하거나 비방·구설 내지 치욕 등 부끄러운 일을 겪게 될 징조.
(나이가 적은 이성을 끌어안고 즐기며 노는 행위도 비슷한 흉몽이다.)

●부녀자가 어떤 사람의 유혹에 넘어가서 몸을 내맡기거나 집 안으로 타인을 데리고 들어와 접대하는 꿈은?
예기치 않은 말썽이나 훼방·부정·탈선 등에 연관된 장해가 발생할 징조.

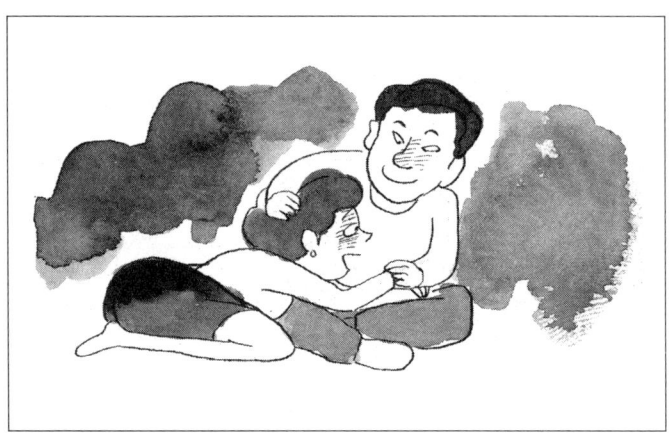

● 성기를 다치거나 절단되든지 손상되어 피가 흐르는 꿈은?
재물이나 직업(직장)에 연관된 장해 내지 손실이 생기든가 예기치 않은 구설·다툼·말썽에 부딪치게 될 징조.

● 남녀의 성기(性器)나 음부(陰部)를 보게 되는 꿈은?
장차 말썽이나 손재수에 휘말린다든지 비방 및 치욕을 겪게 되는 장애가 생길 징조이다.

●결혼식 도중 상복입은 사람을 보는 꿈은?

뜻밖의 재물손실이나 불상사·구설수·말썽·우환·질병 등의 장해에 부딪치게 될 징조.

●결혼하는 배우자가 누구인지 확실치 않거나 아예 예식장에 모습을 보이지 않는 꿈은?

어떤 난처한 일로 인한 갈등이나 당황스런 처지에 놓여지는 난관이 발생할 징조이다.

●결혼이 누군가의 방해 때문에 깨지게 되는 꿈은?
매우 허망한 일에 부딪치거나 다급한 사정 내지 낭패스러운 말썽이 발생될 징조이다.

●자기가 결혼식을 올리는데 잘생긴 배필을 맞아들이는 꿈은?
귀인을 상봉하거나 원하던 소망의 달성 등 재물과 명예가 늘어나는 기쁨을 얻게 될 징조.

●남의 결혼식에 참석하여 상대를 축하해주는 꿈은?
오래지 않아 자기의 신상에 좋은일이 있게 되고 미혼남녀는 천생배필을 만나게 되며 애인이 생기는 기쁨을 누리게 될 징조.

제 10 장
죽음·제사·돈에 관한 꿈

사례 청강쇄어(淸江瑣語)에 나오는 이야기다.

고려때 시중(侍中) 벼슬을 지낸 심룡(沈龍)이란 사람이 있었는데, 그는 이씨조선의 개국공신이자 청성백(靑城伯)에 봉함을 받았던 심덕부(沈德符)의 부친이다.

그의 후대 여손(女孫)들이 두 번이나 국모(國母)가 된 바 있는데, 곧 소헌(昭憲)왕후와 인순(仁順)왕후가 그들이다.

그런데도 이조 말엽까지 그의 자손들은 심룡의 실제 묘소가 어디에 있는지도 모르고 그의 신주만을 모셔왔던 것이다. 그래서 그의 후손 가운데 한 사람이 신주를 아예 마전(麻田) 땅의 청성백 묘지 위에 묻어버렸다.

그런 얼마 후 인순왕후가 하루는 청릉부원군(靑陵府院君) 심강(沈鋼)을 불러 조상의 신주를 옮긴 자가 있느냐고 물었다. 그녀의 꿈속에 어떤 노인이 나타나 자신은 심가(沈家)의 조상인데 자기의 신주를 땅에 묻지 말라고 말했다는 것이다.

그래서 그는 다시 황급히 신주를 받들어 모셔오고 제사를 받드는 자에게 벼슬까지 내렸다 한다.

[사례] 청파극담(靑坡劇談)에 나오는 이야기다.

　재상 권홍(權弘)은 그 지위가 오를데로 오르고 나이도 또한 많아 경치가 좋은 곳을 찾아다니며 즐기는 것으로 시간을 보냈다. 하루는 그가 꿈을 꾸었는데 한 노인이 나타나 울면서 하소연을 하였다.

　"홍재상께서 장차 제 가족을 죽이려 할 것이니 원컨대 상공께서 저희를 구원하여 주시옵소서."
라는 것이었다. 그래서 권재상이 묻기를,

　"그렇다면 내가 어떻게 하면 당신을 구해줄 수 있겠는가?"
라고 물었더니,

　"홍재상이 반드시 상공과 동행코져 할 터이니 상공께서 그때 거절하신다면 홍재상 또한 가지 않을 것입니다. 이것이야 말로 저희를 구해주는 길이옵지오."
라고 하였다.

　이때 문 두드리는 소리에 권홍은 잠에서 깨어났다. 무슨 일인가 물으니 홍령공(洪令公)이 오늘 상공과 더불어 활을 쏘아 자라를 잡아서 구어먹자는 전갈이었다.

　그래서 그는 아마도 꿈속의 노인은 자라가 분명할 것이라 여기고 몸이 불편해서 동행치 못하겠노라며 사양하였다. 나중에 들으니 홍재상 역시 그곳에 가지 않았다는 것이었다.

●돌아가신 부모나 조상이 눈물을 흘리며 우는 꿈을 꾸면?

집안에 좋지 못한 불상사나 장해·손실이 생기며 사업의 파탄 및 재물의 실패와 직장·지위·명예훼손·좌절·말썽 등 가장과 직속 상사에게 흉험이 닿고 궂은일을 치르게 될 징조.

●죽은 부모가 자기를 데리고 길을 가거나 길을 빨리 떠나자고 재촉하는 꿈을 꾸면?

뜻밖의 사고나 불행한 일이 생기고 질병 및 우환이 닥쳐 손재와 근심을 치르게 되며 신변에 사망의 위험이 다가오고 있는 징조.

●부모가 꿈속에서 돌아가시거나 큰 병환을 겪고 있는 꿈을 꾸면?

집안 살림이 기울어지고 재수가 없으며 사업과 지위·명예 등에 곤란과 실패 등 심각한 장해를 치르게 될 징조.

●조상이나 부모에게 책망과 꾸지람을 듣는 꿈은?

사업의 차질과 일신이나 가정에도 뜻하지 않은 말썽이나 손재가 생기는 등 궂은일과 피해로 곤란을 겪게 될 징조.

제10장/죽음·제사·돈에 관한 꿈 447

●부모와 함께 산책을 하거나 길을 걷는 꿈을 꾸면?

집안일이 안정되고 사업이나 소망하는 일이 순조로히 성취되며 화목·번성의 평온과 기쁨이 따를 징조.

●생존해 떨어져 살고 있는 양친부모를 만나보는 꿈은?

주위에 나쁜일이 닥치고 다툼·질병·손실 등 장해가 발생되어 곤란을 겪게 될 징조.

●집안 어른이나 상사, 존귀한 인물 및 손윗사람이 자기에게 절을 올리든지 높이 받들어 모시는 꿈은?

윗사람들의 인정과 도움을 얻게 되고 모든 장해 및 곤란이 순탄하게 해소되어 발전과 융성을 누리게 될 징조.

●같이 길을 걷던 형제자매가 도중에 갑자기 안보이는 꿈을 꾸면?

사업의 계획, 소망사 등의 뒷끝이 좋지 않고 집안 친척들과 연관된 손실 내지 말썽이 생길 징조.

●형제자매가 같이 옷감이나 나무 등을 자르든지 쪼개는 꿈을 꾸면?

집안간이나 형제·친척간에 의리가 상하고 서로 다투거나 원망을 품게 되는 등 불미스러운 일이 발생될 징조.

●부모·형제·자매·처자식 등 온가족들이 한방에 모두 모여있는 꿈은?

시끄러운 말썽이나 불쾌한 일이 빚어지고 손실과 다툼이 생기며 심할 경우는 이별·분산 등 좋지 못한 불상사에 부딪치게 될 징조.

●형제자매가 함께 길을 걷고 있는 꿈을 꾸면?

집안 식구들이 한군데 모인다든지 협력할 일이 생기거나 외지로 출입왕래할 사항이 있게 될 징조.

●형제자매가 병을 앓거나 다치든지 사고를 당하는 꿈은?

집안에 시끄러운 말썽이나 장해가 발생되어 곤란을 치르는 어려움이 닥칠 징조이다.

●형제자매가 살림을 나누거나 서로 작별하는 꿈은?

사람들의 구설수에 올라 비방 내지 말썽에 연관되어 어렵고 힘든 장해를 치를 징조이다.

●형제자매와 함께 배에 올라타는 꿈은?

멀지 않아 시끄러운 말썽이나 어수선한 일이 발생되어 피해와 곤란을 겪게 될 징조이다.

●형제자매가 각자의 이익을 따져 서로 다투거나 물건을 서로 바꾸어 가지는 꿈을 꾸면?

주거 내지 사업장소를 옮기거나 변동하게 될 징조.

제10장/죽음·제사·돈에 관한 꿈 451

●형제자매끼리 서로 치고때리며 다투는 꿈은?
예상밖의 이익이 생기거나 재물과 연관된 좋은 기회를 만나게 될 징조.

●가까운 집안 친척들이 한데 모여 화목하게 즐기고 노는 꿈을 꾸면?
재물과 권리가 풍성해지고 경영사와 집안 살림이 번창·안정되는 영화가 따르게 될 징조.

●먼 곳에 사는 친척을 만나 서로 대화를 나누는 꿈을 꾸면?
구하는 소망사와 계획 등이 순조롭게 달성되고 재물과 이권이 늘어나는 기쁨을 누리게 될 징조.

● 멀리에 떨어져 살고 있는 친척이 죽는 꿈을 꾸면?

꿈속에 죽은 사람이 신병을 앓거나 위급한 상황에 놓여지는 등 재난 내지 불상사를 치르게 된다.

● 친척이 죽어서 상복을 입는 꿈은?

가로막혔던 장해와 곤란이 순조롭게 풀리고 구하는 소망과 계획의 원만한 달성 및 안정을 이룩하게 될 징조.

● 친구와 다투고 싸우는 꿈을 꾸면?

주위에 구설·비방 및 나쁜 소문이 떠돌아 불이익과 장해 등 곤란을 겪게 될 징조.

● 다투던 친구로부터 매를 얻어맞는 꿈은?

잘 안풀리던 일이나 말썽·곤란 등이 순탄하게 호전되며 타인의 도움을 받아 안정과 이로움을 얻게 될 징조.

● 친구와 함께 사무를 보든지 노동을 하거나 어떤 일을 같이 하는 꿈은?

멀지 않아 앞길을 가로막았던 문제들이 주변 사람들의 협조와 타인의 도움을 얻어 원만하고 순조롭게 해결될 징조.

● 어린애를 물통이나 욕조에 빠뜨려 숨지게 하는 꿈은?
심적인 갈등과 불안 및 현실상황을 탈피하고 싶은 방황·충동 등을 겪게 되며 생활여건의 변화를 바라는 징조.

● 남이 아이를 출산하는 꿈을 꾸면?
남이 낳은 아이가 옷을 입으면 근심과 말썽, 손실이 생기고 옷을 입지 않은 알몸일 경우는 기쁜 소식이 오거나 재물이 생긴다.

●어린아이가 죽거나 어디론가 실종되어 없어지는 꿈은?
가로막혔던 장애와 곤란, 근심과 방해물이 흩어지고 점차 안정과 발전을 얻는 기쁨이 따를 징조.

●여자아이나 사내아이 등 자기의 자녀가 태어나는 꿈을 꾸면?
재물이나 이권이 생기든지 자녀를 잉태하게 될 징조.

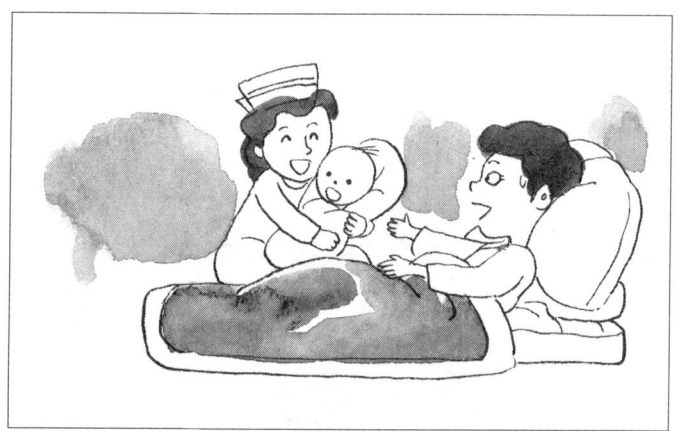

●귀여운 어린아이가 살며시 방문을 열고 들어오거나 말을 걸어오는 꿈은?
자녀의 임신·출산에 따른 기쁨 내지 금전의 유익이 생길 징조이다.

●어린아이가 아프거나 병이 드는 꿈을 꾸면?
사람들의 구설이나 비방과 장해가 발생되어 손실 및 말썽이 생길 징조.

●자기가 어린아이를 등에다 업고서 힘들어 하거나 어린아이가 바짝 달라붙어서 떼를 쓰며 떨어지려 하지 않는 꿈은?
모든 일에 장애와 마(魔)가 많이 끼고 손실과 피해가 늘어날 징조.
(본시 낯 모르는 어린아이는 근심과 우환의 징조이다.)

●어린 계집아이를 품에 끌어안고 귀여워 하거나 낯설은 계집아이를 집으로 데리고 들어오는 꿈을 꾸면?

자기의 주변에 시끄러운 말썽이나 손재수가 발생되고 어떤 일로 심각한 곤란을 겪든지 고립된 상황에 놓여질 징조.

●어린아이가 아주 조그맣게 몸이 줄어드는 꿈을 꾸면?

그 어린아이의 앞길에 언짢고 불길한 액화가 발생될 것을 암시하는 재난의 징조이다.

● 어떤 사람과 동행하여 먼길을 떠날 차비를 갖추는 꿈을 꾸면?
질병이나 우환·손재 등 궂은일이 발생될 징조.

● 어떤 사람이 함께 길을 떠나자고 재촉하는 꿈은?
중병 내지 사고·우환 등 불상사의 징조이다.

● 외국이나 명승지로 여행을 떠나는 꿈은?
새로운 분야 또는 계획에 연관되거나 신규사업의 시작·종사 등 이동과 변화를 맞이하게 될 징조.

제10장/죽음·제사·돈에 관한 꿈   459

●어떤 사람이 외지로 출장이나 여행을 나갔다가 돌아오는 꿈은?
질병이나 우환, 손재 등 좋지 못한 일이 발생될 징조.

●사람들이 떼를 지어 자기한테 몰려오는 꿈을 꾸면?
자기를 도와주고 같이 협력하여 목표를 향해 나아갈 동지 및 귀인을 얻게 되며 장해와 곤란을 타개하여 원하는 소망을 달성하게 될 징조.

●먼 곳에 떠나가 있는 사람이나 여행 중인 사람을 부엌에서 만나는 꿈은?
조만간 외부에서 소식이 오거나 떠난 사람이 돌아오게 될 귀환의 징조.

●땅을 치며 슬프게 우는 꿈은?
정신적·물질적 이득이나 원하는 소망의 성취 및 발전과 생활의 안정이 얻어질 징조이다.

●하염없이 눈물을 흘리며 오래도록 우는 꿈은?
은근한 기쁨이 한동안 지속되고 주위의 축하를 받을 일이 있을 징조.

●먼곳에서 찾아온 사람이 슬피우는 꿈은?
예기치 않은 사고나 손실 및 장해에 부딪치게 되며 말썽과 곤란을 겪게 될 징조이다.
(자기 집이 아닐 경우는 그 집 주인이 액화를 당하게 된다.)

● 어떤 사람과 함께 애통해 하며 우는 꿈은?
신상이나 집안에 기쁜일이나 축하를 받을 일이 생기거나 소망달성의 영화로움이 생길 징조.

● 온 가족이 모여 모두가 슬퍼하는 꿈을 꾸면?
멀지 않은 장래에 집안에 궂은일이나 불행한 사태가 발생하여 큰 장해와 손실을 겪게 될 징조.
(여러 사람이 소리를 함께 맞추어 울 경우는 하는 일이 잘 풀리고 재수가 트이는 등 여러 가지 좋은 일이 있게 될 징조.)

● 타인만 울거나 자기만 운다든지 슬퍼도 시원하게 울 수가 없는 꿈을 꾸면?
답답하거나 난처한 상황 및 손재와 장해에 부딪치는 애로를 겪을 징조.

● 울면서 혼자 왔다갔다 서성거리는 꿈은?
남들과의 마찰·다툼 및 모함·훼방을 받게 되고 고질병 내지 악성질환에 의한 피해와 고난을 치르게 될 징조.

● 눈물을 흘리지 않고 우는 꿈은?
좋지 못한 재난이나 불길한 액화가 겹쳐서 발생될 징조.

● 어떤 사람에게 일을 시켜 그 목적을 달성하는 꿈은?
벼슬(명예) 및 경영사에 연관된 발전과 이권·재물 등이 얻어질 징조.

● 어떤 사람이 자기의 팔이나 손을 끌어당기는 꿈을 꾸면?
귀인 내지 협력자를 만나 이끌음과 도움을 얻고 실행하는 일의 목표달성과 안정·발전을 이루게 될 징조.

● 어떤 사람과 말이나 행동을 같이 맞추어 행하는 꿈은?
남의 모함이나 비방 및 구설과 손재 등 장애가 발생할 징조.

● 어떤 사람의 부탁이나 지시를 받아 천한 일을 하는 꿈은?
재물과 이권이 생기거나 귀인의 협조 내지 추천을 받게 될 징조.

● 어떤 사람을 고용하여 일을 시키거나 부릴 사람을 채용하는 꿈은?
거주나 직장(사업)의 움직임 및 변동이 발생할 징조.

● 자기가 남을 기쁘게 해주든지 남에게 잘 보이려고 애쓰는 노력을 하는 꿈을 꾸면?
강력한 라이벌 또는 경쟁상대가 생기고 타인과의 말썽·다툼 등으로 손실 및 곤란과 장해에 부딪치게 될 징조.

●곤경에 처했을 때 뜻밖에 자기를 도와주는 사람을 만나는 꿈은?

당면한 어려운 상황을 무난히 해결할 수 있도록 협조해주는 귀인 내지 동업자가 생길 징조.

●어느 한 사람만 유달리 돋보이게 크거나 화려한 꿈은?

타인의 훼방이나 구설·다툼·손실 등 심각한 장해 및 궂은일에 부딪칠 징조이다.

●어떤 사람을 만나고 싶으나 만날 수 없어 애를 태우는 꿈은?

다툼이나 말썽 등 장애가 발생되거나 행하는 일이 순조롭지 못할 징조.

● 먹은 음식물을 토해내는 꿈은?

앞길을 가로막았던 장애와 근심, 액운과 곤란이 점차 순조로히 타개되고 구하는 소망과 경영사의 원만한 발전·성취를 거두게 될 징조.

● 어떤 흉험하고 난폭한 인물과 이야기를 나누는 꿈은?

예기치 않은 구설 및 말썽에 연관되어 장해를 겪거나 재물의 손실 등 궂은 일에 부딪치게 될 징조.

●평소에 자기가 기피하고 싫어하던 사람과 만나게 되는 꿈은?
소망하는 일이나 경영사 등이 잘 이루어지지 않고 질병·우환 및 구설·말썽·이별·분산의 재난이 생길 징조.

●자기가 다른 사람한테 통쾌하게 복수하여 승리를 거두는 꿈은?
억누르고 있던 감정의 갈등과 충동 및 제약을 받는 여건으로부터 벗어날 수 있는 기회 내지 좋은 환경을 얻게 될 징조.

●어떤 사람이 문 밖에 와서 자기를 따라오라며 부르는 꿈을 꾸면?
돌발사고나 회복이 어려운 중병에 걸리는 등 흉액이 발생될 징조.

● 철학관이나 무당집에 들러서 사주나 관상·점을 보는 꿈은?

경영하는 일이나 직장·지위 등에 갈등과 불안정을 겪게 되고 건강이 나빠져서 손실 내지 장해 및 곤란을 치르게 될 액화의 징조.

● 남들의 칭찬이나 환영을 받는 꿈은?

예기치 않은 손재나 장해가 발생한다든지 불신·비방 등 매우 민망스러운 입장에 부딪칠 징조.

●남에게서 큰 절이나 정중한 인사를 받는 꿈은?
돌연한 사고나 신병·우환 등 불행한 사태에 부딪치게 될 재난의 징조.

●어떤 사람이 자기를 품에 끌어안는 꿈은?
장해나 곤란에 처해 있을 때 도움을 줄 사람이 나타나거나 향상·호전의 기회를 만나게 될 징조.

●내가 타인을 끌어안는 꿈은?
어떤 협조나 부탁을 다른 사람한테 청할 일이 생길 징조이다.

●어떤 사람에게서 꾸중이나 쓸모없다는 나무람 및 내쫓김을 당하는 꿈은?
점차 장해가 해소되고 이득이 늘며 남에게 자신의 일이나 계획 등을 해명할 입장에 놓여질 징조.

●어떤 사람에게서 꾸지람을 듣고 행동을 바꾼 듯이 거짓 흉내를 내는 꿈은?
명예나 직분에 관련된 큰 이로움 및 기쁨이 생길 징조.

●남에게 고개를 숙이고 정중히 용서를 빌거나 무엇을 애원하는 꿈은?
자기의 성의 내지 진실을 전달하거나 상대방의 협조를 구할 일이 생기며 대인교섭·거래 등 모든 경영하는 일과 소망이 원만하게 풀려나가고 안정을 얻게 될 징조.

●어떤 사람에게 쫓기다가 은밀한 곳에 숨어 위험을 피한 꿈은?
재물의 손실이나 질병·말썽 등 궂은일이 해소될 징조.

●뒷사람한테 쫓기는 꿈을 꾸면?
뒤에서 쫓아와도 계속 안잡히고 달아나면 결정적인 곤란이나 장해는 피할 수 있고, 뒷사람에게 추월당하거나 붙잡힐 경우는 근심거리나 말썽·손실 등이 생기고 일이 잘 해결되지 않아 애를 먹을 징조.

● 꿈에서 자기의 몸을 바짝 웅크리거나 도사리는 꿈은?

무언가 부끄럽거나 창피한 일이 노출된다든지 후회할 일이나 난처한 상황에 부딪치게 될 징조.

● 무언가에 쫓겨서 도망치거나 깊숙한 구멍이나 틈바구니에 몸을 들이밀고 숨는 꿈은?

이성교제의 성립이나 욕정의 충동에 의한 방황 및 반항 또는 독립 등에 관련된 일이 발생될 징조이다.

● 누군가에 쫓겨서 계속 도망을 다니는 꿈은?

일이 잘 안풀리고 심리적 불안과 지지부진한 현실 및 충동·유혹과 손실 내지 장해가 발생될 징조.

● 지도를 드려다보거나 자기가 남을 안내하거나 길을 인도하는 꿈을 꾸면?

감정의 갈등과 충동 및 불안정이 따르고 주위 상황과 자기 입장의 차이로 방황과 유혹을 겪게 될 징조.

● 멜빵이나 지게에다가 무거운 짐을 가득 얹어 성큼성큼 지고가는 꿈은?

멀지 않아 독립을 하여 스스로 자기의 입지를 개척하고 기반을 닦는 변화가 따르게 될 징조.

●힘들게 보따리나 짐을 짊어지고 가느라 고생하는 꿈을 꾸면?
근심과 장해가 떠나지 않고 집안과 경영하는 사업에 곤란과 말썽이 자주 발생할 징조.

●다른 사람을 등에 업고 걷는 꿈을 꾸면?
타인의 신용과 이득이 함께 늘어나게 될 징조.

●자기도 빈곤하여 살기가 힘든데 누가 함께 살기를 원하는 꿈은?
장차 이권과 재물이 늘고 가업이 융성해져서 부귀를 누리게 될 징조.

●살림이 궁핍해져서 남에게 금전을 빌리러 다니는 꿈은?
여러 가지로 부진과 손실 및 애로를 겪게 되고 하는 일이 막혀서 구하는 소망·계획 등 목표성취가 어려울 징조.

●거지가 되어서 걸식하며 얻어먹으러 돌아다니는 꿈은?
질병이 생기거나 손재수를 치르게 되고 음식이 아닌 물건을 동냥받으면 근심우환과 손실, 장해 등 궂은일이 발생될 징조.

●자기가 남의 등에 엎혀가는 꿈은?
손실과 장해에 부딪쳐 곤란을 치르게 될 액화의 징조.

●집안이 망해서 거지 신세가 되는 꿈은?
점점 생활이 윤택해지고 경영하는 일이 순탄해지며 재수가 있어져서 안정과 풍요가 따르게 될 징조.

●살림살이가 갈수록 기울며 곤궁해지는 꿈은?
차츰 재물과 이권이 풍족해지고 사업과 지위가 안정·번창하며 구하는 소망과 계획의 순조로운 발전 및 부귀를 누리게 될 징조.

●거지와 더불어 무슨 이야기를 나누는 꿈은?
불원간 자기 신상이나 집안에 좋은 일이 생기고 이권과 발전·향상이 따르는 기쁨을 누리게 될 징조.

●남들과 노래부르고 춤추며 장고·북·징·꽹과리 등을 두들기며 흥겹게 노는 꿈을 꾸면?
남의 축하를 받을 좋은 일이나 이권 및 명예가 향상되고 가업과 지위의 안정과 번성을 누리게 될 징조.
(다른 동반자가 없이 자기 혼자서 노는 경우는 구설과 비방 또는 말썽·손실 등이 빚어지게 될 징조.)

●큰 소리로 유쾌하게 깔깔거리며 폭소를 터트리면서 웃는 꿈을 꾸면?
한동안 힘들었던 장해 및 곤란이 해소되고 기쁜일이 생기며 심리적 충동의 해소 내지 이성간의 접촉이나 친밀한 교제가 형성될 징조.

●다른 사람이 즐겁고 유쾌하게 웃는 소리를 듣거나 기뻐하는 것을 구경하는 꿈을 꾸면?

타인과 연관된 손실이나 유쾌하지 못한 일이 생기고 곤란한 입장 내지 다툼·말썽 등 시비나 장해를 치르게 될 징조.

●자기가 까닭없이 즐거워하는 꿈을 꾸면?

조만간 기쁘고 만족해하는 좋은일이 얻어지게 될 징조.

●공중에서 선녀가 춤을 추는 것을 보는 꿈은?

천생의 배필을 상봉하여 귀한 인연을 맺거나 남녀교제나 이성간의 애정관계에 따른 기쁜일이 생길 징조.
(여자나 신선이 하늘에서 내려오면서 풍악 소리나 운무가 날리는 것을 보는 꿈의 경우도 역시 비슷한 좋은일이 생긴다.)

●어떤 사람이 자기의 사진을 찍어주거나 초상화를 그려주는 꿈은?

이성과의 교제 내지 혼담이 성립되거나 상당히 밀접한 대인관계를 맺고싶은 상대가 생길 징조.
(자기가 남의 사진을 찍을 경우는 멀지 않아 질병을 앓거나 골치 아픈 일이 발생된다.)

●누군가로부터 사진을 건네받는 꿈을 꾸면?
조만간 이성교제나 남녀관계가 형성되든지 반가운 소식을 접하는 기쁨이 얻어질 징조.

●그네를 타든지 뜀틀 위에 올라서 있는 꿈을 꾸면?
구하는 소망이나 계획 또는 사업 등이 지지부진해지거나 말썽이나 손실·장해를 치르게 될 액운의 징조.

●횡단보도나 건널목에서 가던 길을 멈추고 서 있는 꿈은?
실행하는 일에 장애물이나 난관 및 방해자가 생길 징조.

●횡단보도나 건널목을 통과해서 앞으로 전진하는 꿈은?
주위의 여건에 변화와 유동 등 움직임이 생기고 새로운 앞길이 트이며 순탄한 안정을 거두게 될 발전의 징조.

●남에게 빌려줬거나 잃어버렸던 책상과 의자를 되찾는 꿈을 꾸면?
차츰 장애와 침체 등 곤란이 해소되고 좋은 기회와 상황이 호전되며 직장과 재물, 권리에 따른 기쁨을 얻게 될 징조.

●의자 및 책상이 제멋대로 나뒹굴거나 사방에 흩어져 있는 꿈은?
지위·권리와 직장 및 사업 등의 제반 주위 환경에 곤란과 불안·우울 및 장해와 말썽이 발생될 징조.

●교실이나 강당에서 공부를 하는 꿈을 꾸면?

사법처리와 연관된 문제로 조사를 받거나 공공기관에 출두하여 어떤 일을 마무리지어야 할 말썽 및 피해가 발생될 징조.

●교실이나 강당에서 면접시험을 보거나 유명인사나 선생의 강의를 듣는 꿈을 꾸면?

원하는 소망이나 구상하는 계획 및 경영사 등에 불안이 생기고 기대가 엇갈리는 혼란이나 애로를 치르게 될 징조.

●학교나 교실·선생·교단·칠판 등을 보거나 사용하는 꿈은?

심적인 부담과 충동 및 어떤 비밀이나 실제와 달리 위장되거나 가려진 문제 등과 연관된 갈등·방황으로 장해와 손실이 따르게 될 징조.

●어떤 사무실의 책상과 의자를 차지하여 자리에 앉는 꿈을 꾸면?

명예와 지위가 높아지거나 직장 내지 자기 사업을 갖게 되며 직업이나 경영사에 따른 자리이동이 발생될 징조.

●다른 사람의 책상과 의자를 차지하고 앉아 있는 꿈은?

지위나 사업 등에 좋은 기회와 새로운 여건이 조성되고 금전적 안정과 명예와 벼슬(일터)과 연관된 즐거움을 누리게 될 징조.

●다과점·식당·술집·홀·여관 등 요식업소에 출입하는 꿈은?

주변 환경에 의한 갈등과 유혹 및 대인관계에 따른 곤란 또는 재물의 손실과 장해를 겪게 될 징조.

●자기가 비용을 부담해서 어떤 건물을 짓거나 기념탑(비석)을 축조하는 꿈을 꾸면?

발전과 번창이 따르고 직업인은 입신양명하며 사업가는 부귀영화를 누리게 될 징조.

●벽에다 못을 박거나 단단한 벽에 구멍을 뚫는 꿈을 꾸면?

자신의 지위나 사업 등의 위치를 보다 확고하고 튼튼하게 다질 기회가 생기고 승진·영전·사업의 확장·시험의 합격 등 기쁜일이 생길 징조.

●자기가 목수일을 하는 꿈을 꾸면?

점차 재물과 이권이 모여들고 구하는 소망과 계획의 발전·성취를 거두어 안정을 누리게 되는 기쁨이 따를 징조.

● 말뚝이나 기둥을 박느라고 망치질을 하는 꿈은?
이성교제의 성립이나 성적 행위가 수반될 상황여건에 부딪치게 될 징조.

● 톱질을 하든가 칼·도끼·대패 등으로 자잘하게 자르고 부수는 일을 하는 꿈을 꾸면?
재물이 흩어지고 경영하는 일에 재수가 없으며 장해와 손실을 겪게 될 징조. (못질만으로 물건 형체를 만들어야 이롭다.)

● 톱을 줍거나 상점에서 구입해 가지고 들어오는 꿈을 꾸면?
신용을 잃거나 명예의 손상이 발생한다든지 남의 비방, 구설에 부딪치게 될 징조.

●위패나 영정·신주 등을 들고 있는 꿈을 꾸면?
존장이나 상사의 도움 내지 훌륭한 배우자를 상봉하게 될 징조.

●자기 집에서 신령이나 조상에게 고사 내지 제사를 지내는 꿈을 꾸면?
계획했던 일이 소망대로 성취되고 큰 이득과 영예 등 발전·번성을 누리게 될 징조이다.
(제물이 성대하게 많이 차려질수록 그 성과와 결실이 더욱 상승되어 올라간다.)

제10장/죽음·제사·돈에 관한 꿈 483

●자기나 타인이 담배를 피우는 꿈을 꾸면?

자기가 담배를 피우면 질병이나 손재 등 근심이 발생되고 타인이 담배 피우는 것을 구경했을 경우는 큰 액운이나 장해는 피하게 된다.

●다른 사람이 내 담배에 불을 붙여주는 꿈은?

타인과 연관된 말썽이나 장해가 발생되어 손실과 궂은일이 닥치고, 자기가 남의 담배에 불을 붙여줄 경우는 내가 타인에게 피해나 손실을 끼치게 되며 말썽 내지 곤란을 만들게 될 징조.

● 담뱃잎을 보거나 담배를 습득하는 꿈은?
생각지 않은 이익이 생기거나 도박에 승산이 높아질 징조.

● 계단이나 사다리를 밟고 계속해서 위를 향해 끝없이 올라가고 있는 꿈을 꾸면?
지위(벼슬·신분)나 사업에 따른 영예와 발전 및 심리적 방황과 갈등이 동반되는 상황에 놓여질 징조.

●돌층계를 올라가는 꿈을 꾸면?

여러 가지로 곤란과 손실 등 장해를 치르게 될 징조.
(돌층계를 내려오는 꿈일 경우에는 제반 근심과 말썽이 순조롭게 해소되고 계획과 소망이 뜻에 따라 성취될 징조.)

●계단이나 사다리를 밟고서 높은 곳에 올라간 꿈은?

벼슬(사업) 및 신분상에 따른 영예·출세와 발전·성취를 얻게 될 징조.

●지하터널이나 동굴 속으로 들어가는 꿈을 꾸면?
좋은 집이나 직장 및 사업장소가 얻어지게 되며 생활에 안정과 발전이 따르게 될 징조.

●공사현장에서 일을 하다가 깊은 구덩이에 떨어져 허우적거리는 꿈은?
원하던 이성과 성관계를 맺거나 새로운 정인(情人)이 생기게 될 징조.

●구렁텅이에 빠지거나 추락하는 꿈은?
건강의 이상이나 교통사고가 발생된다든지 남의 비방이나 모함 또는 유혹 내지 꼬임에 넘어가 손재 및 범죄와 연결되어 고통을 겪게 될 징조.

●함정이나 수렁에 빠졌다가 밖으로 탈출하는 꿈은?
힘들고 복잡했던 말썽이나 문젯거리가 해소되고 일이 순조롭게 풀리는 기쁨을 얻게 될 징조.

●높은 곳에서 떨어지거나 추락하는 꿈은?
대체로 불안과 유혹·방황·충동 및 신용의 타락, 믿음의 상실 등과 연관된 장해에 부딪치게 된다.

●낚시질을 하거나 낚시도구를 구입하는 꿈을 꾸면?
이성 및 애정문제로 심적인 갈등을 겪거나 충동·유혹 등에 따른 금전의 낭비 내지 손실이 빚어질 징조.

●낚싯대가 부러지거나 줄이 끊어지든지 낚은 고기를 놓치는 꿈을 꾸면?
주위 여건의 불안정이나 곤란 및 질병·건강이상·장해 등 우환과 방황이 발생될 징조.

●끝없이 펼쳐진 사막이나 벌판을 걸어가는 꿈은?
구하는 소망사나 계획하여 진행하는 일에 차질이 생기거나 장애·손실 등으로 고민을 겪게 될 징조.

●시골 · 농촌 · 고향 또는 댐 · 저수지 등에 관한 꿈을 꾸면?

허물어지거나 파손되든가 한산하고 쓸쓸해 보이면 손실 내지 장해 · 곤란 등 궂은일이 생기고, 생기가 넘치고 분주하고 바삐 돌아가는 등 환경에 활력이 있을 경우는 발전과 안정 · 융성의 풍요가 따를 징조.

●장사를 하거나 세일즈맨이 되어 일하는 꿈은?

여러 사람들의 협조를 얻게 되고 재물과 이권이 늘어나는 기쁨을 누리게 될 징조이다.

제10장/죽음·제사·돈에 관한 꿈   489

●어떤 사람과 물품(금전)을 거래하거나 교환하는 꿈은?
질병이나 우환이 발생하거나 궂은일에 부딪칠 징조.

●모임 등에 약속을 어기거나 제시간에 도착하지 못하는 꿈은?
구하는 소망이나 계획하는 목표 등이 현실상황과의 격차나 장해요인의 발생으로 곤란을 겪게 될 징조.

●무엇인지 확실치 않은 일을 부지런히 실행하고 있는 꿈을 꾸면?
수준미달이나 능력부족으로 애로나 근심을 겪는 장해에 부딪칠 징조.

●자기가 남의 영업을 돕거나 아르바이트를 하고 있는 꿈을 꾸면?
이중으로 이성관계를 맺는다든지 기혼자들에게는 남몰래 숨겨놓은 애인이 생길 징조.

●엘리베이터나 에스컬레이터 등을 타고 높은 곳에 올라가는 꿈을 꾸면?
곤란을 받던 장해나 말썽 등이 순탄하게 해소되고 새로운 발전과 융성의 앞길이 열려질 징조.

●유명인사한테 명함을 받거나 귀인이나 실력자를 소개받는다든지 그들에게 초대장을 건네받는 꿈은?
존장이나 상사로부터 신뢰·인정을 받고 중요한 책임과 업무를 맡을 징조.

●막대기나 지팡이·목발 따위에 의지하여 걸어가는 꿈을 꾸면?
도움을 받을 수 있는 협력자와 귀인이 생길 징조.

●막대기나 지팡이로 다른 사람을 때리는 꿈은?

여러 사람을 이끌거나 지휘하는 리더가 된다든지 명예와 신분이 높아지는 부귀가 따를 징조.
(때린 사람의 무리가 많을수록 남보다 유익하다.)

●자기가 정신병자나 미치광이가 되는 꿈은?

장해와 곤란에서 벗어나 차츰 실행하는 일에 이익이 늘어나고 순조로운 기반의 구축 및 살림의 안정이 따르게 될 징조.
(남이 미친 것을 보는 꿈일 경우는 하는 일이 잘 풀리지 않고 귀찮은 말썽이나 장해가 발생되어 손실을 겪게 될 징조.

●갑자기 말을 못하는 벙어리가 되는 꿈은?
우환이나 사고 및 궂은일이 발생되어 큰 낭패와 손실 등 장해와 곤욕을 치르게 될 액화의 징조.

●유원지나 공원 또는 놀이터·운동장 등에서 놀고 있는 꿈을 꾸면?
무언가 잘 풀리지 않는 복잡한 문제나 말썽 및 욕구불만, 심중의 갈등, 혼란 등에 부딪칠 징조.

●자기가 맹인이 되거나 갑자기 앞을 분간할 수 없게 되는 꿈은?
매우 갑갑하고 곤란한 좌절 또는 절망 및 자포자기에 빠지거나 형벌과 범죄에 연관되는 액운이 발생할 징조.

제10장/죽음·제사·돈에 관한 꿈 493

● 앞을 못 보는 맹인이 눈을 뜨고 온갖 사물을 볼 수 있게 되는 꿈을 꾸면?
재물과 이권이 생기고 가업이 번성하며 행운을 얻어 부귀와 출세의 영예를 누리게 될 징조.

● 고급 안경을 새로 구입하거나 쓰고 있던 안경을 벗어도 시력이 좋아져 사물이 환하게 잘 보이는 꿈은?
새로운 기회와 재물이 생기고 귀인의 도움을 얻어 발전·번창하여 부귀를 얻게 될 징조.

● 배가 부른 임산부를 보는 꿈은?

새로운 계획 및 구상·창작·아이디어와 관련된 인물이나 물체와 만나게 될 징조이다.

● 자기가 문둥이가 되거나 온몸에 진물이 흐르는 꿈은?

미혼의 처녀는 부자 내지 재물복이 많은 사람에게 시집가게 될 징조.

● 문둥병 환자를 보는 꿈은?

남 모르는 비밀이나 부정 또는 눈가림에 의해서 재물과 이권을 얻어가질 수 있음을 암시하는 징조.

●재물을 얻거나 금전을 줍는 꿈을 꾸면?
점차 소망사가 순탄하게 성취되고 가업이 번성하게 될 징조.
(동전이나 엽전의 경우 봄·여름은 좋지만 겨울철에는 좋지 못한 궂은일이 발생될 징조이다.)

●집안의 금전이나 재물을 다른 사람에게 나누어 주거나 강제로 남에게 빼앗기는 꿈은?
점차 집안 살림이 기울어지고 장해와 손실이 늘어나며 가까운 사람(가족·친구)들과 헤어지게 될 풍파의 징조.

● 어떤 사람으로부터 지폐(종이돈)를 받는 꿈은?
직장이나 사업의 발전 및 안정이 성취될 징조.

● 남에게 빚진 것을 갚거나 재물을 되돌려보내는 반환·반송의 꿈은?
금전 및 이권이 생기고 재난과 우환 등의 장해가 흩어질 징조.

● 금전을 세거나 재물의 장부를 점검하는 등 돈을 계산하는 꿈을 꾸면?
심적인 부담과 갈등 및 충동이 따르고 어떤 비밀스런 일이나 명예롭지 못한 부정사항에 연관되어 장해와 곤란을 겪게 될 징조.

● 자기한테 재물이나 이권이 생기는 꿈을 꾸면?
교제나 재물과 관련되는 이득 또는 즐거움이 생기든지 좋은 선물을 받든가 구하는 일이 순조롭게 이루어질 될 징조.

제 11 장
곡식·야채·나무·과일·꽃에 관한 꿈

[사례] 팔역지(八域地)에 나오는 이야기다.

전라남도 영광(靈光)군의 도갑사(道岬寺) 뒤쪽에 백운암이라는 절이 있었다. 함열사람인 손모(孫某)가 어렸을 때 임진왜란이 일어났다. 그때 손모는 어머니를 잃어버렸었다. 그런데 어느 날 그가 이 암자에다 수륙도장(水陸道場)을 진설하고 재를 올렸는데 이레가 되던 날 그는 엎드린 채로 깜박 잠이 들었다.

그때 꿈속에 홀연히 한 나한(羅漢)이 나타나 이르기를 당신의 어머니가 저 앞산에 있노라는 것이었다.

깜짝놀라 잠에서 깨어난 그는 앞산으로 달려가보았다. 그런데 거기에는 한 노파가 돌 위에 앉아 있는 것이었다. 그래서 급히 다가가 자세히 물으니 그의 어머니가 분명하였다. 그 어머니의 말을 요약하면 다음과 같다.

'왜국에 포로로 잡혀가 있었는데, 여느때처럼 아침나절 물동이를 이고 물을 길러 나갔다가 어떤 승려를 만났다. 그런데 그 승려가 나를 업어다가 이곳에 내려 놓았다. 어찌된 영문인지 나도 모르겠다.'

그때부터 사람들은 그 암자의 이름을 득모(得母)라 불렀다 한다.

[사례] 해동잡록(海東雜錄, 卷一)에 나오는 이야기다.

　박석명(朴錫命)은 본시 순천(順天)사람으로서 부원군(府院君)이던 박천상(朴天祥)의 친손자이다.

　그가 어렸을 적엔 태종임금이 왕위에 오르기 직전이라서 두 사람은 서로 내왕하면서 친근하게 지내는 사이였다.

　어느 날은 이들 두 사람이 한이불 속에서 잠을 자게 되었다. 그런데 꿈속에 커다란 황룡이 옆에 누워 있는 것이었다.

　깜짝놀라 깨어난 그는 황룡이 누워 있던 옆자리를 돌아보았다. 그런데 그곳에는 태종이 누워 잠을 자고 있는 것이 아닌가.

　이를 예사롭지 않게 여긴 박석명은 태종과의 사귐을 더욱 소중하게 여기었다. 세월이 흐를수록 그들의 교분은 점점 두터워졌다.

　태종이 왕위에 오른 뒤로도 신하된 자로서 그에 비견될 만한 자가 없었다고 하니 태종이 박석명을 아끼는 마음이 어떠했는지는 가히 짐작하고도 남음이 있다.

●벼가 지붕 위나 옥상 위에서 자라는 꿈을 꾸면?

명예나 벼슬(직장)에 관련된 기쁨을 얻게 되고 가업이 번창하고 재산이 풍족해지는 등 평안을 누리게 될 징조.

●모든 곡식이 무성하게 자라는 꿈은?

대개 번창·발전의 길몽이다.

●벼를 얻었다가 다시 잃어버리는 꿈을 꾸면?

재물이나 이권에 따른 소득과 상실이 겹쳐 발생하게 될 징조.
(간혹 식구가 늘어나게 되는 징조일 경우도 있다.)

● 벼를 베어 타작을 하고 추수를 하는 꿈은?
주위 여건이나 상황이 순탄하게 안정되어 사업(지위)이 번창하고 원만한 성취와 부귀를 누리게 될 징조.

● 벼가 잘 무르익은 논 가운데 서 있거나 쌓여진 벼나락 속에 몸이 묻혀 있는 꿈을 꾸면?
재물이 풍족해지고 경영하는 사업이 순탄하게 발전하여 부귀를 얻게 될 징조이다.

● 곡식 가마니를 창고에 쌓는 꿈은?
이득이 생기거나 부귀·번성이 따를 징조.

제11장/곡식 · 야채 · 나무 · 과일 · 꽃에 관한 꿈 501

●곡식을 사들이거나 밥을 짓는 꿈은?
재물이 생기거나 시험에 합격하는 등 영화로움이 생길 징조.

●찹쌀 방아를 찧는 꿈을 꾸면?
재물과 이권이 늘어나는 기쁨을 얻게 될 징조.
(쌀겨와 보릿가루가 섞여 있는 꿈은 집안이 단란하고 화목해질 징조.)

●쌀과 보리 가운데 눕거나 앉아서 휴식을 취하고 있는 꿈은?
여러 가지 이로움과 재물이 풍족해지는 기쁨이 생길 징조.
(쌀과 보리가 나란히 쌓였거나 펼쳐져 있는 꿈도 비슷한 길몽이다.)

● 보리밭을 보거나 보리타작을 하는 꿈은?

많은 이권이나 큰 재물의 소득이 있게 될 징조.
(보리를 남에게 얻거나 빌리는 꿈은 딸을 두게 될 태몽이다.)

● 곡식의 싹이 가지런히 뻗쳐나오는 꿈은?

점차 가업이 번성하고 매사 이로움이 늘어날 징조.
(곡식의 이삭이 일제히 패이는 꿈도 부귀와 발전의 성취를 얻게 될 징조이다.)

● 보리와 밀이 섞여있거나 같이 늘어선 것을 보는 꿈은?
아내가 자기만 아는 사사로운 부정이나 딴 마음을 품었을 징조.

● 곡식을 습득하거나 손에다 곡물을 움켜쥐는 꿈은?
재물과 이권이 생기고 명예나 직분에 따른 기쁨을 얻게 될 징조.
(모든 곡식물이 쌓여 있지 않고 흩어져 있으면 재물의 파탄이나 손실의 흉몽이다.)

●콩의 싹이나 콩의 잎사귀를 보는 꿈은?
손아랫사람이나 자손에게 연관된 일들로 좋지 못한 흉액이 생기거나 궂은일 등이 발생할 징조.

●좁쌀 또는 수수를 보는 꿈을 꾸면?
무슨 일로 청탁을 하거나 재물을 헌납(기부)하는 일이 생길 징조.

●모밀가루로 만든 국수나 떡·냉면 등을 먹는 꿈은?
관공서와 연결된 문제로 말썽이나 손실에 부딪칠 징조.

●술밥과 누룩을 보는 꿈은?
술이나 식사 접대의 일이 생길 징조.

●물가의 갈대가 엎어지고 뒤얽힌 것을 보는 꿈은?
예기치 못한 불상사나 손실·낭패 등의 장애가 발생될 징조.

●삼(麻 : 마는 모시를 뜻함)밭에 들어가는 꿈은?
친척간의 말썽이나 부모님에게 흉험이 발생될 징조.

●채소를 심거나 가꾸는 꿈을 꾸면?
질병이나 우환이 생겨서 손실을 겪게 될 징조.
(오이는 질병이나 궂은일이 생길 징조이다.)

제11장/곡식·야채·나무·과일·꽃에 관한 꿈 507

● 채소를 먹거나 채소 빛깔이 누렇게 바랜 꿈은?

좋지 못한 일로 피해를 치르거나 장해 및 곤란이 발생될 징조.
(과일과 채소를 함께 먹는 꿈은 투쟁이나 재물손실이 생길 징조이다.)

● 오이줄거리 밑둥이나 삼껍질 줄기를 보는 꿈은?

질병이나 사고가 발생하여 우환 내지 손실에 부딪칠 징조.

● 가지를 먹거나 집에 가지고 들어오는 꿈은?

아들이 생길 기쁨이 있게 될 태몽의 징조.

● 고추를 따거나 습득 또는 구입하는 꿈은?

풋고추 한 개는 남자아이, 수량이 많거나 붉은 고추는 여자아이를 잉태하게 될 징조이고, 남녀간의 교제나 혼담 및 재물·사업·거래 등에 연관된 일에 신경을 쓰게 될 징조.

제11장/곡식·야채·나무·과일·꽃에 관한 꿈 509

●부추나 마늘을 보거나 먹는 꿈을 꾸면?
가족이나 자신에게 불행한 돌발사고나 경영사의 낭패 및 상복을 입는다든지 좋지 못한 일에 부딪칠 징조.

●나물을 바구니나 주머니에 캐어 담는 꿈은?
자손이나 재물로 좋은일이 있게 되며 점차 안정과 평온을 누릴 징조.

●파나물을 먹는 꿈을 꾸면?
남과 다툼이나 말썽이 생겨서 장애 및 손실을 겪게 될 징조.

●덤불 속에 앉아서 휴식을 취하는 꿈은?
질병이나 우환이 생겨서 피해가 발생될 징조.

●뽕나무의 오디열매를 먹는 꿈은?
재물이 생기거나 자식을 잉태하게 될 징조.

●뽕나무가 우물가 주위에 있는 꿈은?
상복을 입는 슬픈일이나 뜻밖의 놀랄 일에 부딪칠 징조.

●감과 복숭아를 같이 먹는 꿈을 꾸면?
떨어져 있었거나 헤어졌던 사람들이 다시 만나지게 될 징조.
(감과 감자를 함께 먹는 꿈은 질병이나 손재가 발생될 징조.)

●감자를 남한테 내어주는 꿈은?
재물이나 이권에 관련된 피해나 말썽이 빚어질 징조.

●밤을 줍거나 얻는 꿈을 꾸면?
장차 사내아이가 생길 태몽이거나 재물이 생길 징조.
(만일 밤을 먹는 꿈을 꾸면 이별 내지 말썽·구설이 생길 징조이다.)

● 대나무 죽순이 자라난 것을 보는 꿈은?

자손과 연관된 기쁨이나 지위 및 명예가 높아지며 널리 이름을 떨치게 되는 영화로움을 누릴 징조.

● 대나무 죽순을 잘라서 집으로 가져오는 꿈은?

외처에 재물이나 이권이 생기든지 외손(外孫)을 두게 되는 기쁨이 따르게 될 징조.

● 앵두를 먹는 꿈을 꾸면?

구설시비나 손재가 발생될 징조.

●앵두나무를 습득하거나 구입해 들여오는 꿈은?
새로운 배필이나 정인(情人)이 생길 징조.

●대추를 따거나 얻는다든지 먹는 꿈을 꾸면?
장차 귀한 자식을 두게 되거나 벼슬(직장)운이 밝아질 징조.

●호도를 따거나 먹는 꿈을 꾸면?
어떤 불쾌하거나 신경이 분산되는 번거로운 상황에 부딪치게 될 징조.

●배나무에 배가 주렁주렁 열린 것을 보는 꿈은?
사업의 성과와 발전이 크고 배를 많이 딸수록 재물과 이권이 늘어날 징조.

●배를 따먹는 꿈을 꾸면?
재물의 손실이 생기거나 직업(벼슬)관계의 애로가 발생할 징조.

●과일나무에 올라가 과일을 따먹는 꿈은?
시험·취직·계약·진급 등 큰 소망의 성취가 있게 될 징조.

●과수원 정문 안으로 들어가는 꿈을 꾸면?
타인에게서 피해나 훼방 등 고난과 손실을 겪게 될 징조.

●사과를 먹거나 집으로 가지고 들어오는 꿈은?
가족이나 주위 사람들과 즐겁게 한곳에 모이거나 감정 또는 불화를 해소하게 될 상황이 형성될 징조.
(설익은 사과는 다툼이나 말썽이 생겨서 손실이나 장해를 겪게 될 징조.)

●빨간색 과일열매를 마음껏 따먹는 꿈은?
평소에 원하던 어떤 중요한 목적을 달성시키는 쾌거가 있게 되고 소유물이나 소유권이 증대되며 연인이 생기는 즐거움이 얻어질 징조.

●커다란 참외를 습득하거나 먹는 꿈을 꾸면?
재물과 이권이 늘어나며 장차 귀엽고 탐스러운 아들을 두게 될 잉태의 징조.

●썩은 과일이나 쪼갠 과일을 보거나 먹는 꿈은?
심각한 우환, 장해와 손실 등 궂은일이 발생되어 곤란을 치르게 될 징조.

●과일을 많이 따서 집에 가지고 오는 태몽은?
아이가 자라서 큰 명성을 떨치거나 많은 부하를 거느릴 인물이 될 징조.

●포도를 따먹거나 포도가 주렁주렁 매달린 것을 보는 꿈은?
점차 생활이 윤택해지고 직장이나 사업도 안정·번창을 누리게 될 징조.

제11장/곡식・야채・나무・과일・꽃에 관한 꿈 517

●포도나무를 심는 꿈은?
장래 부귀와 성공을 이룩하는 영화가 있게 될 징조.

●과수림(果樹林) 안에 들어가거나 주렁주렁 열매가 달린 과수목 사이를 산책하는 꿈은?
재물이 모이고 이권이 생기며 사업이나 명예, 직장(지위)의 안정과 번창을 누릴 징조.

●여러 가지 색깔로 피어있는 고운 꽃들을 보는 꿈은?
명예나 직장(신분)에 관련된 발전의 기쁨이 따르게 될 징조.

●연꽃을 습득하거나 구입하는 꿈은?
신앙에 관련된 즐거움이 생기거나 예쁜 여자아이를 잉태하게 될 징조.

●꽃을 어떤 사람과 나누어 가지는 꿈은?
장차 배우자나 정인(情人)과의 이별 내지 애정관계나 이성문제에 연관된 풍파가 발생될 징조.

●꽃이며 풀포기가 돌이나 나무 등 길 위에서 자라나는 꿈은?
점차 생활이 윤택해지고 사업이 번창할 징조.

●꽃이 볼품없이 시들어버리거나 쇠잔해지며 꽃잎이 떨어져내리는 낙화의 꿈을 꾸면?
부부간이나 정인(情人) 사이에 이별이나 분산의 풍파가 생길 징조.

●꽃나무나 꽃잎 더미에 눌려 어려움을 겪는 꿈은?

배우자나 정인(情人 : 주로 여자 쪽)이 자기를 속이거나 부정한 마음을 품을 징조.

●뜰 앞이나 정원에 자라는 난초를 보는 꿈은?

점잖하고 인품이 뛰어난 자손을 두게 될 징조.

●누가 준 잡채를 먹는 꿈을 꾸면?
질병 내지 근심거리가 생겨 애로나 피해 등 궂은일에 부딪칠 징조.

●누가 꿀을 먹으라고 내어주는 것을 받는 꿈은?
재물과 이권이 생기고 집안에 기쁜일이 있게 될 징조.

●엿을 먹는 꿈은?
실패·좌절 및 손재와 장해 등의 궂은일에 부딪쳐 낙심하게 될 징조.

● 만두를 보기만 하고 먹지는 않는 꿈을 꾸면?

점차 제반 역량 및 기초가 탄탄해지고 번창·안정과 발달이 있을 징조.
(만두를 먹을 경우는 구설과 말썽 등 궂은일이 흩어지는 기쁨이 따르게 될 평안의 징조.)

● 기름과 간장·메주 등을 보거나 사용했을 경우의 꿈은?

대체로 모든 일이 순탄하게 풀리지 않고 장해와 손실 등 낭패스런 처지에 놓여질 징조.
(소금을 먹으면 질병이 흩어지고 수명이 길어지며 식초나 신 것을 먹으면 남들의 눈총이나 구설을 듣게 될 징조.)

●여러가지 조미료에 관련된 꿈을 꾸면?
십중팔구 말썽 내지 손실에 부딪쳐 장해를 치르게 될 징조.

제 12 장
동물·가축에 관한 꿈

사례 삼국유사(三國遺事, 卷三)에 나오는 생의사(生義寺) 돌미륵에 얽힌 이야기다.

생의는 신라 선덕왕 때의 승려로 도중사(道中寺)에서 기거하고 있었다. 하루는 그가 꿈을 꾸었는데 꿈속에 중 하나가 나타나 그를 남산(南山) 위로 데리고 올라가는 것이었다. 그리고 풀포기를 얽어매 표식을 만들어 놓고서 산의 남쪽 골짜기로 내려와 멈추고서 말하기를,

"내가 여기에 묻혀져 있으니 스님께서 이곳을 파내어서 저의 유골을 고갯마루 위에 편히 묻어주시기 바라오."

라고 청하는 것이었다.

꿈에서 깬 그는 이를 이상하게 여기고 친구와 함께 풀로 표식을 만들었던 곳을 찾아가 그 골짜기 아래 멈추어 섰던 곳을 파니 땅 속에서 돌부처가 하나 나오는 것이 아닌가. 그리하여 그들은 삼화령(三花嶺) 고개 위에다 그 돌부처를 옮겨 놓았다.

선덕왕 재위 13년이 되던 때 갑진(甲辰)에 거기에다 절을 건립하고 머물러 살았는데 뒷날 그 사찰의 이름을 생의사(生義寺)라 불렀는데, 지금은 그 이름이 잘못 전해져 성의사(成義寺)라 부르고 있다.

충담사에서 해마다 봄의 삼짇날 및 가을의 중양절이면 차를 달여 공양을 드리는 부처가 바로 그 돌미륵이었다.

[사례] 해동잡록(海東雜錄, 卷一)에 나오는 이야기다.

영남(嶺南)관찰사가 부임하여 군현(郡縣)을 순찰하던 중 동래(東萊) 땅에 이르렀을 때다. 동래의 현령이 그 관찰사(觀察使)의 형인 인효(仁孝)가 사망했다는 소식을 접하고도 이를 관찰사에게 알리지 않았다.

그런데 관찰사의 꿈에 형의 아들이 나타나 웃옷의 왼쪽 소매를 벗어 어깨에 걸치고 망건띠를 풀면서 머리를 풀어 헤치고 있는 것이 아닌가. 깜짝 놀란 관찰사가 꿈에서 깨어나 슬피울며 말했다.

"우리 형님께서 돌아가신 것이 틀림없으니 현령에게 전하여 내일 아침에 소찬(素饌)을 차리라 이르도록 하여라."

이 사실을 전해들은 현령은 깜짝 놀라 관찰사를 찾아가 사실대로 고하였다.

그러고는 그들 형제간의 우애가 참으로 진실하매 이같은 일이 생기지 않았는가 하였다.

사례 삼국유사(三國遺事)에 나오는 이야기다.

대덕 자장율사(慈藏律士)는 본성이 김씨로서 원래 진한(辰韓)의 진골소리(眞骨蘇利)로 삼등 작위의 벼슬에 올랐던 무림(茂林)의 아들이었다.

그의 부친은 청렴한 관리로서 요직을 두루 역임하였는데, 늘 슬하에 후대를 이을 자식이 없음을 걱정하였다. 그리하여 간절한 마음으로 천부관음을 모시고 자식이 생기기를 기원하였다. 그러면서 다음과 같이 부처님께 한 가지 약속을 하였다.

"만일 사내아이가 태어나면 그 아이를 바쳐 법해(法海)의 진량(津樑)으로 삼겠나이다."

그러던 어느 날 그 어머니가 하늘에서 별 하나가 품 속으로 떨어지는 태몽을 꾸었다. 이내 태기가 있어 아이를 낳으니, 그가 바로 자장율사이다.

사월 초팔일에 태어나 석가세존(釋迦世尊)과 같은 날에 출산하였다 하여 아호(雅號)를 선종랑(善宗郎)이라 지어 불렀다.

정신과 의지가 맑고 슬기로우며, 학문과 사려가 날로 투철해 세속의 때가 묻을 틈이 없었고, 커서 속진(俗塵)을 등지고 출가수도를 하더니 마침내는 해동의 고승대덕이 되었다.

●백정이 가축을 도살하거나 고깃간이나 주방에서 고기를 썰고 자르는 행위를 보는 꿈을 꾸면?

주로 질병이 생기거나 집안에 재물손실 내지 어려운 일이 발생할 징조.
(도살된 고기를 끓이고 굽거나 먹는 꿈도 비슷한 징조이다.)

●가축의 피가 옷에 튀기거나 몸에다 묻히는 꿈은?

예상치 못한 재액이나 낭패가 발생하여 재물의 손실 및 우환을 치르게 될 징조이다.

●소를 끌고 산으로 올라가는 꿈을 꾸면?

소에게 끌려가거나 소 등에 타고 산중으로 들어가면 중병·우환이나 불상사가 발생될 흉액의 징조이고, 자기가 앞장서서 소를 인도하며 끌고가는 꿈일 경우는 집안에 화목과 융성·발전의 행운이 찾아오게 된다.

●소가 뿔이 부러지거나 뿔을 다쳐 피가 흐르는 꿈은?

집안에 우환이나 사고 및 불행한 궂은일이 생겨서 풍파와 손실을 치르게 될 액화의 징조.

●소가 뿔로 사람을 들이받는 꿈을 꾸면?

여러 가지 장애와 낭패, 손실 등의 곤란과 중도에 좌절하게 될 징조.

●마차를 끌고가는 소가 지치고 힘들어 하는 꿈은?
가업의 쇠퇴와 실패 및 재물의 파탄과 우환·근심의 낭패가 발생될 징조.

●암소가 새끼를 낳거나 송아지를 데리고 들어오는 꿈은?
오랫동안 노력한 소망의 결실이 맺히며 재물과 이권이 풍족해지고 구하는 소망사를 순탄히 성취하여 번창할 징조.

●소가 다쳤거나 병들었든지 피를 흘리는 것을 보는 꿈은?
가정풍파나 돌발사고 및 재물파탄 등 좋지 못한 액화가 발생될 징조.

● 소가 집 안 마당에다 대소변을 보는 꿈은?
귀인의 도움과 주위 사람들의 협력으로 재물과 이권이 풍성해지고 사업과 집안이 흥왕하게 될 징조.

● 소가 마차를 끌고 대문을 나서거나 힘차게 마차를 끌고가는 꿈은?
소망사가 원만히 성취되고 재물이 생기는 등 점차 안정·발전할 징조.
(대체로 소를 보거나 만나는 꿈은 재물 및 조상을 만난 것과도 같다.)

● 소를 끌고 큰길을 오가는 꿈은?
재물을 모으거나 새로운 집안식구 내지 고용인이 늘어날 징조.

● 소를 타고 궁궐이나 성곽 안으로 들어가는 꿈은?
재물이나 명예가 증대·향상되는 즐거움과 구하는 일의 소망성취가 얻어질 징조이다.

● 소가 뿔에다 사람이나 짐승의 피를 묻힌 것을 보는 꿈은?
명예나 지위가 높아지고 가업이 번창하여 부귀와 안정을 누리는 영화를 획득하게 될 징조.

● 소가 죽어서 땅에 묻거나 불에 태우려는 꿈은?
식구들이나 집안에 불상사나 낭패·손실이 빚어질 징조.

● **소가 집 안으로 들어오거나 밖에서 안으로 끌어들이는 꿈은?**

장차 가업이 번성하고 집안에 좋은 일이 자주 생겨 발전·안정과 부귀를 누리게 될 징조.
(큰 소를 보면 조상의 음덕으로 귀한 자식을 두게 될 징조.)

● **소를 살해한 다음 그 고기를 먹는 꿈은?**

재물이나 이권이 생기는 등 발전과 소망사의 성취가 따르게 될 징조.
(소의 날고기를 꿈에 보면 남과 다투거나 말썽에 연루될 징조이다.)

● 소나 양(염소)을 집으로 끌어들이는 꿈은?
장차 직업(벼슬)이나 재물 또는 자손과 관련된 즐거움을 얻게 될 징조.

● 기르던 소를 팔고 다른 소를 사는 꿈은?
집이나 사업체를 바꾸거나 새로 마련할 징조.

● 소가 집 주위 풀밭이나 외양간에서 한가로이 휴식하고 있는 꿈은?
여러 가지 장해와 근심이 해소되고 차츰 재물과 이권이 풍족해질 징조.

● 소가 야산 풀밭 언덕을 오르내리는 꿈은?
장차 크게 번창·부귀해져서 입신양명이 따를 징조.

●소와 사슴을 같이 살해하는 꿈을 꾸면?

재물과 이권이 늘어나고 가업이 번성하는 기쁨을 얻게 될 징조.

●소를 죽여 그 피로 땅을 흠뻑 적시든가 소 피로 몸이나 의복을 얼룩덜룩 물들이는 꿈은?

주변 사람들과 귀인의 협조를 얻어 구하는 소망과 사업에 순탄한 성취와 발전을 이루고 재물과 권리가 풍족해질 징조.

●커다란 물소를 보는 꿈은?

돌아가신 선조가 먹을 음식물을 찾고 있는 징조.
(물소가 집 안으로 들어오면 갑작스런 일이나 사고 및 불행한 사태가 발생하게 될 액운의 징조.)

●말이 대문 안으로 들어오거나 마당에서 춤을 추는 꿈은?

축하받을 만한 좋은일이 생기거나 장애·곤란 등 궂은일이 흩어질 징조.

●말을 타고 어딘가를 오가는 꿈은?

문서를 꾸미거나 약정을 체결하는 등 금전 및 재산권에 연관된 변화와 유동이 발생할 징조.

● 말을 타고 쏜살같이 빠르게 달리거나 준마로 천리길을 단숨에 주파해내는 꿈을 꾸면?

재물이나 권세가 생기는 등 발전·융성과 부귀·안정을 누리게 될 징조.

● 말이 병들거나 지치고 다쳐서 쓰러진 것을 보는 꿈은?

돌연한 사고나 발썽 내지 불행한 사태가 발생되어 손실 및 장해를 치르게 될 징조.

● 말을 타고 경쾌하게 달리는 꿈은?

사업 및 명예가 기세를 떨치고 번성·발전하며 이성교제나 혼담의 왕래가 발생할 징조.

●돌아가신 조상이 집 안으로 말을 끌어들이는 꿈은?
고용인이나 배우자·며느리 또는 재물과 이권을 얻게 될 징조이다.

●말에다 금전이나 재물을 싣는 꿈을 꾸면?
벼슬이나 명예가 높아지거나 직업(신분)상의 기쁨과 발전이 따를 징조.

●군인들을 태운 군마가 내달리는 것을 보는 꿈은?
주변에 크게 시끄럽거나 요란한 말썽이 발생하여 번거로움을 치를 징조.

●말 등에 올라타고 큰 길가로 나오는 꿈은?
널리 명성을 떨치게 되고 지위가 높아지며 사업이 번성·안정되어 부귀를 누리게 될 징조.

●여러 마리의 말이 한군데 모여 웅성거리는 꿈은?
집안에 근심이나 손재·구설 등 궂은일이 닥칠 징조.

●말이 거실이나 방 안에 들어오는 꿈은?
배우자나 연인이 다른 마음을 품거나 바람이 나서 외부 사람과 교제하게 될 풍파의 징조.

●말에게 물리는 꿈은?
지위나 명예에 따른 발전·성취의 즐거움이 생길 징조.

● 말을 목욕시키고 털을 다듬어주는 꿈은?
차츰 이득이 늘어나고 장해가 해소되는 기쁨을 얻을 징조.

● 말의 무리가 자기 주위를 빙둘러 에워싸는 꿈은?
제반 장해나 고난 등 궂은일이 해소되고 점차 안정과 풍요를 얻게 될 징조.

● 집 안에서 말이 태어나는 꿈은?
재물과 이권이 생기고 가업과 명성에 발전·융성이 따르게 될 징조.

● 말을 탈 준비를 하거나 말을 구입하는 꿈은?
이사·변동이 발생될 징조이다.

●말이 놀라서 날뛰는 꿈을 꾸면?
질병이나 우환 및 손실에 부딪치는 장애가 발생될 징조.

●말이 도망쳐 달아나거나 싸움하는 것을 보는 꿈은?
질병을 얻거나 행하는 일의 곤란 및 실패·좌절이 생길 징조.

●마굿간을 치워내거나 말똥을 내다버리는 꿈은?
재물의 손실이나 구하는 일의 부진 등 근심과 애로를 겪게 될 징조.

●마굿간에서 말에게 먹이를 주고 말을 돌보는 꿈은?
많은 이권이나 재물이 생길 징조.

●백마를 타는 꿈은?
질병이나 사고 등 불상사에 부딪쳐 액화를 겪을 징조이다.

●말이 기수를 태우고 달리는 경마를 구경하는 꿈은?
경쟁·다툼·추첨·약정·승부와 관련된 일에 부딪치게 될 징조.

●자기가 지적한 말이 일등을 하는 꿈은?
일이 이루어 지고 승부에서의 목표쟁취 등 영예와 발전을 얻게 될 징조.

●흰 코끼리를 보는 꿈은?
벼슬(직장)운이 트여서 입신·출세하여 많은 사람의 존경을 받게 될 징조.

● 코끼리가 스스로 집 안으로 들어오거나 코끼리 등에 타고다니는 꿈을 꾸면?

태몽의 경우 귀인이 될 자녀를 낳게 되고, 가업이 번성하며 경영하는 일의 성공운이 트여져 출세·부귀하는 영화를 누리게 될 징조.

● 당나귀나 노새를 타고가는 꿈을 꾸면?

재물이나 이권을 얻는 등 좋은일이 생길 징조.

● 당나귀나 노새를 살해하는 꿈을 꾸면?
술이나 음식의 향응 및 연회석에 참석할 일이 생길 징조.

● 하얀털의 돼지를 보는 꿈은?
벼슬(직장)에 연관된 발전 및 영예로움이 생길 징조이다.

● 크고 작은 돼지를 꿈에 보는 것은?
재물이나 이권이 생기며 주식(酒食) 및 의복에 따른 기쁨이 얻어질 징조.

● 돼지가 변하여 사람이 되는 꿈은?
관청이나 공공기관과 연관된 번거로움이나 손실 및 구설이 발생할 징조.

●여러 마리의 돼지 새끼를 마당에다 풀어놓은 꿈은?
재물이나 이권, 상품 등이 들어오지만 돼지를 우리에다 가둬놓지 않았기 때문에 결국은 모두 다시 잃어버리게 된다.

●돼지가 새끼를 출산하는 꿈을 꾸면?
집안이 번성하고 재물과 사업이 순조롭게 안정·발전하여 부귀·흥왕할 징조.

●돼지가 무서워서 도망쳐 달아나는 꿈은?
자기 자신 또는 가까운 식구들 중에 누가 시끄러운 말썽이나 불상사 및 손재에 부딪쳐 장해를 겪거나 범죄를 짓는 액화가 발생될 징조.

●돼지를 줄지어 세우고 걸어가는 꿈은?

손님이 오거나 오랫만에 소식을 접하는 일이 있게 될 징조.

●돼지가 우리를 부수고 집 밖으로 달아나 없어지는 꿈은?

재물 및 이권의 손실 내지 가업의 부진 등 장해가 생길 징조.
(돼지는 집으로 들어와야 이롭고 밖으로 나가거나 없어지면 재물파탄 및 행하는 일에 장애가 발생할 흉몽이다.)

●돼지를 죽이는 꿈은?

재물이 생기고 저절로 죽는 꿈은 손재·말썽 등 흉액이 닿는다.

●돼지고기를 칼로 썰거나 돼지고기를 먹는 꿈은?
질병이나 금전의 손실 등 우환이 발생될 징조.
(자연히 죽은 짐승의 고기를 먹는 꿈은 이별이나 손재의 징조이다.)

●돼지가 방 안으로 들어오는 꿈은?
어떤 부유한 귀인의 도움을 멀지 않아 얻을 수 있게 되고, 방문 밖에서 돼지가 서성거리면 훗날에 유력자의 협력을 받게 되는 기회가 생길 징조.

●돼지가 집으로 들어오거나 돼지를 습득한다든지 집으로 끌어들이는 꿈은?
재물이 생기고 가업이 번성하는 기쁨을 누릴 징조.

●멧돼지나 큰돼지가 달려들거나 물려고 덤비는 태몽을 꾸었을 때는?
용맹·과감하며 입신·출세하여 높은 지위에 오르고 부귀를 누리게 될 자식을 낳게 된다.

●돼지 새끼를 품에다 끌어안은 꿈은?
재물복이 많은 자식을 임신하게 될 태몽의 징조.

●돼지나 양의 부스럼이나 종기를 긁는 꿈은?
비방과 구설이 발생될 징조이다.

●개끼리 싸우는 꿈을 꾸면?
남과 다투거나 시끄러운 말썽이 생겨 피해를 겪게 될 징조.

●개고기(보신탕)를 먹는 꿈을 꾸면?

거래·교재 및 상업상의 일로 남과 다투거나 재물과 이권의 피해 내지 말썽이 빚어질 징조.

●개에게 물리거나 개가 주인을 몰라보고 덤벼드는 꿈은?

재물을 잃거나 남의 계략에 말린다든지 손아랫사람들과 연관된 장해와 손실 등 시끄러운 말썽에 부딪칠 징조.

●개가 사람을 보고 심하게 짖어대는 꿈은?

귀신이 와서 음식을 구하는 징조로서 불원간 좋지 못한 일이 생겨 손실을 겪게 될 징조.

제12장/동물·가축에 관한 꿈 545

●미친개가 날뛰는 꿈을 꾸면?
사소한 일이 확대되거나 고통을 겪게 되는 장해나 낭패가 발생될 징조.
(꿈속의 개는 잡귀신의 사자로서 잡귀의 충실한 심부름꾼이다.)

●개가 교미를 하는 꿈은?
자타간의 화합과 양해로 상호 원만하게 목적이 성취 될 징조.

●값비싼 애완용 개나 예쁜 강아지를 사들여오는 꿈은?
훌륭한 인재나 충실한 고용인 및 신뢰할 만한 손아랫사람을 얻게 되고 시험이나 추천에 합격의 영예를 얻게 될 징조.

●애완용 개에게 물리는 꿈은?
주변의 손아랫사람들이나 부하·고용인 등에게 사기·배신 내지 손재를 입게 되는 피해와 뜻밖의 불상사나 말썽으로 곤욕을 겪게 될 징조.

●개밥을 먹이는 꿈을 꾸면?
고사나 치성을 드리면 재수가 좋아질 것을 암시하는 징조.

●개가 도망가거나 주인의 말을 따르지 않고 엉뚱한 짓을 하는 꿈은?
계획한 일이나 소망사항이 순조롭게 풀리지 않고 믿었던 사람이 자신의 곁을 떠나든지 기만·배신하는 일이 생길 징조.

● 개를 자기가 직접 죽이는 꿈을 꾸면?
어려운 문제가 타결되고 노력과 투자를 요하는 일이 성사되며 시험이나 추첨에 합격의 기쁨을 얻게 될 징조.

● 개나 고양이가 지붕 위에 올라가 돌아다니는 꿈은?
돌연한 불상사나 좋지 못한 흉험이 발생하여 궂은일을 치르게 될 사고·질병·우환·손재의 징조.

● 닭이 날개를 치고 깃털을 가다듬는 꿈은?
지위나 사업에 연관된 발전·성취와 안정의 기쁨이 따를 징조.

●장닭이 사람을 보고 큰소리로 우는 꿈은?

앞길이 밝게 열리고 가업이 번성하며 지위가 높아지고 구하는 소망을 순조로이 달성하며 영화를 누리게 될 징조.

●암탉이 둥지에서 알을 품거나 많은 병아리를 거느리고 다니는 꿈을 꾸면?

장차 재물이나 이권이 생기고 가업과 경영사에 번창과 안정의 발전·융성이 따를 징조.

●닭이 헛간이나 창고 또는 큰 나뭇가지의 높다란 곳에 둥지를 틀고 앉아 있는 꿈은?

사업과 지위의 발전·향상과 집안 살림의 안정·융성 등 부귀를 얻게 될 징조.

●닭이 지붕 위에 둥지를 틀고 앉아 있는 꿈은?
집안에 시끄러운 말썽이나 구설이 발생되어 심각한 장해와 손실을 치르게 될 징조.

●감옥에 갇힌 죄수가 닭 우는 소리를 듣는 꿈을 꾸면?
멀지 않아 출옥하여 사회생활을 영위하게 될 징조.

●장닭이 허공 드높이 나는 것을 보는 꿈은?
운수가 트여서 재물과 명예가 번성하고 경영하는 일의 원만한 발전 및 목표 달성이 순탄하게 이룩될 징조.

●암닭이 지붕 꼭대기나 옥상 위 등에 올라가 울든지 돌아다니는 꿈을 꾸면?
부녀자 또는 아내나 정인(情人)과 연관된 손실 또는 시끄러운 말썽이 발생하든지 구설과 수치 등 곤란을 겪게 될 징조.

●새벽에 닭이 우는 소리를 듣는 꿈을 꾸면?
앞길이 열려서 순조로운 발전과 부귀·안정의 영화를 누리게 될 징조.

●결혼식날 밤 꿈에 여자가 암닭을 모면?
장차 남편이 불구자가 될 흉몽의 징조.

●닭이 오리나 거위와 싸워 상대를 죽이는 꿈은?
장차 여러 가지 이로움이 생기고 장해나 말썽 등 궂은일이 해소될 징조.

●닭의 둥우리에 수북하게 알이 쌓여져 있거나 닭둥지에서 병아리가 쏟아져 나오는 꿈은?
재물과 이권이 생기고 하는 일이 순탄하게 성취되어 번창·발전하게 될 징조.

●닭고기와 오리고기를 먹는 꿈을 꾸면?
질병이나 우환, 손실의 피해가 발생될 징조.

●오리가 집 안으로 들어오거나 거위와 오리가 함께 노니는 꿈을 꾸면?

재물과 이권이 늘어나고 착한 첩이나 정인(情人)이 생기든지 교제의 기쁨이 얻어질 징조.

●거위고기를 먹는 꿈을 꾸면?

첩이나 정인(情人)에게 질병 또는 우환·손실 등 좋지 못한 궂은일이 발생될 징조.

●염소나 양을 타고 가는 꿈은?

재물이나 이권이 생길 징조이다.

●양(염소)이 새끼를 거느린 것을 보는 꿈은?
수명이 길어지고 질병이나 우환 등 궂은일이 흩어지게 될 징조.

●염소나 양이 수레를 끄는 것을 보는 꿈은?
장해와 손실이 발생하여 곤란과 말썽을 치르게 되고 좋지 못한 궂은일에 부딪칠 징조.

●양(염소)을 때리거나 살해하는 꿈을 꾸면?
몸의 질병이나 집안에 근심이 생기는 등 손실 및 장애가 발생될 징조.

●쥐가 황급히 달아나는 것을 보는 꿈은?
자녀나 재물에 연관된 기쁨 내지 이득을 얻게 될 징조.

●쥐에게 물리거나 다치는 꿈을 꾸면?
뜻하지 않았던 사람의 도움이나 이끌음을 받게 되고 좋은 자리나 지위로 영전·승진되는 기쁨을 얻게 될 징조.

●쥐가 사람의 의복을 쪼아 헤지게 만든 꿈은?
구하는 소망사의 순조로운 성취 내지 금전 및 이권의 풍부와 안정 등 발전이 증대되는 기쁨이 따를 징조.

●쥐들이 집안에 떼지어 몰려들어와 들끓는 꿈은?
손실과 장해를 겪는 등 궂은일이 빚어지게 될 징조.

●들쥐가 집안 여기저기에 많이 웅성거리는 꿈은?
집안 식구나 친근한 주변 사람들과의 충돌 내지 말썽이 발생되어 장해와 손실을 겪게 될 징조.

●쥐덫이나 고양이한테 쥐가 생포되어 붙잡히는 꿈은?
순조로운 경영사와 소망의 목표달성 및 안정·발전이 따를 징조.

●쥐가 강아지나 개와 어울려 노는 꿈을 꾸면?
재물이나 변동문제에 연관된 일로 출입할 일이 생기고 부부나 연인과의 사이에 무엇을 진지하게 의논할 사항이 있게 될 징조.

●흰쥐를 보거나 쥐가 인도해주어 따라가는 꿈은?
타인의 추대나 협력 등 이끌음의 혜택을 입는다든지 원하던 소망이나 계획이 성취될 징조.

●쥐가 슬피 울거나 크게 소리지르는 꿈은?
자녀나 수하사람으로 연관된 말썽이나 손재 등 궂은일과 피해를 치르게 될 액화의 징조.

●붙잡았던 쥐를 놓쳐 달아나버리는 꿈은?

재물과 이권의 손실 및 장해를 겪는 등 여러 가지 곤란이 따르게 될 징조.

●사자가 큰 소리로 울부짖거나 갈기를 세우고 달려오는 꿈을 꾸면?

명성을 크게 떨치거나 권세가 높아지는 영화로움과 앞길을 가로막는 제반 장해와 난관을 타파하고 부귀·번창을 성취할 징조.

●노루와 사슴이 집 안에 들어와 있는 꿈을 꾸면?

벼슬(직장)운이 트이고 명예와 신분이 높아지는 기쁨을 누리게 될 징조.

●사슴이 제발로 걸어서 집으로 들어오는 꿈은?
훌륭한 배우자나 귀인을 만나게 되고 높은 명예(벼슬)를 얻게 되는 등 부귀출세하게 될 징조.

●사슴이 집에서 나가버리든가 도망쳐 사라지는 꿈은?
사업이나 지위(직장) 및 명예·재물 등에 손실과 파탄이 발생되는 장해를 치르게 될 징조.

●사슴을 산이나 들판에서 추격해 생포하는 꿈을 꾸면?
지위가 안정되고 재물이 풍족해지며 시험의 합격, 추첨의 당선 및 영전·승진 등 부귀번창의 영화를 누리게 될 징조.

●흰색 원숭이나 침팬지 및 기린을 보는 꿈을 꾸면?
성공운이 트이고 벼슬(직장)길이 열리며 안정번성을 획득하여 입신출세하는 부귀영화를 누릴 징조.

●보통 원숭이나 침팬지·고릴라 등을 보는 꿈은?
손재수가 발생하여 말썽다툼·재물실패 및 좋지 못한 궂은일을 치르게 될 징조.

●토끼가 풀밭이나 마당에서 뛰어다니거나 여러 마리의 토끼가 나무 위로 줄지어 기어올라가는 꿈은?
귀인이나 유력자의 도움을 얻게 되든지 지위가 높아지거나 직장(할일)이 생기는 등 여러 가지로 영화로움이 따를 징조.

● 토끼가 실내에 들어와 있는 것을 보는 꿈은?
근심과 말썽 및 장해가 해소되고 질병과 우환이 흩어지게 될 안정의 징조.

● 낙타와 표범을 보는 꿈을 꾸면?
귀인과 소중한 인연관계를 맺거나 장차 부귀해져 입신양명할 인물과 만나게 될 징조.

● 곰이 집 안으로 들어오거나 곰을 끌어안는 꿈을 꾸면?
귀한 자식을 잉태하거나 재물운이 열려서 가업이 번창하고 구하는 일의 큰 목적을 달성하여 부귀를 누리게 될 영화의 징조.

●늑대나 이리한테 쫓기거나 물림을 당하는 꿈은?

소망의 좌절·실패와 사기·부도·억울한 피해와 곤욕과 경영하는 일, 직장(지위) 관계의 장해 및 복잡한 말썽 등으로 손실 또는 곤란이 발생될 징조.

●늑대나 이리가 개와 어우러져 싸우는 꿈은?

뜻밖의 재물의 손실이나 경영사의 피해·말썽 및 도적이 침입하여 피해를 겪게 될 징조.

●여우가 주위에 출몰하거나 음험하게 울며 달아나는 꿈을 꾸면?

예상치 못한 말썽이나 손실이 생기고 주변의 훼방이나 의심을 받는 상황에 놓여지는 등 곤란과 장해에 부딪치게 될 징조.

●호랑이가 산처럼 버티고 서서 큰 소리로 포효하는 꿈을 꾸면?

벼슬(직장)운이 트이고 명예와 발전부귀를 성취하게 될 징조.

●호랑이가 마구 날뛰면서 으르렁 거리는 꿈은?

안팎으로 시끄럽고 어지러운 일들이 발생하여 손실과 장해를 치르게 되며 집안과 직장 및 일신상에 말썽과 다툼, 불상사 등 좋지 못한 풍파가 따를 징조.

●호랑이의 등에 타고 오가는 꿈을 꾸면?
모든 재앙과 우환이 흩어지고 귀인이나 부유한 사람의 도움을 입어 발전출세할 기회가 생기고 부귀번창할 징조.

●흰호랑이가 집이나 방안으로 들어오는 꿈은?
지위와 명예가 높아지거나 벼슬(직장)관계의 영화로움 및 귀자를 잉태하게 될 징조.

●얼룩덜룩한 호랑이가 집 안에 침입해 들어와 공포에 떠는 꿈은?
타인의 비방이나 계략에 빠져 고통이나 피해 및 여러 모로 궂은일을 치르게 될 액화의 징조.

●큰 호랑이를 보고 두려워 하거나 도피하여 숨는 꿈은?
손재나 질병·말썽 등 궂은일에 부딪칠 징조.

●호랑이에게 쫓기거나 호랑이에게 피해를 입는 꿈은?
예기치 않은 재물의 손실이나 사고·말썽 등 궂은일이 발생될 징조.

●호랑이에게 덥석 깨물리는 꿈을 꾸면?
지위와 명예가 높아지고 부귀와 안정을 얻어 입신출세할 징조.

●고양이가 쥐를 쫓아 다니는 꿈은?
계획과 소망이 어그러지는 장해와 말썽 등 손실과 곤란을 치르게 될 징조.

● 고양이가 쥐를 붙잡는 꿈을 꾸면?
재물과 이권이 생기는 등 집안 살림과 일신상의 이로움이 늘어날 징조

● 고양이가 지붕 위에 올라가 울거나 돌아다니는 꿈은?
우환·질병이나 불상사가 발생하고 말썽과 손재 및 집안에 좋지 못한 궂은 일이 발생될 징조.

● 고양이가 사람에게 달려들거나 사람에게 해로운 행동을 하는 꿈은?
질병이나 불상사 등 우환과 손실이 발생되어 피해를 겪게 될 징조.

● 고양이가 실내에 들어오거나 침상 위에 올라가는 꿈을 꾸면?
남몰래 비밀·부정 및 음모가 발생되고 부득이 상대를 속이거나 말 못할 사정이 빚어져 장해와 곤란을 치르게 될 징조.

제 13 장
새·어패류·곤충·벌레에 관한 꿈

[사례] 비관잡기(稗官雜記, 卷一)에 나오는 이야기다.
  세조가 왕위에 즉위하기 전, 북경에 사신으로 파견되어 갈 때 있었던 일이다.
  세조는 단종으로부터 새로이 관복을 하사받고 명령을 수행하게 되었는데 이때에 여러 명사(名士)들을 선발하여 뒤따르게 하였다. 집현전의 교리(校理)였던 사가(四佳) 서문충공(徐文忠公) 역시 그중에 뽑히어 함께 중국으로 떠났다.
  그런데 서공(徐公)이 길을 떠나던 날 그의 모친이 세상을 떠나고 말았다. 강을 건너는 날 저녁때 그 부음(訃音)을 알리는 편지가 도착하였지만 세조는 이를 그에게 알리지 않았다.
  그런데 그가 밤중에 잠을 자다가 깜짝 놀라 깨어나서 주르르 눈물을 흘리는 것이 아닌가. 그래서 동료들이 왜 그러냐고 물으니 자신의 꿈이야기를 해주었다.
  꿈속에 비친 달의 모양이 아무래도 이상스럽다는 것이었다. 그러면서 하는 말이,
  "하늘에 뜬 달은 어머니를 상징하는 것인데 집에 노모께서 계시니

이는 필시 노모께서 편치 않음을 뜻하는 것이 아닐까 하여 이렇게 슬퍼하는 것이다."
라고 대답하였다.
　이 말을 들은 동료가 이 사실을 세조에게 고하니 세조는,
　"서거정의 효성이야 말로 족히 하늘을 움직일만 하구나."
며 탄식하였고, 마침내 서공을 불러 사실대로 모친이 돌아가셨음을 말해주었다 한다.

[사례] 삼국유사(三國遺事, 卷二)에 나오는 이야기다.
　신라 제38대 원성왕(元聖王)이 왕위에 오르기 전에 그는 서열상으로 아찬 김주원 밑에 있었다. 이때 원성왕이 자기가 복두(幞頭)를 벗고 흰갓을 쓰고 열두줄 거문고를 들고 천관사(天官寺)의 우물 속으로 들어가는 꿈을 꾸었다. 꿈이 너무 이상해서 원성왕이 해몽가에게 이를 해몽토록 하였다. 그러자 해몽가는 이렇게 말했다.
　"복두를 벗었음은 벼슬을 잃을 징조이고, 거문고를 든 것은 칼을 쓸 조짐이며, 우물 속으로 들어간 것은 옥에 갇힐 징조입니다."
　이에 왕은 매우 근심하여 이날부터 두문불출하였다.
　아찬여삼이 만나기를 청했지만 병을 핑계로 만나지 않다가 여삼이 재삼 간청하므로 할 수 없이 이를 허락하였다. 그러자 아찬이 그 동안의 까닭을 묻자 그는 자초지종을 이야기하였다. 이야기를 듣고난 아찬이 절을 하고 일어나 말하였다.
　"이는 참으로 좋은 꿈입니다. 공께서 왕위에 올라서도 이몸을 버리지 않으신다면 공을 위해 꿈을 풀어보도록 하겠습니다."
　그러자 원성왕은 좌우를 물리고나서 해몽을 청하였다. 아찬이 입을 열어 그의 꿈을 해몽하기 시작했다.
　"복두를 벗으신 것은 위에 앉은 이가 없다는 뜻이요, 흰갓을 쓰신 것은 면류관을 쓸 징조며, 열두줄 거문고를 든 것은 12대 왕손이 왕위를 이어받을 조짐이고, 천관사의 우물에 들어가신 것은 궁궐로 들어갈 상서로운 조짐입니다."
　이 말을 듣고나서 원성왕이 물었다.
　"내 위에 주원께서 계신데 어떻게 왕위에 오를 수 있단 말이오?"
　"남몰래 북천의 신에게 제사를 지내면 좋을 것입니다."
　그래서 원성왕은 그의 말을 그대로 따랐다.
　얼마 뒤 선덕여왕이 세상을 떠나니 백성들은 김주원을 왕으로 추대하여 장차 궁궐로 그를 모셔들이고자 하였다. 그런데 그의 집이 북천 뒤쪽에 있었는데, 갑자기 불어난 북천의 냇물로 인해 김주원은 지체를 하게 되었고 그러는 동안 원성왕이 먼저 궁궐에 들어가 왕위에 올랐다. 그러자 대신들이 모두 와서 그를 따르고 축하를 드리니, 이가 곧 원성 대왕으로 이름은 경신이요, 성은 김씨로 무릇 아찬의 꿈풀이가 적중한 것이었다.

주원은 명주(溟州)에 물러가 살았고 이때 여삼은 이미 죽고 없었으므로 왕은 그의 자손들을 불러다 벼슬을 내렸다.

● 꿩을 횃대(의복걸개)에다 앉혀 머물게 하는 꿈은?
벼슬(직장)이나 명예에 따른 기쁨이 생길 징조.

● 꿩을 살해하거나 먹는 꿈은?
질병이나 말썽·손재 등 궂은일에 부딪칠 징조.

● 제비가 여자의 품 속으로 날아들어오는 꿈을 꾸면?
아내가 자식을 잉태하는 기쁨을 얻게 될 징조.

● 제비가 지붕 처마 끝으로 날아들어오는 꿈은?
외부에서 손님이나 소식이 오게 될 징조.

●제비가 떼를 지어 집으로 날아들어오는 꿈은?
귀인이나 천생배필과 좋은 인연을 맺게 될 번영의 징조.

●제비집을 허물거나 제비가 집짓기를 포기하는 꿈은?
집안에 큰 사고나 수재·화재 및 불행한 사태가 발생될 징조.

●까마귀가 시끄럽게 지저귀는 꿈을 꾸면?
융숭한 대접을 받거나 주식연회와 관련된 일이 생기지만 뒤끝이 좋지 않고 재물낭패나 우환·사고 등 궂은일이 생겨 곤란을 치르게 될 흉험의 징조.

●까마귀가 길에서 싸우는 꿈은?
의외의 불상사나 재물손실에 부딪치는 액화가 발생될 징조.

●봉황을 보는 꿈을 꾸면?
귀인이나 유력자의 협력이나 인도를 받게 되고 앞길이 트여 부귀·출세하게 될 징조.
(봉황이 논 위에 모이거나 손 위에 앉으면 모친(혹 부인)에게 질병이나 액화가 생길 징조이다.)

●앵무새가 나무에 앉아 지저귀는 꿈을 꾸면?
새로운 연인 내지 친구가 생길 징조.
(공중에 떠서 지저귀며 자기 곁으로 가까이 오지 않을 경우는 연인이나 부부, 친구가 등을 돌리거나 이별하게 될 분산의 징조.)

●앵무새가 사람의 말을 흉내내는 꿈은?
재수가 막히고 구설이나 다툼 등 말썽이 빚어지며 부부간에 불화 내지 장해·손실이 발생될 징조.

●비둘기를 보거나 새가 품 속으로 날아드는 꿈은?
부인에게 재물이나 이권과 관련된 기쁨이나 귀여운 자식을 잉태하게 될 징조.

●참새떼가 자기 집으로 날아들어오는 꿈을 꾸면?
재물이나 이권이 생기고 집안에 번창과 발전·안정 등 기쁜일이 생길 징조.

● 참새가 지붕 위에서 지저귀는 꿈은?

일가가 번성하고 경영사가 순조로워져서 부귀·융성을 누리게 될 징조. (참새 태몽을 꾸면 딸을 임신하게 된다.)

● 원앙새가 모여 있다가 흩어져 나뉘는 꿈은?

배우자나 정인(情人)과의 분산이나 이별 또는 풍파가 발생될 징조.

● 날아가는 새를 잡는 꿈은?

외부로부터 소식이 있을 징조이다.

●새들이 서로 싸우는 꿈을 꾸면?
시비나 말썽 및 관공서와 연관된 장애와 손실에 부딪칠 징조.

●공중에서 새가 우는 꿈은?
부인(배우자)에게 도피나 손재 등 흉험이 발생될 징조이다.
(새가 발치에 날아와 앉으면 신상이나 주위에 기쁜일이 생기고, 어깨나 손에 와서 내려앉으면 배우자나 연인에게 좋지 못한 말썽 내지 불상사가 발생될 징조.)

●새가 병이 들었거나 다치는 것을 꿈에 보면?
자녀의 신상이나 건강에 재난이 닥칠 징조.

●새를 죽이는 꿈은?
배우자나 정인(情人)에게 좋지 못한 흉액이 발생하게 될 징조.

●꼬리가 긴 새의 꼬리털이 몸의 상체를 스치고 지나가는 꿈은?
모친이나 부인에게 손실・재난 내지 불상사 등 궂은일이 생길 징조.

●박쥐떼가 대오를 지어서 날아다니는 꿈은?
사업이나 추진하는 실행사항이 순탄하게 성취되고 장해와 곤란이 풀려질 징조이다.

●각종 물새나 물오리·갈매기 등을 보는 꿈은?

이성간에 불필요한 감정싸움이나 상대방이 바람을 피우게 되고 독신자는 연인이 생기고 기혼자도 외도하게 될 징조.

●독수리·새·매 등 사나운 새를 보는 꿈은?

입신·출세하여 널리 이름을 떨치거나 지위와 명예가 높아지고 재물이 늘어나며 경영사의 번창과 융성을 누리게 될 징조.

●공작새를 보거나 공작이 날아다니든지 꼬리를 펼치고 춤을 추는 꿈을 꾸면?

장차 재물과 권세가 풍성해지고 부귀·양명하는 출세·융성의 영예로움을 얻게 될 징조.

●올빼미가 자기 집 나무 위에 앉았거나 소리를 내어 우는 꿈은?

집안에 좋지 못한 불상사나 재물파탄이 발생되어 곤란과 장해를 치르게 될 징조이다.

●기러기가 떼를 지어 하늘을 날아가는 꿈을 꾸면?
여행 중인 사람이나 외처에 있는 사람의 소식을 듣게 될 징조.

●학이 하늘을 날으는 것을 보는 꿈은?
경영사 및 집안에 안정·번성과 발전이 따르고 지위와 명예가 높아지는 입신·성공을 누리게 될 징조.

●꿈에 학을 보면?
집안에 경사와 번창이 따르고 운수와 앞길이 트일 징조.

●학이 품 안으로 날아들어오는 꿈을 꾸면?
명성을 떨치고 귀히 될 자식을 잉태하게 될 징조.

●학을 타고 하늘을 날아가는 꿈은?
널리 명성을 떨치고 지위가 높아지며 사업이 융성·안정되어 부귀를 누리게 될 징조.

●학이 수레(차량)를 끄는 꿈은?
막강한 경쟁자가 생기거나 군대 또는 병장기와 연관된 일이 발생할 징조.

●여러 마리의 학들이 자기를 지켜보는 꿈은?
귀인이나 실력자의 도움 내지 인도로 발전·번성을 얻는 기쁨이 생길 징조.

●학이 산이나 들에서 평화로히 노닐고 있는 꿈을 꾸면?

가업이 안정·융성하고 식구들이 무고·건강하며 풍요한 번성을 누리게 될 징조이다.

●학이 우는 청아한 소리를 듣는 꿈은?

벼슬(직장)운이 트여서 부귀·양명하고 매사가 순조롭게 이루어지며 임산부는 귀히 될 자녀를 출산하게 될 징조.

●학을 잡아두지 않고 놓아주어 날려보내는 꿈은?

재물과 이권이 풍성해지고 가업이 번창·발전할 징조.

●용이 하늘로 승천하거나 용을 타고 나는 꿈은?
높은 지위에 오르거나 큰 재물을 일구어 입신양명하는 부귀영화와 번성·발전을 누리게 될 징조.

●용이 집 안으로 들어오거나 사람을 행해 날아오는 꿈은?
벼슬운이 트여 크게 출세하고 사업과 재물이 흥왕·번성하며 날로 집안 살림이 풍성해지고 소망을 성취하며 부귀영화를 누리게 될 징조.
(용이 집 안에서 잠을 자거나 자기 집 문 앞에 당도하는 꿈도 역시 비슷한 길몽이다.)

제13장/새・어패류・곤충・벌레에 관한 꿈 575

●용을 타고 물 속 및 도회지에 들어가거나 용을 껴안는 꿈은?
입신・출세하고 부귀영화를 누리게 될 번성・안정의 징조.

●용이 바다나 큰 강물로 들어가거나 용을 본 후 구슬이나 비늘을 얻는 꿈을 꾸면?
크게 출세하고 이름을 떨치며 부귀・번성하는 영화와 발전・안정을 누리게 될 징조.

●용이 하늘에서 내려와 비좁은 개천이나 저수지 또는 샘물로 기어들어가는 꿈을 꾸면?
차츰 운수가 쇠퇴해져서 손실과 장해 및 곤란을 겪게 되며 사업실패・실직・좌천 등 불행한 사태를 겪게 될 징조.

●용에게 물리거나 비룡이 하늘을 나는 꿈은?
운수가 형통하고 행운과 안정이 따르며 크게 입신・출세하고 재물이 번성하는 부귀영화를 누리게 될 징조.

●용이 죽거나 피를 흘리든지 뿔이나 비늘, 구슬을 잃어버리는 꿈은?
매사가 꼬이고 큰 낭패와 좌절 및 파산・실직・해임・사고 등 불상사를 치르게 될 액운의 징조.

●부인이 용을 보거나 여의주를 얻는 꿈은?
크게 출세하게 될 입신・고귀한 지식을 잉태할 징조이다.

●갯펄에서 용의 머리를 캐내는 꿈은?

출세와 번영이 따르는 부귀를 얻게 될 징조이며 태몽일 경우는 태아가 중인의 두령이 되고 권세와 영화를 누리게 된다.

●자기의 몸이 용으로 변하는 꿈은?

크게 입신·출세할 길운이 트이고 가업이 번창하여 부귀를 얻고 명성을 떨치며 지위가 높아져서 대중의 존경을 받게 될 징조.

●용과 뱀이 함께 창고나 부엌으로 들어오는 꿈은?

명예와 재물이 번성하고 가업이 흥왕하며 도움과 행운을 잡아 큰 발전·성취의 영화를 누리게 될 징조.

●용이 다치거나 병들든지 추락해버리는 꿈은?

집안과 일신에 재난과 풍파가 닥치고 지위의 상실, 재물의 파탄, 경영사의 실패 및 좌절 등 커다란 불행과 액화에 부딪칠 징조.

●뱀이 옷 속에서 기어다니는 꿈을 꾸면?

재물이나 지위를 잃거나 가업의 실패가 발생할 징조.

●뱀에게 물려 사람이 죽거나 병드는 꿈을 꾸면?

집안의 가장이나 기업체의 사장 및 기둥역할을 하는 사람에게 재난과 사고·낭패 등 궂은일이 생길 징조.

●뱀이 용으로 변하는 꿈을 꾸면?
귀인이나 유력자의 도움과 협력을 얻어 가업이 융성하고 명예와 지위가 높아지며 널리 이름을 떨치고 부귀영화를 누리게 될 징조.

●뱀이 사람을 따라가는 꿈을 꾸면?
배우자(주로 부인쪽)나 정인(情人)이 다른 마음을 품거나 부정에 연관될 징조이다.

●뱀을 잡아죽이는 꿈을 꾸면?
아주 완전하게 죽여야 사업의 발전과 융성 및 지위의 승진·영전 등 경사를 얻을 수 있고, 확실하게 죽이지 않았을 경우에는 타인과 연관되어 피해와 말썽이 생기고 남의 간계에 말리거나 타격을 입는 액화에 부딪칠 징조.

●뱀에게 물리든지 뱀이 칭칭 몸을 감는 꿈은?
풍부한 재운이 열리고 사업의 발전·안정과 일신의 영화로움 등 부귀·융성을 누리게 되며 독신자는 배우자를 상봉하게 될 징조.

●뱀이 물 속이나 수풀 속에 있는 꿈은?
좋은 기회가 생겨 안정을 얻고 재물이 풍부해지는 발전을 누릴 징조.
(뱀 빛이 붉거나 검으면 비방과 구설이 생기고, 희거나 누르면 관공서에 연관된 말썽이나 손실이 생길 징조이다.)

●뱀이 마을로 들어오거나 뱀에게 쫓기는 꿈은?
남들의 비방이나 구설에 연관되거나 손재 또는 말썽이 발생될 징조.

●뱀이 문 안으로 들어오거나 부녀자를 무는 꿈은?
총명한 자식을 두거나 이권 내지 재물이 생길 징조.
(뱀을 어루만지는 꿈은 재물이 생기고 이권이 늘어날 징조이며 푸른 빛깔을 띤 뱀이어야 길몽이 된다.)

●뱀이 산으로 기어올라가는 꿈은?
시끄러운 말썽 내지 손실·장해 등이 빚어져 곤란과 궂은일을 치르게 될 징조.

● 뱀들이 우글거리며 모여 있는 꿈을 꾸면?

가정의 화목과 안정이 깨어지고 비밀·부정·탈선 등에 연관된 말썽과 피해가 발생될 징조.

● 거북이와 뱀이 서로 마주보는 꿈을 꾸면?

재물과 이권이 풍족해지고 사업이 번성하고 발전되어 안정과 풍요를 획득하게 될 징조.

● 거북이 우물(부엌)이나 집 안으로 들어오는 꿈은?

장차 가업이 순탄하게 번성하고 지위 및 명예가 높아지며 널리 이름을 떨치게 되는 등 부귀를 누리게 될 징조.

●거북이를 살해하거나 잡아먹는 꿈을 꾸면?
가까운 장래에 매우 불행한 사고나 초상이 난다든지 우환과 손재가 발생하게 될 징조.

●자유로이 노니는 거북이를 보는 꿈은?
하는 일이 번창·발전하고 집안이 화평하며 부귀와 안녕의 영화를 누리게 될 징조이다.
(특히 여자에게 귀함이 따른다.)

●거북이나 남생이를 보는 꿈은?
재물과 이권을 얻게 될 징조이다.

● 물고기가 물 위를 날아다니는 꿈을 꾸면?
공들인 노력과 구하는 목적이 좌절되거나 무산될 징조.

● 물고기가 우물 안에서 헤엄치는 꿈을 꾸면?
하는 일이나 일자리에 변동이 생길 징조.

● 물고기가 떼를 지어 물에 떠다니며 헤엄치는 꿈은?
재물과 이권이 생기고 사업이 번창하며 안정되는 행운과 발전을 얻게 될 징조이다.

●자신의 몸이 고기나 벌레 속에 있는 꿈은?
군대나 병장기와 관련된 일이 생길 징조.

●고기를 잡아먹자고 주장하는 사람을 보거나 잡은 물고기를 요리해 먹는 꿈은?
귀인의 도움을 받거나 이득이 얻어질 징조이다.

●여러 가지 무늬가 선명하고 화려한 자잘한 물고기떼를 보는 꿈은?
시비나 말썽·곤란 등 궂은일이 발생하게 되고 질병이나 재물의 손실에 부딪쳐 장해를 겪게 될 징조.

●정월달 초반에 물고기 꿈을 꾸면?
가업이 번창하고 재물이 풍족해질 징조.

●물고기를 잡든지 회를 쳐서 먹는 꿈은?
행운과 안정의 융성·발전이 따르게 될 징조.

●자기 자신이 물고기와 함께 헤엄을 치는 꿈은?
곤란과 장해가 원만히 타개되고 큰 손실이나 말썽을 피할 수 있다.

●물 가운데서 낚시질을 하거나 그물을 쳐서 고기를 잡는 꿈을 꾸면?
재수가 트여 하는 일이 순조롭게 발전하며 주변에 기쁜일이 생기는 등 풍부한 이득과 목적성취를 거두게 될 징조.

●큰 물고기를 잡거나 커다란 잉어를 습득하는 꿈을 꾸면?

재물의 이득과 권리를 얻게 되고 배우자나 귀인을 상봉하게 되며 경영사 및 벼슬(직장)에 기쁨이 따를 징조.

●물고기를 땅바닥에 떨어뜨려 고기가 팔딱거리는 꿈은?

질병을 앓거나 궂은일이 생기는 등 재난이나 손실이 닥쳐서 곤란을 겪게 될 징조이다.

●물 속에서 헤엄치는 잉어나 큰 물고기가 노니는 것을 보는 꿈은?

신분(지위·직장)이나 경영하는 사업 등이 순조롭게 성취되고 귀인들의 협력을 얻어 번성·발전하며 재물과 권리가 증대되는 기쁨이 생길 징조.

●새우가 변해서 물고기가 되는 꿈을 꾸면?
재물이나 이권의 손실 및 장해와 낭패가 발생될 징조.

●물고기를 창칼이나 막대기, 송곳 따위의 기물로 찌르는 꿈은?
질병이 생기거나 몸을 다치는 우환이 발생될 징조.

●마른고기나 절인고기를 보는 꿈은?
불길한 낭패의 흉몽이다.

● 물고기를 사로잡았다가 다시 놓아주는 꿈은?
재수가 트이고 하는 일이 순조롭게 풀릴 징조.

● 자기가 물고기로 변하는 꿈은?
재물을 탕진하거나 직장의 실·퇴직 및 경영사에 실패가 따를 징조이다.

● 물고기를 남에게 빼앗거나 타인이 주워가지는 꿈을 꾸면?
질병이나 손재·우환·근심의 장해가 발생될 징조.

● 누가 물고기를 자기에게 선물하는 꿈은?
외부에서 소식이 오거나 좋은 혼처 내지 연인이 생기게 될 징조.

●마른 고기가 되살아나서 물로 헤엄쳐 들어가는 꿈은?
구하는 일이 거침없이 달성되고 재물과 영예가 풍족해질 징조.

●물가의 풀덤불 속에서 고기를 잡는 꿈은?
가업이 안정되고 경영하는 일에 성취·발전이 따를 징조.

●개구리가 여기저기서 시끄럽게 우는 꿈을 꾸면?
남과 싸우거나 구설 및 말썽에 연관되어 어수선하고 시끄러운 장해와 곤란을 치르게 될 징조.

● 갈대밭 주변에서 게를 보거나 방게를 보는 꿈을 꾸면?

행하는 일이 순조롭지 못하고 훼방자나 경쟁자로 인한 곤란이 발생하거나 가까이 지내던 이웃 또는 식구들과 분산되어 흩어지게 될 징조.

● 조개를 잡거나 습득하는 꿈을 꾸면?

뒤늦게 귀여운 자식을 얻을 징조.

● 조개를 삶거나 깨뜨려 죽이는 꿈은?

부녀자와 연관된 말썽 내지 손실이 발생될 징조.

제13장/새·어패류·곤충·벌레에 관한 꿈 589

● 소라나 우렁을 보는 꿈은?
불필요한 재물의 손실이나 구설, 비방 등 말썽이 빚어지게 될 징조.

● 나비가 불 속으로 날아드는 꿈을 꾸면?
타인과의 경쟁에서 패하거나 중도에 좌절하게 되는 등 장해에 부딪칠 징조.

● 나비가 허공에 날아다니는 꿈은?
이성 및 남녀교제와 연관된 왕래에 신경쓸 일이 생기고 혼담이 오가거나 바람을 피우게 될 징조.

● 나비가 죽거나 다치는 꿈은?
아내에게 흉액이 발생되어 낭패를 겪게 되고, 외도하던 남자는 부인 외의 여자와 이별 또는 시끄러운 말썽이 빚어질 징조.

● 나비와 벌이 서로 어울려 오락가락 노니는 꿈은?
구하는 목적이나 실행사항의 성취가 어렵고 말썽이나 손실 등 곤란을 겪게 될 징조.

● 벌이 사람의 다리나 손에 침을 쏘는 꿈을 꾸면?
재물이 생기고 이권이 늘어나며 경영하는 일이나 직장의 안정을 얻게 될 징조이다.

●누가 꿀벌이나 벌통을 주는 것을 받는 꿈은?
집안이 발전·번창하는 여러 가지의 기쁨이 따르게 될 징조.

●머리에 벌침을 쏘이는 꿈은?
타인과 연관된 피해 내지 손실이 발생되고 말썽이나 곤란을 치르게 될 징조.

●벌이 분봉을 하는 것을 보는 꿈은?
많은 이권과 재물이 생기고 경영사의 발전·안정과 집안의 번성·화목을 누리게 될 부귀의 징조.

●노래기나 바퀴벌레 등을 보는 꿈은?
산란한 말썽 및 장해와 곤란이 발생하여 피해를 겪을 징조.

●잠자리가 사람을 향해서 날아오는 꿈은?
주변 상황의 호전 또는 이로운 기회를 얻으며 아름다운 미남미녀와 교제하게 되는 기쁨이 따를 징조.

●반딧불이 환하게 빛을 발하는 꿈을 꾸면?
오랜 노력의 결실이 맺히고 널리 이름을 떨치게 되며 생활의 안정 및 융성이 따를 징조.

● 귀뚜라미나 베짱이 등 벌레가 우는 소리가 들리는 꿈은?

예기치 않은 손실이나 우환 등 피해가 발생하고 시끄러운 말썽 내지 장해를 겪게 될 징조.

● 모기한테 물리는 꿈을 꾸면?

재물의 분실이나 물건을 도적맞는 일이 발생할 징조.

● 파리떼가 몰려들어 몸이나 음식물을 더럽히는 꿈은?

남의 비방과 모함 및 말썽·손실 등이 빚어질 징조.

● 파리나 모기 등 해충을 때려잡거나 약물을 사용해서 박멸하는 꿈은?
자신의 라이벌이나 방해자를 굴복시키고 장해를 타파하는 성취를 거두며 여러 사람들에게 지도적 모범을 보일 경우가 생길 징조.

● 개미떼가 상 위나 음식물 위를 기어다니는 꿈은?
좋지 못한 궂은일이나 손실 등 피해 내지 말썽이 발생할 징조.

● 지렁이를 꿈에 보면?
점차 가업이 풍성해지고 재물이 늘어나는 기쁨과 일신 및 명예의 발전이 얻어질 징조.

●지렁이가 뱀처럼 길게 늘어나는 꿈을 꾸면?
땅이나 건물 등 부동산에 관련된 이득이나 기쁨을 얻게 될 징조.

●지렁이가 풀숲 속으로 들어가 사라져버리는 꿈은?
경영사나 집안에 큰 사고나 파탄 등 손실과 말썽의 장해가 빚어져 근심과 고난을 겪게 될 징조.

●지네가 달려들어 사람을 무는 꿈을 꾸면?
재물과 이권이 풍부해지고 환자는 수명이 길어지며 우환이나 질병이 해소될 징조이다.

●도마뱀이 우글거리거나 혀를 날름거리는 꿈은?
애매한 손실이나 말썽이 빚어지는 등 궂은일과 장해를 치르게 될 징조.

●두꺼비가 울거나 혀를 날름거리는 꿈을 꾸면?

불분명한 말썽이나 문제 등으로 피해나 곤란을 겪게 될 징조.

●음식물이 썩고 부패하여 애벌레나 파리의 알이 있는 것을 보는 꿈은?

재물과 이권의 손실 등 피해가 발생하고 시끄러운 말썽 내지 곤란을 치르게 될 징조.

●살아움직이는 달팽이를 보거나 요리해서 먹는 꿈은?

타인과 연결된 재물의 손실 내지 경영사의 장해·곤란 등 궂은일이 발생될 징조이다.

● 구더기가 징그럽게 들끓는 꿈을 꾸면?

풍성한 재물과 이권이 생기고 사업 및 집안 살림의 안정과 발전을 누리게 될 징조이다.
(인분과 구더기를 함께 보는 꿈이면 더욱 좋다.)

● 물 속에 기어다니는 거머리를 보는 꿈은?

부녀자와 연관된 재물이나 이득이 생기게 될 징조.

● 몸에 거머리가 달라붙는 꿈을 꾸면?

고약한 심성을 가진 사람을 만나 큰 피해와 말썽 등 곤란을 치르게 될 액화의 징조.

●누에가 고치를 짓지 않고 곧바로 나방이 되어 나는 꿈은?
소박한 이익과 평안이 얻어지는 기쁨이 발생할 징조.

부 록

꿈 해몽의 기본 이론

●日月初出家道昌(일월초출가도창)
동산에 해나 달이 막 떠오르기 시작하는 것은 집안이 번창·부귀할 징조.

●日月掩山奴欺主(일월엄산노기주)
해나 달이 산이나 물건에 가리워지면 아랫사람이 주인을 속일 징조.

●天公使煥大吉祥(천공사환대길상)
하늘 나라의 사신이 와서 찾으면 크게 융성번창하고 부귀할 징조.

●陰雨晦暗主凶事(음우회암주흉사)
일기가 음울하고 침침하며 궂은비가 내리면 손재나 말썽의 징조.

●風如吼主遠信至(풍여공주원신지)
바람소리가 윙윙거리며 거칠게 들리면 외처에서 소식이 올 징조.

●天門開貴人薦引(천문개귀인천인)
하늘 나라의 문이 열려지면 귀인이나 유력자의 추천 또는 이끌음을 얻을 징조.

●星落有病及官事(성락유병급관사)
별이 떨어지는 꿈은 질병이나 관공서에 의한 말썽이나 손실이 생길 징조.

●五色雲主大吉昌(오색운주대길창)
오색 구름이나 안개·무지개는 가업과 지위가 번창하고 부귀할 징조.

●日初出無雲大吉(일초출무운대길)
해가 떠오를 때 하늘이 구름 한점 없이 청명하면 융성·발전의 징조.

●星立懷主生貴子(성입회주생귀자)
별이 떨어져 품 속으로 들어오는 꿈은 총명·비범한 자식을 얻을 징조.

●雲起四方交易吉(운기사방교역길)
하연 솜털구름이 하늘 사방에서 피어나면 사업이 융성하고 큰 재물을 만질 징조.

● 仰面向天大富貴(앙면향천대부귀)
하늘을 향해 얼굴을 들고 밝은 천공을 우러러 보는 것은 크게 부귀·융성하게 될 징조.

● 雲赤白吉靑黑凶(운적백길청흑흉)
구름의 빛깔이 붉그레한 흰색이면 길하고 푸르스름한 검정빛이면 흉액의 징조.

● 雪落身上萬事成(설락신상만사성)
함박눈송이가 몸 위에 떨어지는 것을 맞으면 만사 순성·발전의 징조.

● 霜雪降主事不成(상설강주사불성)
서리나 진눈개비가 내리는 꿈은 매사가 불순하고 장해와 손실을 겪을 징조.

● 行路逢雨有酒食(행로봉우유주식)
길을 가다가 비를 맞는 꿈은 주식과 연회에 관련된 즐거움이 생길 징조.

● 見赤虹吉黑虹凶(견적홍길흑홍흉)
무지개가 붉은 색깔이면 길하고 검은 색깔이면 흉액과 손실이 생길 징조.

● 天晴雨散百憂去(천청우산백우거)
하늘이 청명해지고 먹구름과 비가 개이는 것은 모든 근심장해가 물러갈 징조.

● 日月照身得重位(일월조신득중위)
해나 달의 광채가 몸을 비추면 지위와 명예가 높아지고 입신·출세할 징조.

● 雲開日出兇事散(운개일출흉사산)
구름이 개이고 해가 밝게 비치는 꿈은 장애와 흉액이 흩어질 징조.

● 禮拜日月大吉昌(예배일월대길창)
해나 달을 향해 절을 올리거나 공경해 받드는 꿈은 부귀·번영의 징조.

● 日光入屋官位至(일광입옥관위지)
햇빛이 집안에 비쳐드는 꿈은 지위와 명망이 높아지게 될 징조.

●飛上天富貴大吉(비상천부귀대길)
하늘을 날아다니는 꿈을 꾸면 부귀·융성과 발전이 따를 징조.

●天明婦人生貴子(천명부인생귀자)
하늘에 환한 빛이 어리면 부인이 귀히 될 자식을 잉태할 징조.

●狂風大雨人死亡(광풍대우인사망)
바람이 미친 듯이 불면서 큰 소낙비가 쏟아지면 사람이 죽든지 불상사가 생길 징조.

●見浮雲作事不成(견부운작사불성)
하늘에 먹구름이 떠다니는 것을 보면 경영사나 소망이 어그러질 장애의 징조.

●風吹人衣主疾病(풍취인의주질병)
바람이 불어서 사람의 의복을 나부끼게 하는 꿈은 질병과 우환이 생길 징조.

●雪落家庭主喪事(설락가정주상사)
집 안의 뜰과 지붕에 눈이 쌓여진 것을 보면 누가 죽거나 불상사를 겪을 징조.

●身被霹靂主富貴(신피벽력주부귀)
몸에 벼락을 맞는 꿈은 장차 부귀·번성과 영화를 누릴 징조.

●天光照主疾病除(천광조주질병제)
하늘에서 밝은 빛이 내려비치는 꿈은 질병과 장애가 제거될 징조.

●天欲曁益壽命吉(천욕기익수명길)
하늘 나라 근처에 거의 가까이 가 있는 꿈은 건강이 좋아지고 수명이 길어질 징조.

●日月落憂傷父母(일월낙우상부모)
해나 달이 추락하면 부모에게 우환이나 불상사가 생길 징조.

●吞日月主生貴子(탄일월주생귀자)
해나 달을 삼키는 꿈을 꾸면 장차 귀하게 될 자식을 잉태할 징조.

●日月入懷子女貴(일월입회자녀귀)
해나 달을 가슴에 품거나 어루만지는 꿈은 귀히 될 자녀를 임신할 징조.

●持執星宿大富貴(지집성숙대부귀)
별을 따거나 별무리가 늘어선 것을 보면 크게 부귀·번성할 징조.

●庭前竹木喜重重(정전죽목희중중)
뜰 앞에 자라는 대나무나 관상수목을 보면 안정과 부귀의 기쁨을 누릴 징조.

●臥於石上主大吉(와어석상주대길)
큰 돌 위에 드러눕는 꿈을 꾸면 가업이 번성하고 소망을 성취할 징조.

●手弄小石生貴子(수롱소석생귀자)
손으로 작은 공깃돌이나 수석 등을 매만지면 귀여운 자식을 잉태할 징조.

●枯木再發子孫興(고목재발자손흥)
메말라 시든 고목나무에 다시 잎사귀가 피는 꿈은 자손이 번성할 징조.

●草木茂盛家道興(초목무성가도흥)
초목의 가지와 잎이 무성하게 우거지면 집안이 융성·발전되고 부귀할 징조.

●携手上橋妻有孕(휴수상교처유잉)
뒷짐을 지고 다리 위에서 거닐거나 사다리를 옆구리에 끼고 다니는 꿈은 처가 임신할 징조.

●夫婦入市主置産(부부입시주치산)
부부가 함께 장을 보러 시장터에 들어가는 꿈은 재물과 살림이 풍부해질 징조.

●見橋壞主有官事(견교회주유관사)
다리를 때려부수거나 허물어지는 것을 보는 꿈은 관재 및 손재의 징조.

●見市中無人主凶(견시중무인주흉)
시장이나 장터에 사람이 보이지 않는 꿈은 사람에게 불행사나 손재가 닥칠 징조.

●道中得財主通達(도중득재주통달)
도로에서 재물을 습득하는 꿈은 소망이 순조롭게 이루어지고 사업이 번창할 징조.

●菜樹多熟子孫安(채수다숙자손안)
채소가 무성하게 자라는 꿈은 자손이 안정과 번성을 누릴 징조.

●園林戊盛大吉利(원림무성대길리)
동산과 수림이 무성하면 집안이 융성하고 식솔이 평안·무고할 징조.

●立樹下貴人庇蔭(입수하귀인비음)
커다란 나무 아래에 서 있으면 귀인의 도움과 이끌음을 받을 징조.

●灶釜破敗有死亡(주부파패유사망)
부뚜막과 솥이 파손되는 꿈은 집안 사람이 죽거나 불상사가 생길 징조.

●取井水淸吉混凶(취정수청길혼흉)
우물이나 수도의 물이 맑고 깨끗하면 길하고 혼탁하면 흉액이 생길 징조.

●新塚棺槨主憂除(신총관곽주우제)
새로 무덤을 만들거나 관곽을 짜는 꿈은 우환·손실 등 장해가 해소될 징조.

●棺自墓中出大吉(관자묘중출대길)
관곽이 저절로 묘지에서 솟아나오면 안정과 발전의 번성이 따를 징조.

●塚墓土明吉暗凶(총묘토명길암흉)
무덤의 흙이 밝고 고우면 길하고 거칠고 검푸르면 재난과 손실의 징조.

●棺殮死人主得財(관렴사인주득재)
관에다 시신을 염해서 안치하는 꿈은 재물과 이권이 풍성해질 징조.

●火燒山野大顯達(화소산야대현달)
산이나 들판에 불길이 타올라 번져나가는 꿈은 입신출세하고 재물이 융성할 징조.

●樹木凋零主凶人(수목조령주흉인)
나무가 잎이 떨어지고 앙상하게 을씨년스러워 보이는 꿈은 사람이 병들거나 불상사가 생길 징조.

●運石入家主富貴(운석입가주부귀)
바위나 큰 돌을 집안으로 옮겨 들여놓는 꿈은 가업이 융성하고 부귀를 성취할 징조.

●行走土坡病患除(행주토파병환제)
흙무더기가 울퉁불퉁 쌓인 것을 파내다 버리는 꿈은 질병과 우환이 흩어질 징조.

●堂上地陷主母憂(당상지함주모우)
대청이나 방구들에 구덩이가 패이는 꿈은 모친이나 부녀자에게 우환이나 흉험이 생길 징조.

●正堂倒陷家主凶(정당도함가주흉)
대들보나 천정이 무너져 집이 부서지는 꿈은 가장이나 장자손에게 사고나 불상사가 발생될 징조.

●入寺院中生男子(입사원중생남자)
절·교회·사당 안에 들어가 있는 꿈은 귀여운 자녀를 잉태하게 될 징조.

●穀米堆吉散主凶(곡미퇴길산주흉)
곡식이나 퇴비가 쌓이는 꿈은 발전융성하고, 흩어지고 버리는 꿈은 파탄손실의 징조.

●割收田禾家己安(할수전화가기안)
논밭의 곡식을 집으로 거두어들이는 꿈은 집안이 번영안정될 부귀의 징조.

●手中把穀主福祿(수중파곡주복록)
수중에 곡식을 가지고 있거나 손으로 만지는 꿈은 입신·부귀와 번성의 징조.

●身在禾中大吉利(신재화중대길리)
자기의 몸이 곡식이나 나락 가운데 있는 꿈은 부귀안정과 발전의 징조.

●廚中火出有急事(주중화출유급사)
부엌에서 불길이 치솟아 번져나는 꿈은 다급한 사고나 불상사가 발생될 징조.

●江海漲漫大吉昌(강해창만대길창)
강이나 호수 및 바다의 물이 가득차 넘쳐흐르는 꿈은 부귀영화의 징조.

●地裂主有疾病凶(지열주유질병흉)
땅이 찢어지거나 갈라지는 것은 질병과 액화 등 불상사가 발생될 징조.

●松生腹上位三公(송생복상위삼공)
소나무가 가슴이나 배 위에서 자라나는 꿈은 입신출세하여 부귀번영을 누릴 징조.

●上高堂大富貴至(상고당대부귀지)
군왕이나 존귀한 사람을 모시고 궁성이나 관청 또는 큰 연회장에서 일을 보면 장차 출세부귀할 징조.

●屋宅無人主死亡(옥택무인주사망)
집(주택·건물) 안팎에 사람이 안보이고 인적이 끊어진 꿈은 흉험한 불상사가 발생할 징조.

●門戶破壞有凶事(문호파괴유흉사)
문이나 집이 파괴되거나 허물어지면 재물의 파탄과 사고 등 궂은일이 발생될 징조.

●灶下水流得橫財(주하수류득횡재)
부엌이나 아궁이가 흐르는 물에 잠기거나 맑은물이 솟아나면 가업이 번성하는 발전의 징조.

●修造廚灶大吉利(수조주주대길리)
아궁이나 부엌을 고치든지 주방기구를 새로 구입해 들이는 꿈은 재물과 경영사가 융성할 징조.

●糞中蹶坐主大凶(분중궐좌주대흉)
똥이나 오줌 위에 넘어지거나 주저앉는 것은 재물의 손실장해 및 파탄말썽의 징조.

● 五穀茂盛主得財(오곡무성주득재)
오곡이 무성하게 자라고 있는 것을 보는 꿈은 가업이 융성하고 재물이 풍부해질 징조.

● 坐臥米麥主大吉(좌와미맥주대길)
쌀·보리(알곡식이나 논밭 포함) 위에 앉거나 누우면 재물과 이권이 번창할 징조.

● 水上行者主大吉(수상행자주대길)
물 위를 걸어다니는 꿈을 꾸면 구하는 소망을 순조로이 성취하고 재물이 융성할 징조.

● 林中坐臥病欲痊(임중좌와병욕전)
숲이나 나무 그늘에 앉거나 드러누우면 질병과 근심이 해소될 안정의 징조.

● 與人分花主分散(여인분화주분산)
타인과 더불어 꽃이나 화초를 나눠가지는 꿈은 이별과 분산의 궂은일이 생길 징조.

● 神廟廣大事事吉(신묘광대사사길)
넓고 웅장한 절이나 교회·사당을 보거나 기원을 올리러 들어가면 가업이 번창하고 소망을 성취할 징조.

● 門自開妻妾私情(문자개처첩사정)
문이 저절로 열리는 꿈은 처첩이나 연인이 딴 마음을 품거나 비밀을 숨기는 일이 발생될 징조.

● 洒掃宅舍遠人來(쇄소택사원인래)
집안을 닦고 쓸면서 청소하는 꿈은 외처에서 소식이 있거나 사람이 오게 될 징조.

● 淘井造井主大貴(도정조정주대귀)
우물물이 치솟아 넘실거리든지 새 우물을 만드는 꿈은 출세부귀하는 영화를 누릴 징조.

● 門戶大開大吉利(문호대개대길리)
대문이 활짝 열려지는 꿈은 구하는 소망을 순조로이 이루고 가업이 융성안정될 징조.

●屋宅更新主大吉(옥택갱신주대길)
집이나 사업장을 바꾸든지 새로 짓는 꿈은 살림이 풍성해지고 명성과 지위가 번창할 징조.

●禾苗豊熟富貴長(화묘풍숙부귀장)
벼이삭이 누렇게 익어가고 있는 꿈은 경영사업이 발전안정되고 부귀를 누릴 징조.

●得禾穀者主大吉(득화곡자주대길)
벼·쌀·보리·콩 등 곡식을 얻거나 집으로 들여오면 부귀와 안정의 발전이 따를 징조.

●水上立浮主凶事(수상입부주흉사)
물에 빠져서 허우적거리든지 물 위를 떠돌며 표류하는 꿈은 질병우환 및 손실말썽 등 궂은일을 겪게 될 징조.

●盤石安穩無憂疑(반석안온무우의)
큰 바위나 평평하고 넓다란 암반을 보면 집안이 평온하고 근심과 손실이 해소될 징조.

●入菜園中大發財(입채원중대발재)
채소밭에 들어가 있는 꿈을 꾸면 재물과 권리가 풍성해지고 안정과 발전이 따를 징조.

●大樹忽折主凶惡(대수홀절주흉악)
큰 나무가 홀연히 부러지거나 뿌리가 뽑히는 꿈은 불행한 사고나 파탄 등 흉험이 발생될 징조.

●入屋主富出園吉(입옥주부출원길)
바깥일을 마치고 집으로 귀가해 들어오거나 논밭에서 나오는 꿈은 부귀와 안정을 얻을 징조.

●屋梁忽折主大凶(옥량홀절주대흉)
집의 큰 기둥이나 대들보가 부러져 내려앉는 꿈은 집안에 불상사나 재물파탄이 발생될 징조.

●上厠在尿屎中吉(상측재뇨시중길)
변소나 변기 위에 앉았는데 똥오줌이 질펀하게 널려 있는 꿈은 재물이 융성할 징조.

●修理田舍有大喜(수리전사유대희)
집이나 논밭을 수리하고 가다듬는 꿈은 장차 안정발전과 융성이 따를 징조.

●死人復活主有信(사인부활주유신)
죽은 사람이 되살아 부활하는 꿈은 외처에서 소식이 있거나 손님이 오게 될 징조.

●先祖考言求食吉(선조고언구식길)
돌아가신 조상이 오셔서 음식을 달라고 청하는 것을 드리는 꿈은 재수가 트이고 앞길이 안정될 징조.

●神聖到家福祿至(신성도가복록지)
신령·성현·위인 등이 자기 집안에 들어오면 운수가 열리고 가업이 번성하며 부귀할 징조.

●拜佛欲動主有財(배불욕동주유재)
부처·성현·위인에게 큰절을 올리는 꿈은 집안이 융성번창하고 매사 순성발전할 징조.

●手弄筆硯主遠信(수롱필연주원신)
손으로 붓이나 벼루 또는 필기도구를 어루만지는 꿈은 외부에서 소식이 있거나 문서약정에 따른 이익이 생길 징조.

●食牛肉於堂上吉(식우육어당상길)
소고기를 먹는 꿈을 꾸면 부모나 손윗사람·상사·존장 등과 연관된 이로움 내지 기쁨이 생길 징조.

●見軍兵敗主凶事(견군병패주흉사)
아군의 병사들이 전쟁에 패하거나 적들에게 쫓기는 꿈은 큰 손재나 말썽 및 불상사가 생길 징조.

●洗頭遷居疾病除(세두천거질병제)
머리와 얼굴을 씻어감고 거처하는 자리를 옮겨앉는 꿈은 우환과 장해가 흩어지고 질병이 해소될 징조.

●食犬肉主有爭訟(식견육주유쟁송)
개고기를 먹는 꿈을 꾸면 타인과의 다툼이나 말썽이 발생되어 장해 내지 손실을 겪을 징조.

●洗手洗足舊病除(세수세족구병제)
손을 씻고 발을 닦는 꿈을 꾸면 묵은 질병과 우환이 해소되고 건강이 좋아질 징조.

●飮水不休得大財(음수불휴득대재)
물을 마시는 것을 쉬지않고 계속하는 꿈을 꾸면 재물과 이권이 풍부해질 안정·번창의 징조.

●尿屎汚身主得財(요시오신주득재)
오줌이나 똥이 몸에 튀기거나 의복을 적시는 꿈은 재물이 융성하고 가업이 번창발전할 징조.

●盜賊入宅主家破(도적입택주가파)
강도나 흉악범이 집안에 들어오는 꿈을 꾸면 손재 및 경영사의 실패, 질병 등 궂은일이 발생될 징조.

●入寺廟神動大吉(입사묘신동대길)
절·교회·사당에 들어가 신령이 움직여 행동하는 것을 보는 꿈은 명성과 부귀를 누리게 될 징조.

●堂上神佛大吉利(당상신불대길리)
대청이나 방안에 신령이나 부처가 앉아 있는 꿈은 부귀와 안정의 발전이 따를 징조.

●死人出棺主得財(사인출관주득재)
죽어서 염습을 마친 사람이 관에서 되살아 나오는 꿈은 재물과 가업이 융성·번창할 징조.

● 僧師敎人唸經吉 (승사교인염경길)
선생이 제자를 가르치거나 승려나 목사가 경전을 읽는 꿈은 앞길이 열리고 소망순성할 징조.

● 與神女通得貴子 (여신여통득귀자)
신선이나 선녀와 더불어 성관계를 맺으면 총명하고 비범한 자식을 잉태하게 될 징조.

● 被神鬼打大不祥 (피신귀타대불상)
귀신이나 마귀로부터 두들겨 맞는 꿈은 질병·우환·말썽·불상사 등 흉험이 빚어질 징조.

● 與鬼鬪者主延壽 (여귀투자주연수)
귀신이나 마귀와 싸워 이기면 장해가 해소되고 수명이 길어지며 질병이 쾌유될 징조.

● 人神共話主富貴 (인신공화주부귀)
사람이 신령과 대화를 나누며 일을 의논하면 재물과 권리가 풍부해질 안정의 징조.

● 迎神賽社有外財 (영신새사유외재)
신령을 맞이할 준비를 갖추거나 신령을 위해 푸닥거리 또는 고사를 올리면 재물과 이권이 늘어날 징조.

● 與尼姑交主失財 (여니고교주실재)
비구니나 수녀와 더불어 성관계를 맺는 꿈은 재물의 손실과 말썽·장해가 빚어질 징조.

● 見神聖主家道興 (견신성주가도흥)
신령이나 성현·위인을 만나뵙는 꿈은 집안 살림이 번성하고 소망사가 순조롭게 성취될 징조.

● 見先亡尊長大吉 (견선망존장대길)
돌아가신 조상이나 존장과 만나는 꿈은 구하는 소망을 이루고 경영하는 일이 번창·발전할 징조.

● 神佛嗔怒皆不吉(신불진노개불길)
신령이나 부처·성인·위인들에게 꾸짖음을 당하면 질병 및 불상사와 파탄의 말썽이 발생될 징조.

● 身拜尊長大吉昌(신배존장대길창)
손 위의 어른이나 존귀한 사람이 자기에게 절을 하는 꿈은 살림의 안정과 발전이 따를 징조.

● 頭髮白落憂子孫(두발백락우자손)
머리카락이 갑자기 희끗희끗 세면서 숭숭 빠지면 자손에게 근심 내지 낭패가 발생될 징조.

● 手足膿血出大吉(수족농혈출대길)
팔이나 다리에서 피고름이 쏟아져 나오는 꿈은 장차 재물이 번성하고 가업이 안정될 징조.

● 露頭披髮主人謀(노두피발주인모)
머리털을 잘리거나 깎이고 뽑히는 꿈은 타인의 오해 및 훼방과 말썽이 생길 징조.

● 自身白衣人所謀(자신백의인소모)
몸에다 흰 의복을 걸쳐입으면 타인과의 다툼과 모함·구설 등 시끄러운 일이 발생될 징조.

● 身上蟲行病患安(신상충행병환안)
몸에 벌레가 기어다니든지 우글거리는 꿈은 질병 및 우환·손실이 해소될 징조.

● 繩索繁身長命吉(승색번신장명길)
노끈이나 포승줄에 몸이 칭칭 묶여매인 꿈은 건강이 좋아지고 수명이 길어질 징조.

● 頭痛髮落皆凶事(두통발락개흉사)
머리를 다치거나 머리껍질이 벗겨지는 꿈 등은 말썽·손실·장해 및 불상사가 발생될 징조.

● 照鏡明吉暗者凶(조경명길암자흉)
거울빛이 밝게 비치면 길하고 어둡거나 침침하면 우환과 장해 등 궂은일이 생길 징조.

●破鏡照人主分散(파경조인주분산)
깨진 거울에 몸을 비추거나 타인의 모습이 보이는 꿈은 배우자나 연인과의 말썽·불화 및 이별·분산의 징조.

●梳頭洗面百憂去(소두세면백우거)
빗으로 머리를 빗거나 얼굴을 청결히 세면하면 제반 손실과 말썽 등 우환이 해소될 징조.

●露體無衣大吉利(노체무의대길리)
실오라기 하나 걸치지 않은 알몸이 되는 꿈은 재수가 트이고 발전과 안정의 융성을 누릴 징조.

●高樓飮酒富貴至(고루음주부귀지)
높은 누각(고층빌딩의 연회장)에서 술을 마시는 꿈은 부귀와 발전, 융성을 누릴 징조.

●種菜主長命大吉(종채주장명대길)
채소나 곡식의 씨앗이나 종자를 심든지 갈무리를 하면 수명이 길어지고 액화가 흩어질 징조.

●摩叢身者主疾至(마총신자주질지)
삼(베·모시)밭 속에 들어가 있는 꿈은 질병과 우환·손실 등 액화가 발생될 징조.

●火燒自屋主興旺(화소자옥주흥왕)
화재가 일어나서 자기 집이나 사업장을 태우는 꿈은 재물이 융성하고 경영사업이 번창할 징조.

●齒落更生子孫興(치락갱생자손흥)
빠졌던 치아가 다시 생겨서 자라나는 꿈은 자손과 연관된 기쁨이나 영화로움이 생길 징조.

●婦人與夫入水吉(부인여부입수길)
부부가 함께 물 속에 들어가는 꿈은 재물이 생기고 집안이 번성하고 안정될 징조.

●見婦人陰主口舌(견부인음주구설)
부녀자의 음부나 여자의 음란행위를 보면 말썽과 구설 및 시끄러운 장해를 치르게 될 징조.

●妻妾孕妻有私情(처첩잉처유사정)
처첩이 잉태하는 꿈을 꾸면 부인이나 연인에게 비밀 내지 눈속임 등 거짓이 발생될 징조.

●夫妻相拜主分散(부처상배주분산)
부부간에 마주보고 절을 하는 꿈은 서로 흩어져 나뉘거나 불화·반목 등 풍파가 발생될 징조.

●齒自落者父母凶(치자락자부모흉)
치아가 저절로 빠져 떨어지는 꿈은 부모나 손위 존장에게 흉험한 불상사가 생길 징조.

●兄弟分別口舌臨(형제분별구설임)
형제자매가 서로 살림살이를 나누거나 헤어지는 꿈은 구설다툼 및 말썽이 발생될 징조.

●同婦人行主失財(동부인행주실재)
부부가 함께 동부인해서 출입왕래하는 꿈은 재물 및 이권에 대한 손실과 피해를 치르게 될 징조.

●婦人赤身主大吉(부인적신주대길)
부인이 옷을 벗어 나체의 몸이 되는 꿈은 구하는 소망을 순조롭게 성취하고 안정을 누릴 징조.

●與婦人交有邪崇(여부인교유사숭)
남편이나 부인과 더불어 성행위를 하는 꿈은 질병과 우환·손실 등 궂은일에 부딪치게 될 징조.

●食一切菜者凶至(식일체채자흉지)
모든 나물이나 음식을 먹는 꿈은 어느 것이나 좋지 못한 액화 및 장애·손실 등 흉험이 발생될 징조.

●婦人披髮有私情(부인피발유사정)
부녀자가 머리를 내려 산발한 꿈은 남 모를 비밀 내지 부정 등 눈속임이 발생될 징조.

●飮酒至醉主疾病(음주지취주질병)
술을 잔뜩 마시고 흠뻑 취하는 꿈은 우환이나 질병, 손재 등 궂은일에 부딪칠 징조.

●嘔吐者病人主疾(구토자병인주질)
구토를 하는 꿈을 꾸면 환자는 질병이 심해지며 무언가 다급한 상황이 발생될 징조.

●食水者主得大利(식수자주득대리)
물을 마시고 갈증을 해소하는 꿈은 가업이 안정되고 구하는 소망이 순조롭게 성취될 징조.

●食生肉凶熟肉吉(식생육흉숙육길)
날고기를 먹으면 손실과 장해가 발생되고 잘 익힌 고기를 먹는 꿈은 재물과 이권이 풍족해질 징조.

●食爛瓜主生疾病(식난과주생질병)
너무 익어서 물컹거리든지 불에 데친 참외나 오이를 먹는 꿈은 질병 내지 우환 등 장해가 발생될 징조.

●頭白主長命大吉(두백주장명대길)
머리카락이 눈처럼 하얗게 세어 백발로 변하면 건강이 좋아지고 수명이 길어질 징조.

●食粟者主有分別(식속자주유분별)
좁쌀·조·피 등으로 지은 밥을 먹으면 가족 또는 주변 사람들과의 불화나 이별·분산이 발생될 징조.

●有人敎書大富貴(유인교서대부귀)
글을 배우거나 글씨를 쓰든지 공부를 하는 꿈을 꾸면 장차 명예와 재물이 풍성해질 부귀의 징조.

● 觀人讀書生貴子(관인독서생귀자)
남이 책을 읽거나 글공부를 하고 있는 것을 보는 꿈은 총명하고 귀여운 자식을 두게 될 징조.

● 食瓜子主生貴子(식과자주생귀자)
참외나 오이를 먹는 꿈일 경우 설익은 것은 딸이고 누렇게 잘 익었으면 아들이 생길 징조.

● 兵馬入城福祿至(병마입성복록지)
군대와 병마가 궁성이나 진지로 행군·입성해 들어가는 꿈은 명성과 재물이 풍요로워질 징조.

● 身上汗出主凶惡(신상한출주흉악)
몸에서 땀이 줄줄 흐르는 꿈은 예기치 못한 불상사나 파탄 등 심각한 손실과 장해에 부딪칠 징조.

● 自身見血流大吉(자신견혈유대길)
자기의 신체에서 피가 흐르는 것을 보는 꿈은 이권과 재물이 풍성해지는 기쁨이 따를 징조.

● 見人死自死皆吉(견인사자사개길)
남이 죽는 것을 보든지 자기가 죽든지 하는 사망의 꿈은 재수가 열리고 살림이 안정·발전될 징조.

● 吹笛打鼓有吉慶(취적타고유길경)
피리를 불거나 북을 두드리는 꿈을 꾸면 재수가 열리고 구하는 소망의 순조로운 성취가 따를 징조.

● 病人哭笑疾病除(병인곡소질병제)
병을 앓고 있는 환자가 통곡을 하며 울다가 폭소를 터트리며 웃는 꿈은 우환이 걷히고 질병이 해소될 징조.

●割鷄鵝鴨主大吉(할계아압주대길)
닭이나 오리, 거위 등을 잡아 고기를 나누는 꿈은 이권과 재물이 불어나는 기쁨이 따를 징조.

●殺豕大吉殺羊凶(살시대길살양흉)
돼지를 죽이면 재물과 권리가 얻어지고 염소나 양을 죽이면 질병 및 손재·말썽 등 궂은일이 생길 징조.

●被人殺害者大吉(피인살해자대길)
남에게 타살이나 상해를 당하는 꿈은 재물이 생기고 사업의 안정발전과 풍족을 얻게 될 징조.

●刀斧自傷主大吉(도부자상주대길)
칼이나 도끼로 자해하는 꿈은 우환과 장해가 해소되고 재수가 트일 징조.

●家中人鬪主分散(가중인투주분산)
집안 식구들이 서로 다투는 꿈은 가정에 시끄러운 말썽 및 이별·분산 등 액화가 발생될 징조.

●被人打者主得力(피인타자주득력)
남에게 구타를 당해 두들겨맞는 꿈을 꾸면 기반과 역량의 안정 및 경영사의 발전을 획득하게 될 징조.

●夫妻相罵主病患(부처상매주병환)
부부간에 서로 꾸짖고 다투면 집안에 우환·질병 및 손재·말썽 등 궂은일이 발생될 징조.

●兄弟相打大吉利(형제상타대길리)
형제끼리 서로 치고받으며 때리고 다투는 꿈은 재물과 이권이 풍부해지는 기쁨이 따를 징조.

●與人相罵者主吉(여인상매자주길)
타인과 더불어 서로 욕설을 하며 치고때리며 싸우는 꿈은 경영사 및 집안 살림이 안정 될 징조.

●夫妻相打主和合(부처상타주화합)
부부간에 치고때리며 상대방을 구타하는 꿈은 묵은 근심과 말썽이 해소되고 집안이 화목단합 될 징조.

●殺死他人大富貴(살사타인대부귀)
자기가 타인을 살해하여 죽이는 꿈은 많은 이권과 재물이 생기고 소망순성하여 부귀해 질 징조.

●被妻妾打主凶事(피처첩타주흉사)
아내나 애인 등 부녀자로부터 구타를 당하는 꿈은 의외의 불상사나 재물손실 및 말썽 에 부딪치게 될 징조.

●被人凌辱主得財(피인능욕주득재)
타인에게 모독이나 능욕을 당하는 수치를 겪는 꿈은 재물과 이권이 풍성해지는 번창 · 융성을 얻게 될 징조.

●持刀自殺傷大吉(지도자살상대길)
칼을 가지고 자살을 하거나 자기 몸을 해치는 꿈을 꾸면 구하는 소망의 성취를 순조롭 게 획득하고 가업이 안정 · 발전 될 징조.

●女人相打主病至(여인상타주병지)
여자들끼리 서로 치고때리며 싸우는 꿈은 질병이나 말썽 및 손실을 겪게 될 징조.

●遠人來悲泣主凶(원인래비읍주흉)
먼 데서 온 사람이 슬피우는 꿈을 꾸면 집안에 좋지 못한 불상사나 장해 · 손실 등 궂 은일이 생길 징조.

● 堂上歌樂主喪事(당상가락주상사)
대청이나 거실, 안방 등의 실내에서 노래와 음악을 즐기는 꿈은 뜻밖의 사고나 초상 등 흉험한 일에 부딪칠 징조.

● 見歌舞者口舌至(견가무자구설지)
노래부르고 춤추며 즐기고 노는 꿈을 꾸면 구설·비방 및 타인과 연관된 말썽과 손실이 생길 징조.

● 被人綁住疾病至(피인방주질병지)
남에게 붙들려 결박을 당해 묶여서 움직일 수 없는 꿈은 질병 및 우환·손재 등 궂은 일이 생길 징조.

● 被官打身主孝服(피관타신주효복)
관청에 붙들려가 고문이나 구타를 당하든지 관리한테 얻어 맞는 꿈은 집안에 불상사나 초상이 발생될 징조.

● 龍當門者大吉昌(용당문자대길창)
용이 집안에 들어오거나 문 앞에 당도하는 꿈은 만사형통하여 부귀번성하고 출세와 영예를 누릴 징조.

● 龍蛇入門主得財(용사입문주득재)
용이나 뱀이 대문 안으로 들어오는 꿈을 꾸면 재물과 이권이 풍부해지고 살림이 융성 번창할 징조.

● 蛇化龍得貴人助(사화용득귀인조)
뱀이 변해서 용이 되는 꿈을 꾸면 귀인이나 유력자의 도움 내지 이끌음을 받게 될 징조.

● 蛇咬人主得大財(사교인주득대재)
뱀 한테 사람이 물리거나 몸이 칭칭감기는 꿈은 많은 이권이나 재물이 얻어지고 발전과 융성이 얻어질 징조.

●蛇多者主陰司事(사다자주음사사)
여러 마리의 뱀이 어우러져 있는 것을 보는 꿈은 비밀·부정·속임수 및 관청구설과 말썽이 발생될 징조.

●蛇入懷中生貴子(사입회중생귀자)
부녀자의 품 속으로 들어가는 뱀의 꿈을 꾸면 장차 귀하게 될 총명비범한 자식을 잉태할 징조.

●蛇赤默口舌青吉(사적묵구설청길)
붉은색 뱀이나 또아리를 틀고 움직이지 않는 뱀은 구설과 말썽이 생기고, 푸른색 뱀을 보는 꿈은 좋은일이 있을 징조.

●蛇入穀道主口舌(사입곡도주구설)
뱀이 곡식 속이나 곡간에 들었든지 도로 위에 나돌아 다니는 꿈은 시끄러운 구설이나 말썽이 발생될 징조.

●鳳凰主有貴人助(봉황주유귀인조)
봉황새를 보는 꿈은 귀인이나 유력자의 도움과 이끌음을 받으며 재물과 명예가 융성하고 부귀할 징조.

●雀入懷中生貴子(작입회중생귀자)
참새가 품 속으로 날아들어오는 꿈을 꾸면 재주있고 총명한 자녀를 잉태하게 될 징조.

●鳧入宅主有大凶(부입택주유대흉)
물오리(갈매기나 물새종류)가 집안으로 날아들어오는 꿈은 의외의 불상사나 재물파탄이 발생될 징조.

●鶴上天去小口災(학상천거소구재)
학이 하늘 높이로 날아서 사라져버리는 꿈을 꾸면 집안에 우환·손실 및 자녀로 인한 근심과 장해가 생길 징조.

●鸚鵡喚人主口舌(앵무환인주구설)
앵무새가 사람의 목소리를 흉내내는 꿈은 말썽과 구설 등 시끄러운 일이 빚어지게 될 징조.

●鼠咬人衣所求得(서교인의소구득)
쥐가 사람의 의복을 물어뜯거나 갉아먹는 꿈을 꾸면 재물과 이권이 풍성해지고 소망순성할 징조.

●猫捕鼠者主得財(묘포서자주득재)
고양이가 쥐를 생포해 붙잡는 것을 보는 꿈은 금전 및 권리가 풍족해지고 가업이 안정될 징조.

●犬吠主人失財凶(견폐주인실재흉)
개가 주인을 보고 짖어대든지 물려고 덤비면 재물의 손실 및 경영사의 파탄과 아랫사람 때문에 피해나 말썽이 생길 징조.

●殺猪吉猪自死凶(살저길저자사흉)
돼지를 죽이는 꿈은 재물과 권리가 풍성해지고, 병들어 죽거나 저절로 죽을 경우는 재물파탄 및 손실장해를 치를 징조.

●船行如飛主富貴(선행여비주부귀)
배를 타고 허공을 날으는 꿈을 꾸면 집안 살림이 번성하고 가업과 지위가 안정향상될 징조.

●泥汚衣裳主産凶(니오의상주산흉)
진흙이나 오물이 의복에 묻거나 튀기는 꿈은 경영사업 및 재물의 손실·말썽 등 장해가 발생될 징조.

●船車破碎主不祥(선차파쇄주불상)
배나 수레, 차량 등이 파손되는 꿈을 꾸면 질병·사고 등의 불상사 내지 말썽·손실에 부딪칠 징조.

● 車不行所求不遂(거불행소구불수)
수레나 차량이 고장이 생겨 움직이지 못하는 꿈은 구하는 소망과 계획 등의 목표를 이루지 못할 징조.

● 乘船橋下過大吉(승선교하과대길)
배를 타고 다리 아래를 통과해 지나가는 꿈은 재수와 건강이 호전되며 원만한 소망성취를 거둘 징조.

● 燈燭光明大吉利(등촉광명대길리)
등불이나 촛불이 밝고 맑게 빛나면 집안이 번창하고 경영사업이 순조발전하는 부귀를 누릴 징조.

● 明鏡者吉暗者凶(명경자길암자흉)
거울이 맑고 밝으면 살림이 번성하고 귀인을 상봉하며 거울빛이 혼탁하면 실패·이별 및 말썽의 징조.

● 蜈蚣咬人壽命吉(오공교인수명길)
지네에게 신체를 물리는 꿈을 꾸면 질병과 우환이 흩어지고 수명이 길어지게 될 징조.

● 猪羊搔痒主口舌(저양소양주구설)
돼지 또는 염소가 몸뚱이를 긁적거리거나 부스럼 병이 생긴 꿈은 말썽·다툼 및 구설과 손실이 발생될 징조.

● 乘馬快吉鈍主凶(승마쾌길둔주흉)
말을 타고 경쾌하게 달리면 번창·융성의 기쁨이 생기고 말이 둔탁하고 병약할 경우는 손재 및 실패 등 궂은일이 생길 징조.

● 獅子叫吼聲揚名(사자규후성양명)
사자가 포효하며 부르짖는 소리를 듣거나 보는 꿈은 명예와 지위가 높아지며 널리 이름을 떨치고 입신·출세할 징조.

●張網捕魚大吉利(장망포어대길리)
그물을 펼치고 던져서 고기를 잡는 꿈은 하는 일이 융성·번창하고 재물과 권리가 풍부해질 징조.

●鯉魚妻有孕大吉(이어처유잉대길)
큰 잉어를 잡거나 잉어를 습득 내지 구입하는 꿈은 부인이 귀한 자식을 잉태하거나 재물이 생기는 기쁨을 누릴 징조.

●螃蟹主百病消散(방해주백병소산)
방게나 게를 보든지 습득하는 꿈을 꾸면 제반 우환·손실 및 질병이나 장해가 해소될 징조.

●蝦變魚主失財物(하변어주실재물)
새우가 변화해서 물고기가 되는 꿈은 재물과 이권의 손상과 피해·말썽 등에 부닥칠 징조.

●蝦蟆鳴走有口舌(하막명주유구설)
새우나 조개 등이 울음소리를 내든지 뛰어달아나는 꿈은 시끄러운 말썽·다툼 및 장해와 손실이 발생될 징조.

●馬舞庭前凶事散(마무정전흉사산)
말이 뜰앞 마당이나 정원에서 춤을 추는 꿈은 가로막힌 장해와 곤란이 해소되고 궂은 일이 사라질 징조.

●乘白馬者主疾病(승백마자주질병)
흰색 말을 타거나 집으로 백마가 들어오는 꿈은 질병·우환 및 사고·손재 등 흉액이 발생할 징조.

●熊羆主身生貴子(웅비주신생귀자)
곰이 집안에 들어오든지 곰이 따라오는 꿈을 꾸면 귀히 될 자식을 잉태하거나 재물이 생길 징조.

●燕子至有遠客來(연자지유원객래)
제비가 집으로 날아들어오는 꿈을 꾸면 외처에서 소식이 있거나 손님이 오게 될 징조.

●燕飛入懷妻子貴(연비입회처자귀)
제비가 품 속으로 날아들어오는 꿈을 꾸면 부녀자나 자식에 연관된 기쁨 내지 귀함이 따를 징조.

●孔雀至主大吉利(공작지주대길리)
공작새가 날면서 춤추는 꿈은 재물과 권리가 풍부해지고 집안과 신상에 좋은일이 생길 징조.

●鷄抱卵主有大喜(계포란주유대희)
닭이 알을 품고 있거나 알을 낳는 꿈은 재물이 융성하고 경영사업이 번창·발전하는 소망성취를 이룰 징조.

●鷄在樹上主得財(계재수상주득재)
닭이 나뭇가지 위에 날아올라가 있는 것을 보는 꿈은 이권과 재물이 늘어나고 살림이 번성·안정될 징조.

●龜入井宅富貴至(구입정택부귀지)
거북이가 우물로 들어가든지 집안에 들어오는 꿈은 가업이 번창하고 재물과 명예가 융성·부귀할 징조.

●見鼈者主有得財(견별자주유득재)
자라나 남생이를 보는 꿈은 재물이 풍족해지고 집안 살림과 경영사가 순탄하게 발전할 징조.

●黃牛來家主富貴(황우래가주부귀)
누런 소가 집으로 들어오는 꿈을 꾸면 가업이 번창하고 지위와 명예가 향상·안정되어 부귀를 누릴 징조.

●牛生犢所求皆吉(우생독소구개길)
소가 새끼 송아지를 낳는 꿈을 꾸면 구하는 소망을 순조롭게 성취하고 가업과 재물이 번창할 징조.

●牛上山坡大吉昌(우상산파대길창)
소가 산 언덕에서 한가로이 풀을 뜯고 있는 꿈은 재물과 이권이 생기고 가업이 융성할 징조.

●牽牛上山主富貴(견우상산주부귀)
소 고삐를 끌고 산 위로 올라가는 꿈을 꾸면 가업이 번창하고 소망성취를 거두어 부귀하고 발전할 징조.

●水牛來家主喪事(수우래가주상사)
물소가 집안에 들어오는 꿈은 집안이나 일신에 불상사 내지 질병·우환 등 흉험한 재난이 생길 징조.

●釵釧相敲妻別凶(차천상고처별흉)
비녀나 팔찌를 두들겨 소리를 내거나 훼손시키는 꿈은 부부나 연인간에 이별 및 불화·말썽의 징조.

●披簑衣主大恩至(피사의주대은지)
고급외투나 예복정장 및 망또를 입거나 비올 때 도롱이(우의)를 걸쳐입는 꿈은 귀인이나 실력자의 도움을 입게 될 징조.

●衣帶自鮮百事吉(의대자선백사길)
의복이나 혁대가 저절로 깨끗하고 청결해지는 꿈은 집안 살림이 안정되고 소망순성하게 발전할 징조.

●洗染衣服皆大吉(세염의복개대길)
의복을 세탁하거나 염색해 물들이는 꿈은 재물과 명예가 풍성해지고 가업이 번창할 징조.

●裁衣着孝衣皆吉(재의착효의개길)
의복 치수를 재거나 색동옷을 입는 꿈은 살림이 안정・발전되고 명예와 재물이 풍부해질 징조.

●着錦綉衣子孫榮(착금수의자손영)
화려한 비단옷이나 예복・정복을 입는 꿈은 명예 및 지위의 향상과 자손으로 영화를 누릴 징조.

●衣服忽破妻外心(의복홀파처외심)
의복이 홀연히 훼손되거나 찢기든지 구겨지는 꿈은 배우자나 정인이 딴 뜻을 품거나 비밀・부정을 감출 징조.

●與人衣服主患至(여인의복주환지)
타인과 더불어 의복을 나눠입거나 바꾸는 꿈은 질병이나 우환 및 손실과 말썽이 발생될 징조.

●着新袍主添妻妾(착신포주첨처첩)
새 외투나 도포・두루마기 등 겉옷을 입는 꿈은 새로운 연인이나 애정교제가 형성될 징조.

●熨斗火盛好事成(울두화성호사성)
다리미의 숯불이나 철그릇 속의 쇳물, 화염 등이 활활 타오르는 꿈은 기쁘고 좋은일이 생길 징조.

●旂旛迎接大富貴(기번영접대부귀)
깃발이나 영기(令旗) 등을 영접하여 맞이하면 명예와 지위가 높아지고 이름을 떨치며 출세부귀할 징조.

●毡褥鋪陳萬事穩(전욕포진만사온)
털자리나 비단・방석・담요(카펫) 등을 깔아 펼쳐놓는 꿈은 가업이 번창하며 소망사가 순성안정될 징조.

● 見手帕主有口舌(견수파주유구설)
머리를 두르기 위한 수건이나 천 등을 보는 꿈은 말썽·구설 및 손실·다툼 등 장해가 발생될 징조.

● 枷鎖臨身疾病至(가쇄임신질병지)
족쇄·형틀·수갑 등 형벌도구가 몸에 씌워지는 꿈은 질병과 우환 및 손재·말썽 등의 장해가 생길 징조.

● 枷鎖入宅主大凶(가쇄입택주대흉)
족쇄·가쇄·수갑·형틀 등 형벌도구가 집으로 들어오는 꿈은 재물파탄과 구설다툼 등 불상사가 생길 징조.

● 身臥路中主有凶(신와로중주유흉)
도로 가운데 드러누워 기동하지 못하는 꿈은 질병·우환·장해·손실이 발생될 징조.

● 車輪折倒主破財(차륜절도주파재)
수레나 차량의 바퀴가 부서지거나 빠져서 나뒹구는 꿈은 재물파탄 및 경영사의 실패·좌절의 징조.

● 剪刀斷物主得財(전도단물주득재)
칼을 휘둘러 물건을 절단해버리는 꿈은 재물과 이권이 생기고 가업이 번성할 징조.

● 失刀落地主破財(실도낙지주파재)
도검을 땅바닥에 떨어뜨리거나 칼이 땅 위에 나뒹구는 꿈은 재물손실과 말썽장해가 발생될 징조.

● 錢春夏吉秋冬凶(전춘하길추동흉)
돈에 관련된 꿈은 봄과 여름은 대길하고 가을과 겨울은 흉액과 재난이 생긴다.

● 見銅錢主有口舌(견동전주유구설)
주물로 구워서 만들어진 동전종류를 보거나 만지는 꿈은 말썽·구설 및 다툼·손실의 징조.

●病人上車主大凶(병인상거주대흉)
병을 앓고 있는 환자가 수레나 차량에 올라타는 꿈은 중병사고 및 불상사 등 우환에 부딪칠 징조.

●鐘磬有聲遠人來(종경유성원인래)
종이나 경쇠 소리가 울리는 것을 듣는 꿈은 외처에서 소식이 오거나 손님이 오게 될 징조.

●女人拔刀主有子(여인발도주유자)
여자가 칼을 빼어들거나 휘두르는 꿈은 귀여운 자식이나 재물에 연관된 기쁨이 생길 징조.

●得人刀主行人至(득인도주행인지)
남에게 칼을 얻거나 새 칼을 구입하는 꿈은 외부에서 소식이나 손님이 오게 될 징조.

●車行主百事順利(차행주백사순리)
수레나 차량이 목적지를 향해 출발하기 시작하는 꿈은 경영사가 순조롭게 번창하고 집안 살림이 융성·안정될 징조.

●拾得錢物皆大吉(습득전물개대길)
무쇠나 강철로 만들어진 엽전이나 동전을 습득해 가지는 꿈은 가업이 융성하고 경영사가 발전·번창할 징조.

●家中分財主離散(가중분재주이산)
집안의 재산이나 물건을 분배하여 나누는 꿈은 가족 내지 주위 사람들과의 분산·이별 및 손실·말썽이 생길 징조.

●針線得者百事吉(침선득자백사길)
재봉이나 수예·바느질 도구 등을 습득 내지 구입하는 꿈은 살림이 안정되고 기쁜일이 생길 징조.

● 金釵耀主生貴子(금차요주생귀자)
금은보화의 장신구나 비녀·가락지 등이 밝은 광채를 띠는 꿈은 귀한 자식이나 재물이 생길 징조.

● 與人分傘主分離(여인분산주분리)
타인과 더불어 우산이나 양산 등을 나누어 가지는 꿈은 이별·분산 및 말썽·손실의 징조.

● 還人錢物疾病去(환인전물질병거)
외지에 나갔다 돌아오는 사람이 동전이나 기물을 가지고 돌아오는 꿈은 질병과 우환 및 장해가 해소될 징조.

● 人賜絹帛大吉昌(인사견백대길창)
타인에게 비단천이나 면화 등을 선사받는 꿈은 가업이 번성하고 소망을 순조롭게 성취할 징조.

● 看放煙火百憂散(간방연화백우산)
불이 붙어서 화염이 치솟는 것을 보는 꿈은 모든 근심과 말썽·장해 등 궂은일이 흩어질 징조.

● 得他人麻布衣凶(득타인마포의흉)
타인에게 삼베나 마포로 만든 의복을 얻어 입으면 질병사고 및 말썽·우환에 부딪칠 징조.

● 得布帛園親來至(득포백원친래지)
마포로 된 천을 남에게 얻어가지거나 구입·습득하는 꿈은 외부에서 소식이나 손님이 오게 될 징조.

● 紡織者主壽命長(방직자주수명장)
길쌈을 하거나 물레를 잡든지 실을 뽑는 꿈을 꾸면 건강이 좋아지고 수명이 길어질 징조.

●鏡破主夫妻離別(경파주부처이별)
거울이 파괴되거나 훼손되는 꿈을 꾸면 가정불화나 부부·연인간의 이별분산의 징조.

●銀釧主夫妻相毆(은천주부처상구)
은비녀나 은팔찌를 보는 꿈은 부부나 연인간에 서로 다투고 싸우든지 불화반목할 징조.

●刷牙者病患不生(쇄아자병환불생)
치아를 닦거나 이가 병든 곳을 긁어내어 치료하는 꿈은 우환과 손실, 말썽이 해소될 징조.

●見脂粉主大財利(견지분주대재리)
입술에 바르는 연지나 분 등 화장품을 보는 꿈은 재물과 이권이 풍족해지고 구하는 소망을 순성할 징조.

●得他人鏡有貴子(득타인경유귀자)
타인으로부터 거울을 선사받거나 구입해가지는 꿈은 귀한 자식을 잉태할 징조.

●劍在牀頭大吉利(검재상두대길리)
예리한 도검이 책상이나 침상머리에 놓여져 있는 꿈은 명예와 재물이 번성하고 살림이 풍족해질 징조.

●牀上有蟻至不祥(상상유의지불상)
밥상이나 책상·침상 위에 개미떼가 우글거리는 꿈은 손재 및 장해·말썽 등 궂은일이 생길 징조.

●釜溢者主得大財(부일자주득대재)
솥에 밥이나 곡식 및 음식물이 가득차 넘치는 꿈은 재물과 이권이 번성하고 가업이 안정·발전할 징조.

●薦蓆入吉出則凶(천석입길출즉흉)
멍석이나 돗자리 등을 집안으로 가지고 들어오면 이익이 생기고 집 밖으로 내버리면 흉액이 생길 징조.

(胎夢類)

● 日光照腹中貫懷(일광조복중관회)
햇빛이 배를 꿰뚫거나 품 속으로 들어오든지 끌어안는 꿈을 꾼다.

● 見日月星入懷中(견일월성입회중)
해나 달, 별 등이 품 안으로 떨어져 들어오는 꿈을 꾼다.

● 大明流星日月呑(대명유성일월탄)
큰 별이나 해·달·유성 등을 입으로 삼키는 꿈을 꾼다.

● 日月入天又相合(일월입천우상합)
해와 달이 하늘 문으로 들어가거나 일월이 합체되는 꿈을 꾼다.

● 龍虎龜象麟獅貴(용호구상린사귀)
용·호랑이·거북·코끼리·기린·사자 등을 보거나 어루만지고 사랑한다.

● 天人賜花傳言子(천인사화전언자)
신선에게 꽃을 선사받거나 자식을 잉태하리라는 계시를 받는다.

● 神人降臨假託體(신인강림가탁체)
신령이나 선인 등이 자기의 몸을 의탁하기를 청해온다.

● 有僧及神童願子(유승급신동원자)
승려나 신동 등 비범한 인물이 나타나 아들이 되기를 원한다.

● 靈仙神僧珠鏡得(영선신승주경득)
신령·선인·현인·성현·위인 등으로부터 구슬이나 거울 등을 얻는다.

● 神聖偉賜金印章(신성위사금인장)
신령·성현·위인이 내려주는 금도장이나 지팡이를 얻어가진다.

●祠堂廟宇入見聖(사당묘우입견성)
사당(절·교회·학교·강당)에 들어가 성인을 뵙거나 가르침을 받는다.

●賓客引登橋門修(빈객인등교문수)
손님을 인도하여 높은 다리 위에 오르거나 대문을 새로 고치고 단장한다.

●祥龍入室又感觸(상용입실우감촉)
상서로운 용이 집안 또는 침실에 들어오거나 신체에 감촉된다.

●鷹鶴啄腹卵隨得(응학탁복난수득)
매·독수리·학 등이 배를 쪼거나 알을 떨어뜨리는 것을 줍는다.

●家中牛馬産生見(가중우마산생견)
집안에서 기르는 소나 말 등이 새끼를 출산하는 것을 본다.

●鳶飛懷入神交情(연비회입신교정)
제비가 품으로 날아들거나 천상의 신선 및 선녀와 더불어 동침해 정을 나눈다.

●衣服毁汚則難産(의복훼오즉난산)
의복이 훼손되거나 더럽혀지는 꿈을 임산부가 있을 때 꾸면 난산한다.

●金銀盞杯奇異寶(금은잔배기이보)
금은보석이나 술잔 및 기이한 보배를 얻거나 습득해 가진다.

●寶珠呑得金玉環(보주탄득금옥환)
보배나 구슬 등을 삼키거나 금옥으로 만들어진 가락지나 팔찌를 얻는다.

●玉笏執手迎貴人(옥홀집수영귀인)
옥으로 만들어진 명패나 관대를 들고 귀인을 영접해 맞이한다.

●金釧光彩鏡得人(금천광채경득인)
금비녀나 목걸이가 빛을 내거나 거울을 타인에게 선사받는다.

● 冠帶換新印牌(관대환신인패)
의관·혁대를 새 것으로 바꾸거나 도장·명패 등을 새로 만들어 가진다.

● 新官職受見讀書(신관직수견독서)
새로운 관직에 임명을 받는다든지 어떤 사람이 독서하고 있는 것을 본다.

● 女人着冠帶拔劒(여인착관대발검)
여자가 관을 쓰고 띠를 매거나 칼을 빼어 드는 것을 본다.

● 甘露異果奇物珍(감로이과기물진)
감로수나 기이한 과일 또는 물건 및 진기한 보배 등을 보거나 얻는다.

● 瓜棗梨栗果見食(과조이율과견식)
오이·참외·대추·밤·배 등의 과일을 보거나 따서 먹는다.

● 人家水中又泉湧(인가수중우천용)
인가와 마을이 물 속에 펼쳐져 있는 것을 보거나 또는 샘물이 용솟음친다.

색 인 표

ㄱ

가래/375
가로수/93
가마/419
가마솥/248 · 266
가방/254 · 255
가수/380 · 381
가스렌지/269 · 270
가슴/331
가시/339
가시나무/95
가시덤불/67
가야금/380
가위/264 · 265 · 266
가재도구/238
가정교사/233
가족/448 · 469
가지/91 · 93 · 508
가축/527
간수/131
간장/521
간호원/426
갈기/554
갈대/505
갈대밭/588
갈매기/570
감/511
감방/134
감시/141
감옥/131 · 132 · 133 · 134
감자/511
갓/355 · 356
강/43 · 407
강간/437
강당/477
강도/139 · 140 · 141 · 144

강물/37 · 71
강아지/553
강의/477
강철/365
개/543 · 544 · 546 · 557
개구리/587
개미떼/592
개밥/545
개찰구/413
개천/37 · 69 · 114 · 115
　　575
객실/125
갯펄/576
거대한 나무/92
거래/489
거름통/400
거리/156
거머리/595
거북이/580 · 581
거실/33 · 265 · 536
거울/243 · 245 · 246
거위/548 · 550
거위고기/550
거지/472 · 473
거품/354
걱정/396
건널목/476
건물/46 · 48 · 49 · 56 · 98
　　101 · 102 · 103 · 108
　　119 · 134 · 142 · 184
건축물/391
걸식/472
검도/162
검버섯/327
검신(劍身)/162
검정옷/211
검표/413

게/588
게임/371 · 372
격투/141
견장/223
결혼/381 · 440 · 441
결혼식/440 · 441
경기장/371
경마/373 · 538
경전/184 · 187 · 232 · 237
경찰/136 · 138 · 139
경찰관/137 · 139
곁방(골방)/100
계단/484 · 485
계시/26
계집아이/457
고개/83 · 410
고관/177 · 178 · 357 · 431
고기/363 · 527 · 531 · 583
고기포/363
고깃간/527
고량/409 · 415
고름/345
고릴라/555
고물상/215
고사/32 · 185 · 482
고양이/553 · 546 · 559
　　560
고용/462
고장/242
고추/508
고층건물/122 · 123
고통/131
고향/488
곡간/107
곡물/503
곡식/60 · 61 · 63 · 106
　　107 · 246 · 499 · 501

503
곡식가마니/500
곡식싹/502
곡예사/380
곤경/463
곤궁/473
골동품/247
골프/368
곰/556
공/368·369
공격준비/156
공공기관/172
공복/224
공부/232·477
공사장/486
공원/93·492
공작새/571
공장/119·120·121·122
　　　123
공중/84
공직/177
공포/89·190
과수림/517
과수목/517
과수원/515
과일/514·515·516
과일나무/97·514
과자/363
관/193·194·196·203
관공서/137·172·173
　　　175·179·220
　　　237
관대/222·223
관람/178
관리/137·138·169·173
　　　175·176·222
관모/222·223·355
관복/221·223
관상/466
관인/174
관중/371

광장/72
광채/29·34·38·185
　　　242·243·342
광풍/45
괭이/376
괴물/74·75·76
굉음소리/48
교단/478
교도관/131
교미/545
교실/477·478
교차로/72
교환/489
교회/105·181·183·184
　　　185·187
구경/123
구금/138
구더기/194·595
구덩이/357·486
구름/34·35·36·37·204
구리/252·365
구멍/108·470·480
구슬/575
구입/164·481
구조물/67
구타/140
구토/464
국가통치자/175·178
국그릇/270
국수/362·505
군기/163
군대/149·150·151·152
　　　153·164
군부대/148·151
군왕/175·176·177
군인/148·152
굴뚝/119
궁궐/179·530
궁성/106·150·175·178
궁시/155·156
궁전/175

권투/370
궤짝/271
귀/344
귀가/117
귀걸이/252
귀뚜라미/591
귀머거리/344
귀신/169·188·189·190
　　　191
귀인/158·169·177·178
　　　222·224·247·431
그네/476
그릇/46·107·248·269
　　　271·392
그물/583
근심/396
글/233
글씨/112·232·234·235
금니/259
금메달/371
금반지/249
금비녀/251·252
금은/181·246·247·248
　　　250
금전/67·103·141·144
기계/62·121·373
기념탑/479
기도/83·185
기둥/36·70·117·481
기러기떼/572
기록/175·233
기름/334·521
기린/555
기물/144·271
기생/359·360
기수/538
기암괴석/90
기와/108
기운/63
기중/212
기차/411

색인표 635

기차역/411
길/42·65·66·67·72
　　85·410·435·445
　　447
길거리/66·72·357·431
김/95
깃발/163·164·165
까마귀/566
꼬리털/569
꽃/23·92·94·204·517
　　518
꽃구경/407
꽃나무/519
꽃다발/381
꽃병/366
꽃비녀/252
꽃잎/26
꾸중/468
꾸지람/137·181·446
꿀/520
꿀벌/590
꿩/565
끝/376

ㄴ

나들이/415·429
나무/48·64·91·92
　　95·96·97·204
　　447
나무그늘/96
나무꼭대기/91
나무숲/96
나물/509
나뭇잎/95
나방/596
나비/589
나체/433
나팔/379
낙타/556

낙화/518
낚시/487
낚시도구/487
낚시질/487·583
낚싯대/487
난간/70
난초/519
난파/408
날/159
날개/330
날고기/362
남극성/33
남생이/581
남여/438
남장(男裝)/215
남편/430·434
냄비/270·272
냉면/505
냉장고/240
네온사인/72
노동/453
노래/179·420·427
노래기/590
노루/554
노새/539·540
노을/38
논/43·57·58·59·60
　　61·105·400
놀음/373
놀이/96
농사/61·62·83
농촌/488
높은건물/123
누각/101·175·178·179
누대/178
누룩/505
누에/596
눈/40·41·42·43·335
눈물/435·445·459·461
눈보라/43
눈썹/333·338·339

느티나무/93
늑대/557

ㄷ

다과점/479
다듬이돌/375
다락/100
다리/37·67·68·69·70
　　71·183·350·351
　　369·403·417
다리미/365
단상/149·158·175·179
　　183·208·220·355
단지/269
단추/225·249·230
달/27·29·30·31·32
　　33·34·403
달걀/364
달력/380
달밤/29
달빛/29·34
달팽이/594
닭/546·547·548·549
닭고기/549
닭둥지/549
담/97·118
담배/483·484
담뱃잎/484
담벼락/112
담장/67·117·118
당구/368
당나귀/539·540
대기/113
대나무/97·512
대도로/65·119
대들보/97·108
대머리/333
대면/189
대문/19·20·110·111

112 · 113 · 114 · 416 · 534
대소변/402 · 530
대장/172
대저택/175
대접/271
대청/179 · 186 · 187 · 427 · 428
대추/513
대패/376 · 481
대화/380
덤불/518
덤블링/369
도구상자/271
도깨비/190 · 191
도끼/159 · 161 · 162 · 376 · 481
도둑/107 · 141 · 142 · 143 · 144 · 220 · 228 · 249 · 254
도둑질/142
도랑/114 · 115
도로/67 · 68 · 69 · 182 · 230 · 417 · 418
도로공사/67
도마/133 · 190
도마뱀/593
도망/470
도박/371
도살/527
도색/104
도장/222
도피/39 · 223 · 469
도회지/575
독수리/570
돈/373
돈계산/496
돌/87 · 88 · 113 · 392
돌덩어리/81
돌멩이/91
돌층계/485

동(東)/24
동거/471
동굴/486
동녘/33
동물/82 · 260 · 339 · 340 · 401 · 406
동산/96
동석/177 · 192
동침/177 · 430
동행/133 · 458
돛/404
돼지/540 · 541 · 542 · 543
돼지고기/543
돼지새끼/543 · 541
된서리/42
두꺼비/594
두레박/271
뒷모습/180
드럼통/271
들길/64 · 65
들쥐/553
들판/63 · 64
등/32 · 332
등산/85
땀/329
땅/24 · 26 · 27 · 35 · 49 · 55 · 56 · 57 · 58 · 91 · 102 · 108 · 192 · 203 · 387
땅속/55 · 56
떡/359 · 361 · 363 · 505
떡방아/31
똥오줌/397 · 398 · 399 · 400 · 402
뚜껑/194
뜀뛰기/369
뜀틀/476
뜰/42 · 97 · 406

라디오/242
라면/362
램프/241
런닝셔츠/215
레슬링/370

마굿간/538
마귀/89
마늘/509
마담/360
마당/42 · 93 · 200 · 406 · 541 · 534
마루/427
마른고기/587
마른천둥/48
마름질/210
마부/410
마차/410 · 529 · 530
마찰/147
막대기/490 · 491 · 585
만국기/231
만두/521
많은고기/585
말/534 · 535 · 536 · 537 · 538
말다툼/143
말똥/538
말뚝/481
말소리/389
맑은날씨/48
맛사지/352
망또/223
망치/367 · 376
망치질/481
매/453 · 570
맨땅/55
맨발/230
맨살/339

맹인/492 · 493
머리/33 · 87 · 251 · 336
　　　341 · 342 · 343
머리빗/252 · 253
머리솔/253
머리카락/333 · 334 · 335
　　　336 · 337 · 338
먹구름/25 · 26 · 35
먹물/234 · 235
먹칠/327
메주/521
멜빵/470
멧돼지/543
면도/353
면접시험/477
면회/134
멸시/46
명령/178 · 181
명패/174 · 222 · 223
명함/490
모기/591 · 592
모래/66
모래톱/406
모밀가루/505
모임/489
모자/39 · 354 · 355 · 356
목/83 · 135 · 156 · 339
　　　340 · 341
목걸이/249 · 252
목발/490
목사/187
목수일/480
목욕/225 · 351 · 352 · 432
　　　537
목재/92
목재더미/92
몰골/327
몸/33 · 49 · 56 · 73 · 75
　　　136 · 155 · 212 · 213
　　　216 · 329 · 330 · 331
　　　332 · 352 · 399 · 400

　　　417 · 457 · 583
못/339 · 480
몽둥이/368
묘목/93 · 94 · 140 · 146
　　　428
묘지/194 · 202 · 203
무기/158 · 161
무늬/158
무당/105
무당집/466
무대/380
무덤/203 · 204
무릎/351
무명옷/211
무술시합/370
무용/382
무장/148
무지개/37 · 38 · 204
문/106 · 108 · 111 · 112
　　　113 · 115 · 116 · 117
　　　119
문간/200
문갑/238
문둥이/494
문서/103 · 175 · 232 · 236
　　　237
문설주/117
문양/223
문종이/116
물/43 · 44 · 57 · 196 · 209
　　　267 · 352 · 387 · 388
　　　389 · 390 · 391 · 393
　　　394 · 405 · 406 · 407
　　　409 · 417 · 575
물감/327
물건/24 · 39 · 72 · 96 · 106
　　　144 · 187 · 269 · 389
　　　450
물고기/389 · 582 · 583
　　　584 · 585 · 586
물새/570

물소/534
물오리/570
물줄기/389
물통/271 · 454
물품/72
미닫이/116
미치광이/491
미친개/545

ㅂ

바구니/509
바깥채/107
바늘/262 · 263 · 264 · 339
바다/407
바닷물/113
바둑/372
바둑알/372
바람/36 · 38 · 39 · 101
　　　217 · 356 · 404 · 433
바람소리/38
바위/81 · 87 · 88 · 90
바위꼭대기/86
바이얼린/380
바지/216
바퀴/414
바퀴벌레/590
박쥐떼/569
반딧불/590
반백/334
반송/496
반지/250 · 251
반환/496
발/229 · 264 · 347 · 348
발걸음/348
발목/135 · 348
발치/32
밝은빛/24 · 38
밤/511
밤하늘/32

밥/267 · 363
밥그릇/401
밥솥/267 · 268 · 269 · 401
방/33 · 34 · 123 · 427
　543
방게/588
방망이/364 · 368
방문/455
방백수령/172
방석/220 · 427
방아쇠/155
방패/155 · 156
방황/84
밭/43 · 58 · 59 · 60 · 61
　105 · 400
밭농사/60
배/216 · 352 · 402 · 403
　404 · 405 · 406 · 407
　408 · 409 · 450 · 514
배구/369
배나무/514
배설/401
배열/186
배우/380 · 381
배우자/333 · 432 · 440
배필/21 · 441
백마/538
백정/527
백지/233 · 235
백화점/72
뱀/576 · 577 · 578 · 579
　580
버스/411 · 412 · 415
버스정거장/411 · 413
번개/49
번갯불/49
벌/589 · 590
벌거숭이/332
벌레/194 · 261 · 329 · 583
　591
벌목/96

벌침/590
벌통/590
벌판/487
범위/137 · 141
범죄/137
범죄자/143
법관/139
법당/186 · 187
법사/183
법원/136
법정/137
법조관계인/139
벗꽃/86
벙어리/261 · 492
베개/161
베갯머리/157
베옷/211 · 215
베짱이/591
벼나락/500
벼락/48 · 49 · 111
벼루/235
벼슬/172 · 173 · 174 · 177
벽/380 · 480 · 499 · 500
변색/338
변소/396 · 397 · 398 · 400
별/29 · 30 · 31 · 32 · 33
　34 · 35
별빛/35
병/364 · 409 · 422 · 449
　456
병사/151
병아리/549
병영생활/152
병원/425 · 427
병장기/155 · 156
병풍/238
병환/446
보검/163
보도/157 · 158
보따리/471
보름달/33

보리/501 · 503
보리밭/502
보리타작/502
보물/83
보배/181 · 187
보석/246 · 249 · 250
보수/69
보신탕/544
보옥/182 · 248
보올링/368
보트/371
복도/123
복수/465
복숭아/511
복용/182 · 426
봉투/237
봉황/566
부녀자/429 · 437 · 438
부모/199 · 445 · 446 · 447
부부/102 · 251 · 351 · 428
　429 · 430 · 431 · 432
　433
부상/146 · 154 · 328 · 351
부속건물/107
부스럼/343
부업/459
부엌/387 · 393 · 394 · 395
　396 · 576 · 580
부엌살림/396
부인/429 · 430 · 432 · 434
부처/181 · 182 · 183 · 187
부추/509
부탁/462
부패/194
북두칠성/33
분노/161
분뇨수거차량/415
분봉/590
분실/157 · 249 · 254
불/111 · 338 · 359 · 374
　393 · 394

색인표　639

불경/192 · 231
불구/422
불꽃/33 · 55 · 122 · 159
불당/184
불보살/180 · 182 · 183
　　　184 · 186
불빛/84 · 241 · 404
불상/182
불화로/270
붉은빛/20
붓/234 · 235
붕괴/179
붕대/329
브로우치/249
비/25 · 42 · 43 · 44 · 45
　46
비구니/192
비녀/250 · 251 · 252
비누/352 · 353
비늘/575
비단/165 · 167 · 264
비단옷/214 · 215
비둘기/567
비룡/575
비상사태/123
비석/176
비술/187
비행기/23
빈집/103 · 142
빌딩/119 · 123
빚/253
빗물/392
빗속/45
빗자루/376 · 377
빗장/116
빨간색/99 · 216
빨래/85 · 217
빵/363
뽕나무/510
뿔/341 · 528 · 575

ㅅ

사거리/72
사고/449
사과/515
사내아이/455
사냥/92
사다리/19 · 484 · 485
사당/105 · 178 · 184 · 185
　　187
사람/39 · 40 · 56 · 57 · 63
　　68 · 69 · 95 · 99 · 101
　　103 · 109 · 121 · 133
　　144 · 145 · 149 · 246
　　339 · 340 · 401 · 434
　　528 · 530 · 540
사랑/434 · 436
사령장/174 · 223
사마귀/327
사막/487
사망/133 · 153
사무/453
사무실/478
사발/271
사방/35 · 65 · 141
사법관/137
사법관리/136 · 138 · 139
　　144
사법관청/138
사법기관/136
사별/432
사슴/533 · 554 · 555
사신/176
사열대/149
사이렌/123
사자/20 · 342 · 554
사주/466
사진/475 · 476
사찰/181 · 183 · 185 · 187
사형/135
산/33 · 81 · 82 · 83 · 84

　　85 · 424 · 528
산길/83 · 85
산꼭대기/84
산림/96 · 104
산봉우리/83
산비탈/86
산악/86
산야/43 · 58 · 152 · 200
산중/83 · 84 · 86 · 203
산책/447
산천/40
살점/331
살해/139 · 140 · 144 · 145
　　531 · 533
삽/506
삼거리/72
삼겹질/507
삼베/264
삼실/227
삽/375 · 376
상/359
상갓집/198
상금/373
상복/217 · 452
상사/447
상여/200 · 201
상점/265
상점거리/72
상처/159 · 161 · 346
상품/373
새/23 · 91 · 568 · 569
새끼/227
새벽/24
새싹/92
새우/585
샘물/389
생물/406
생쌀/363
생포/555
서광/150 · 202
서류/235

서신/236 · 237
석방/133
석양/30
선녀/88 · 475
선물/177 · 242 · 245 · 586
선사/212
선생/233 · 478
선풍기/240
설교/184
성/180
성곽/178
성기/439
성문/179
성벽/178
성병/67
성서/231
성직자/181
성행위/434 · 436 · 437
성현/180 · 181 · 182 · 183
　　187 · 224
세숫대야/367
세일즈맨/488
세제/354
세탁/217 · 356
소/424 · 528 · 529 · 530
　　531 · 532 · 533
소나무/97
소란/148
소리/589
소매/73
소매치기/141
소방차/414
소송/137
소용돌이/114
소유권/103
소포물/236
손/70 · 264 · 347 · 350
손가락/251 · 346
손님/362
손등/347 · 185
신선/182 · 188

신장/22 · 230
신주/482
신체/42 · 49 · 144 · 161
　　209 · 264
실/263
실족/89
실종/455
실행/489
심부름/176
싸라기눈/43
싸움/451
쌀/501
쌀밥/360
쌍무지개/38
써커스/380
쓰레기/165
씨/59
씨름/370
씨앗/60

ㅇ

아궁이/269 · 394 · 395
　　396
아기/396
아내/70 · 430 · 433 · 434
　　436
아르바이트/490
아버지/407
아이/40
악기/379
악마/189
악수/381
악취/121 · 134 · 143
악한/139 · 437
악행/143
안개/37 · 39 · 40
안경/493
안마/352
안전지대/86

안주/177 · 358
안치/186 · 196
알몸/213 · 431 · 432
알미늄/252
암석/88 · 89
암탉/547 · 548
암흑/26
앞길/65 · 67
애벌레/594
애완견/545
애통/460
앵두/512 · 513
앵무새/566 · 567
야구/368
야산/532
야채/60 · 363
약/426
약국/426
약물/182 · 426
약사/426
약속/489
양/532 · 543 · 550 · 551
양도/61 · 103 · 160
양산/167
양식/191
양약/426
어깨/84 · 97 · 331 · 333
어둠/25 · 34
어린아이/22 · 454 · 455
　　456 · 457
언덕/66 · 410
언쟁/143
얼굴/256 · 326 · 327 · 333
　　336 · 343 · 353 · 392
얼룩/220
업무/62
에스컬에이터/490
에어콘/240
엘리베이터/490
여관/124 · 479
여승/437

색인표 641

여우/558
여의주/575
여자/147 · 163 · 217 · 431
여자아이/455
여장(女裝)/215
여종업원/360
여행/217 · 415 · 421 · 429
　　458 · 459
연극/382
연기/119 · 121
연기자/381
연꽃/517
연예인/380 · 381
연인/251 · 434 · 435 · 436
연장/376
연주/380
연회/177 · 179 · 261 · 431
연회장/361
열차/412 · 414 · 415
염색/217 · 334
염소/532 · 550 · 551
염습/196 · 420
엿/520
영구차/200 · 201
영정/482
영화/382
예복/221 · 223 · 224
예식장/440
예식행사/178
오디열매/510
오락기계/373
오랏줄/138
오리/548 · 550
오리고기/549
오물/165 · 220 · 397 · 398
　　400
오색/37
오색종이/231
오이줄거리/507
오징어/363
오토바이/409

옥상/97 · 119 · 123 · 499
옥황상제/22
올빼미/571
옷/74 · 208 · 209 · 211
　　213 · 215 · 216 · 217
　　218
옷감/210 · 216 · 265 · 447
옷자락/38 · 73 · 216
옷장/239
옷핀/264
왕공/177 · 178
왕래/198 · 203
외국어/233
외나무다리/69
외양간/532
요리/359
요식업소/479
욕/148 · 430
욕조/454
욕탕/431
용/342 · 574 · 575 · 576
　　577 · 578
용서/468
용암/86
우는소리/133
우동/362
우렁/589
우리/542
우마(牛馬)/410
우물/157 · 357 · 387 · 388
　　389 · 390 · 392 · 393
우물가/510
우물물/387 · 391 · 392
우물터/389
우박/43
우산/46
우승기념패/371
우유/364
운동/368 · 421
운동장/64
운무/150

운반/93
운전기사/411
울타리/118
웃옷/217
웅덩이/56
원앙새/568
위인/181 · 182 · 187 · 224
　　431
위패/482
위협/139
유도/370
유령/188 · 189 · 190 · 191
유방/429
유성/35
유치장/131 · 133 · 134
유혈/144
유혹/437 · 438
유희/438
육교/70
육지/403
은/252
은하수/36 · 37
음료수/363
음부(陰部)/439
음성/26
음식/143 · 185 · 187 · 197
　　198 · 239 · 267 · 270
　　271 · 359 · 363 · 431
음주/179
의관/220 · 224
의논/176 · 188
의리/147
의복/74 · 99 · 144 · 205
　　208 · 209 · 210 · 211
　　212 · 213 · 214 · 216
　　217 · 218 · 219 · 220
　　222 · 223 · 224 · 225
　　239 · 400 · 425 · 431
　　533 · 552
의사/423 · 426
의자/220 · 476 · 478

이/257·259·260
이권/496
이동/69
이름/68
이리/557
이마/341·342·343
이발/336
이불/161
이사/104·105
이슬/47
이슬방울/47
이쑤시개/256
이야기/181·194
이웃사람/139
이의/137
이혼/433
인가/84
인계/103·160
인기척/121
인도/157·188·470
인명/174·177
인사/467
인파/72
인형/261
일터/62
임명장/222
임산부/494
임신/429
입/260·261
입관/420
입대/150
입원/425
입항/403
잉어/584
잉크/234·327
잎사귀/95
잎새/93

자/253
자기/36·56·59·62·73
　　75·76·81·92·93
　　97·99·101·102
　　103·109·111·113
　　117·132·134·135
　　136·137·138·139
　　141·142·143·145
　　151·152·153·155
　　156·160·172·174
　　176·177·180·182
　　185·187·188·189
　　192·198·199·200
　　208·211·218·244
　　245·351·352·353
　　356·361·362·377
　　378·380·586
자리/85·98·120·408
자물통/116
자살/145·156
자유/141
자전거/409·410
작별/449
작업/67
작자/97
잔듸/64
잔듸밭/62
잔설/40
잔치/177·361
잔치집/361
잠/65·100
잠자리/434·590
잡채/520
잡초/94·95
잡풀/69·101
잣나무/97
장고/473
장기/331·372
장닭/547·548
장령/149
장례/198·200

장롱/239
장막/164·165·167
장벽/33
장부/496
장사/488
장신구/249
장상/177·178
장식/72·158
장애물/82
장지/201
장차관/172
재목/97
재물/107·185·191·495
　　496·536
재벌총수/357
재봉질/210
재판관/136
재판정/136
저당/103
저수지/488
저울/376
적/153·154
적진/149
전답/59·61·83·103
전등/241
전복/412
전봇대/48
전사/153
전쟁/152
전쟁터/153·154
전철/414
전축/242
전투/153
전화/241
절/32·105·183·185
　　429·447·467
절경/88
절구통/372
절단/439
절벽/86·87·88·89
절인고기/585

색인표 643

점/328 · 466
접대/438
접시/271
정기승차권/413
정문/120 · 172 · 179
정상/82
정신병원/131
정신병자/491
정신병환자/131
정원/406 · 519
정원수/93
정인/333
정자/64 · 101
정자나무/96
정차/412
젖/364
젖가락/365
젖가슴/347
제기차기/369
제복/221
제비/565 · 566
제비뽑기/374
제비집/566
제사/482
제왕/178
제작/164
조각/268
조개/588
조명기구/241
조문/199
조미료/522
조사/139
조상/445 · 446 · 482 · 536
조약돌/88
좁쌀/504
종기/327 · 332 · 343 · 345
 543
종이/235 · 265 · 269
종이조각/26
종자/61
종착역/411

좌석/179 · 186
좌정/175
죄/133 · 134
죄수/131 · 1323 · 134 · 548
죄인/133 · 136
주거/104
주머니/509
주먹/140
주문/231
주방/527
주방기기/396
주변인물/139
주사/182 · 423
주석/252
주연/405
주옥/181 · 246 · 250
주전자/271
주정/358
주택/95 · 101 · 102 · 103
 105 · 119 · 391
죽은나무/92
중병/424
쥐/552 · 553 · 554 · 559
 560
쥐덫/553
지갑/253 · 254
지개/470
지네/593
지렁이/592 · 593
지붕/40 · 97 · 108 · 109
 110 · 117 · 499
 546 · 568
지상/49
지시/462
지위/158 · 172
지진/56 · 101
지팡이/490 · 491
지폐/26 · 496
지하도/71
지하실/119 · 120
지하터널/486

지휘/149
지휘관/151
지휘권/151
직장/62
직책/174
진눈개비/42
진동/344
진영/151
진중/164
진지/150
진찰/423 · 427
진흙/56 · 73 · 74 · 209
 388
진흙길/67
질병/339
질주/201
짐/84 · 410
짐승/23 · 530
집/30 · 59 · 76 · 85 · 90
 92 · 93 · 97 · 98 · 101
 102 · 103 · 105 · 109
 117 · 135 · 180 · 182
 193 · 198 · 200 · 216
 239 · 266 · 360 · 364
 388 · 387 · 395 · 396
 400 · 543
집무실/172
집안/42 · 57 · 92 · 94 · 97
 98 · 99 · 100 · 101
짚신/227
짜장면/362

ㅊ

차/364 · 413
차량/67 · 136 · 412 · 415
 416 · 417 · 418
차표/413
찬장/239
참새/568

참새떼/567
참외/516
찹쌀방아/501
찻잔/271·358
창검/154·155·156·157
　　　159·161·187
창고/106·107·108·500
　　　576
창극/157·158
창녀/360
창문/34·99
채소/60·506·507
채찍/410
책/231·232·233·234
　　236·237
책망/446
책상/236·237·238·476
　　　478
처첩/431
처형/136
천/265
천둥/48
천리마/535
천사/188
천왕/22
천정/108
철학관/466
청명/26
청사/172·175
청소/56·100·392·398
청소도구/376·377
체조/369
체포/138·144
초대/177·490
초롱/241
초목/40
초상/199
초상화/475
초원/65
총/155·158
총검/156·158

총칼/156
총탄/155
총포/154·155·156·157
추격/141·469
추녀/110
추락/69·89·487
추수/500
추첩/374
축구/369
축조/107·113
축하/173
출동/414·415
출산/396·429·454·541
출옥/133
출입문/99·115·120
출장/459
춤/179·475·534
치아/256·257·258·259
　　　260
치약/256
치장/223
친구/147·453
친척/451·452
칠판/478
침/182·339
침상/560
침실/161
침입/139·142
침팬지/555
칫솔/256
칫솔통/256
칭찬/466

카드/372
칸막이/116
칼/135·136·156·157
　　158·159·160·161
　　162·481·543

칼싸움/162
커피/364
코/328·329
코끼리/539
콩싹/503
콩잎사귀/504
큰공장/122
큰길/65·68·93
큰나무/93·94·96·97
큰칼/163
키/407
키스/262

타올/167
타이어/416
타인/102·146·156
타작/500
탁구/368
탁자/158
탄환/55
탈출/133·487
탈취/141·495
태권도/370
태몽/182
태양/28
터/387
터널/71·412
털/261·345·347·537
털복숭이/345
텃밭/58
테니스/368
테이블/239·240
텔레비전/242·243
토끼/31·555·556
토끼/96
톱/376
톱질/481
통/271·392·393

통곡/195 · 199
통로/99
통솔/149
통솔권자/151
통제/135
통증/263
통치권자/357
통치자/176
투기/371
퉁소/379
트로피/371
틀니/259

ㅍ

파나물/509
파도/114
파리/592
파리떼/591
파리알/594
팔/345 · 346 · 369 · 461
팔뚝/345
팔찌/249 · 252
패물/67 · 249
패스/413
팩스/241
팬티/215
펜/234
펜싱시합/162
평지/81
폐가옥/103
폐수/121
폐품/121
포승/136
포옹/467
폭발/55 · 122 · 159
폭발물/166
폭소/473 · 474
폭탄/166
폭풍/39 · 114

표범/556
표창/177
푸른빛/150
풀/58
풀밭/532 · 555
품/32
풍경/414
풍향기구/23
플랫폼/413
피/140 · 144 · 155 · 161
　　257 · 260 · 263 · 340
　　349 · 350 · 428 · 439
　　527 · 528 · 529 · 530
　　533 · 575
피고름/329
피리/379
피신/388
피아노/379
핀/262
핏빛/20

ㅎ

하녀/360
하늘/19 · 20 · 21 · 22 · 23
　　24 · 25 · 26 · 27 · 30
　　31 · 35 · 36 · 37 · 38
　　63 · 330 · 402 · 574
하복부/352
하사/181
하천/43 · 71 · 157
학/572 · 573
학교/478
학생/234
한약/426
함/165 · 237
함박눈/43
함정/487
항구/403
항아리/269

25 · 27 · 29 · 30 · 32
　33 · 34　35 · 403
해안/406
핸드백/254
햄/363
햇빛/29
햇살/36
행길/67
행랑/123
행렬/150 · 201
행진/148 · 151
행차/178
행패/358
향/32
향화/185
허공/36 · 402
허리/156 · 183
허리띠/225 · 228
허수아비/58
헌납/185
헌신/186
헌집/104 · 105
혁대/224
현관/230
현수막/382
현악기/380
혈관/331
협박/140
형무소/131　133
형장/137
형제자매/447 · 448 · 449
　　　　　450 · 451
호도/513 · 516 · 517
호랑이/342 · 558 · 559
호미/375
호송/136
호수/407
호주머니/216
호텔/124
혹/332 · 341
홀/479

홍수/114
화관/355
화덕/269·270
화력/365
화로/269
화분/366
화산/86
화살/155·156
화수목/97
화염/55
화장/245·256
화장실/400
화장품/255
화재/115·122
화초/366
화투/372
환경/29
환영/466

환영인파/418
환자/408·416·420·421
　　　423·424·425
활/154·155
활시위/155
황금/182·253
황색옷/211
황혼/30
횃대/565
회/583
회식/361
회오리/39
회의/173
회의실문/172
회충박멸/592
횡단보도/476
횡재/495
훈도/187

훈장/223
휴게소/411
휴식/96
휴지/233
흉기/140
흉터/327·328
흙/57
흙덩이/56·57
흙먼지/73
흙탕물/391
흠집/345
흰돼지/540
흰색원숭이/555
흰옷/210·211
흰쥐/553
흰코끼리/538
흰호랑이/559

周公解夢吉凶歌

夜有紛紛夢　神魂預吉凶　莊周盧幻蝶　天光照主疾病除
丁固松生貴　江淹得筆聰　黃梁巫峽事　非此莫能窮
呂望兆飛熊

（天文類）

風如吼主遠信至	雲起四方交易吉	日光入屋官位至
陰雨晦暗主凶事	星入懷主生貴子	飛上天富貴大吉
天公使喚大吉祥	日初出無雲大吉	禮拜日月大吉昌
日月卿山奴欺主	五色雲主大吉昌	雲開日出兇事散
日月初出家道昌	星落有病及官事	日月照身得重位
	天門開貴人薦引	天晴雨散百憂去
		松生腹上位三公
		行走上地陷患除
		雲赤白吉青黑凶
		仰面向天大富貴

持執星宿大富貴
日月入懷女子貴
吞日月主生貴子
日月落憂傷父母
天欲暨益壽命吉

風吹人衣主疾病
雲落家庭主喪事
身被霹靂主富貴
狂風大雨人死亡
見浮雲作事不成

霜雪降主事不成
雪落身上萬事成
行路逢雨有酒食
日赤虹黑凶

（地理屋宇園林）

道中得財主通達
見市中無人主凶
夫婦入市主置產
攜手上橋妻有孕
草木茂盛家道興
枯木再發子孫興
手弄小石生貴子
臥於石上主大吉
庭前竹木喜重重

榮樹多熟子孫安
園林茂盛大吉利
立樹下貴人庇蔭
灶釜破敗有死亡
取井水清吉混凶
新塚棺槨主憂除
棺自墓中出大吉
塚墓土明吉暗凶
棺殮死人主得財
火燒山野大顯達
樹木凋零主凶人

江海漲漫大吉昌
廚中火出有急事
身在禾中大吉利
手中把穀主福祿
割稻田禾家已安
穀收堆吉除凶
入寺院中生男子
正堂倒陷家主凶
堂上地陷病患除
運石入家主富貴

水上行者主大吉
坐臥米麥主得財
糞中坐者主大吉
五穀茂盛主大利
修造廚灶大吉利
灶下水流得橫財
門戶無人主死亡
屋宅破壞有凶事
上高堂大富貴至
地裂主有疾病凶

火燒自屋主興旺
蔬菜身者主疾至
種菜主長命大吉
高樓飲酒富貴吉
修理田舍有大喜
上厠在尿屋
屋梁忽折主出國吉
入屋主富出國吉
大樹忽折主凶惡
入榮園中大發財
盤石安穩無憂疑

（神鬼類）

堂上神佛大吉利
入神廟神動大吉
（神鬼類）

死人出棺主得財
僧師教人唸經吉
與神女通得貴子

被神鬼打大不祥
與鬼鬪者主延壽
人神共話主富貴

迎神賽社有外財
與尼姑交主失財
見神聖主家道興

見先亡尊長大吉
神佛嗔怒皆不吉
死人復活主有信

先祖考言求食吉
神聖到家福祿至
拜佛欲動主有財

（身體人事類）

身拜尊長大吉昌
（身體人事類）

頭髮白落憂子孫
手足膿血出大吉

露頭披髮主人謀
身上蟲行病患安

自身白衣人所謀
繩索繁身長命吉

頭痛髮落皆凶事
照鏡明吉暗者凶

破鏡照人主分散
梳頭洗面百憂去

周公解夢吉凶歌

（衣飾器皿雜類）
釵釧相敲妻別凶
明鏡光明大吉利
燈燭者吉暗者凶
乘船橋下過不遂
車不行所主不祥
船車破碎主不祥
泥污衣裳主產貴
船行如飛主富貴

（鳥獸魚蟲類）
燕子至有遠客來
鸚鵡喚人主口舌
鶴上天主小口災
蛇多者主陰司事
蛇咬人主得大財
蛇化龍得貴人助

（哀樂打罵類）
割雞鵝鴨主大吉
病人哭笑疾病除
吹笛打鼓有吉慶

齒自落者父母凶
兄弟分別口舌臨
同婦人行主失財
婦人赤身主大吉
與婦人交有邪祟
食一切菜者凶至

釵釧耀主生貴子
針線拾得者百事吉
拾得錢物皆順利
車行主百事大凶
病人上車不行
車輪折倒主大破財
旅扇迎接主得財
衣帶自鮮百事吉
披簑衣主大恩至

雞在樹上主得財
孔雀至主有大喜
雀入懷中生貴子
鳳凰主有貴人助
龍當門者大吉昌

刀斧自傷主大凶
被人殺害者大吉
殺豕大吉殺羊凶
家中人鬪主分散

紡織者主壽命長
人賜絹帛大吉昌
還人錢物主分散
與人分傘主分離
鐘磬有聲主得財
剪刀剪剪主得財
洗染衣服皆大吉
衣帶着孝皆吉
裁衣着孝皆吉

龜入井宅富貴至
見鼈者主有得財
燕飛入懷妻子貴
蛇入穀道口舌青
蛇赤默主口舌青
蛇入懷中生貴子
龍蛇入門主得財

與人相罵者吉利
兄弟相打主得力
夫妻相罵主病患
被人打主大吉利

食爛瓜主生疾病
食水果主大利
飲酒至醉主疾病
嘔吐者病人主疾
婦人披髮有私情

刷牙者病患不生
人賜錦繡衣子孫榮
看放煙火百憂散
鏡破主夫妻離別
銀釧主夫妻相毆

熨斗火盛好事成
與人衣服主患至
失刀落地主破財
女人拔刀主行人至

黃牛來家主富貴
水牛來家主喪事
牛生犢所求皆得
牛上山坡大吉昌
蜈蚣咬人主壽命
豬羊搔癢主口舌

夫妻相打主和合
殺妻他人主大富貴
被人凌辱主得財

兵馬入城福祿至
有人教書主富貴
觀人讀書生貴子
食牛肉主生貴子
食粟者主有分別
頭白主長命大吉

劍在枕頭大吉利
得他人鏡有貴子
見脂粉主大財利
得他人麻布衣凶
女人拔刀主行人至
錢入枷鎖身疾病
衣服忽破妻外心
着新袍主添妻妾

乘馬快吉鈍主凶
獅子叫吼聲名揚
張網捕魚大吉利
鯉魚跳入有孕大吉
螃蟹主百病消散
蝦蟆鳴走有口舌

持刀自殺者大吉
女人相打主病至
遠人來悲泣主凶
堂上歌樂主喪事

食大肉主有爭訟
洗頭遷居疾病除
見軍兵敗主凶事
食牛肉於堂上吉
食粟者主有分信
身上汗出主凶惡

釜溢者主得大財
荐席入吉出則凶
林上有蟻親不祥
家中分財主離散
見銅錢主有口舌
枷鎖入宅主大凶
見手帕主口舌
氈褥鋪陳萬事穩

馬舞庭前凶事散
乘白馬者主身吉
熊羆主身生貴
貓咬人衣所求得
鼠咬人衣主得財
犬吠主人失財凶
殺豬吉殺豬自死凶

被官打傷者主孝服
持刀自傷身大凶
見歌舞者口舌至

見人死自流皆吉
自身見血流皆吉
盜賊入宅主家破
尿屎污身主得財
飲水不休得大財
洗手洗足舊病除